本书系教育部首批新文科研究与改革实践项目
"新时代中国美育学学科建设研究"
(批准号:2021040004)的阶段性成果

弘扬中华美育精神讲演录

宋修见 主编

Lecture on Promoting the Spirit of Chinese Aesthetic Education

人民出版社

目 录

弘扬中华美育精神讲演录

001　高　洪　中国美育发展史上的辉煌一页（代序）

001　高　洪　弘扬新时代中华美育精神

012　范迪安　以新时代大美育赋能人民美好生活

026　吕品晶　乡村振兴中的美育力量

041　王晓琳　高等美术教育人才培养模式探索

053　邱志杰　科普·美育·乡村振兴

065　冯双白　舞蹈艺术的美育力量

075　张政文　席勒美育审美现代性话语的政治隐义

087　田忠利　艺术设计在国家重大活动中的审美呈现

101　高建平　美育的社会意义

115　杜　卫　美育的特定目标与途径

128　王一川　现代中国美学旅行与当前美育

| 143 | 周由强 | 新时代文艺理论的创新与中华美育精神的传承 |

| 156 | 彭 锋 | 美育作为趣味教育 |

| 171 | 王德胜 | 艺术、艺术史作为美育如何可能 |

| 184 | 张 晶 | 谈谈经典文艺形象的审美意义 |

| 194 | 刘成纪 | 重新发现中国美育传统 |

| 205 | 顾春芳 | 蔡元培美育思想的意义和启示 |

| 221 | 陈 敏 | 以戏剧之美，育完整之人 |

| 234 | 李 雷 | 图像时代文学经典的美育价值 |

| 248 | 宋协伟 | 大设计时代的危机与使命 |

| 257 | 张子康 | 艺术博物馆公共教育对艺术审美的推动 |

| 271 | 张 鹏 | 丝路艺术的美育价值与启示 |

| 282 | 于 洋 | 美育与美展——近代中国美术公共性的兴起 |

295　郝凝辉　设计美育解码中华文化基因

305　黄小峰　中国古代绘画的审美意义

316　王　浩　"感动"与"美"

329　宋修见　后　记

中国美育发展史上的辉煌一页（代序）

2018年8月30日，在中央美术学院成立100周年之际，习近平总书记在给我校8位老教授的回信中，指出加强美育工作很有必要，强调做好美育工作，要坚持立德树人，扎根时代生活，遵循美育特点，弘扬中华美育精神，让祖国青年一代身心都健康成长。

这5年多，是中国美育发展史上的辉煌一页。概括起来：一是对美育的认识达到了前所未有的新高度，二是学校美育的普及达到了前所未有的新广度，三是社会对美育的重视达到了前所未有的新程度。美育工作发生了格局性变化、实现了跨越式发展、取得了历史性成效。

一、对美育的认识达到了前所未有的新高度

第一，认识到中国特色社会主义进入新时代，必须加强美育——这是时代的命题。加强美育，弘扬中华美育精神，是习近平总书记在新时代新征程提出的重要时代命题。实现第二个百年奋斗目标、建设社会主义现代化强国、推进中华民族伟大复兴，就是人民的美好生活，必然要加强美育。中国人民实现从富起来向强起来的历史跨越，心灵要美起来。中国特色社会主义进入新时代，也使我们有条件、有能力将美育工作做得更好。

第二，认识到美育要面向全体学生——这是美育的基本要求。让全体学生接受美育，是促进学生德智体美劳全面发展的必然要求，也是每一个学生接受教育的基本权益。必须纠正美育只是面向部分艺术爱好者和少数艺术特长学生的片面认识和做法。

第三，认识到艺术教育是美育的重要组成部分——这是实施美育的主要载体。艺术教育是学校美育教学的重要形式，但不能将艺术教育等同于美育。

作为美育重要组成部分的艺术教育要按照艺术教育的规律，让学生了解艺术知识、掌握艺术技能、努力达到一定的艺术水平；更重要的是让学生在了解艺术知识、掌握艺术技能、努力达到一定艺术水平的同时，通过艺术教育提高审美素养，陶冶高尚情操，塑造美好心灵，激发创新活力。

第四，认识到既要采取有力有效措施推动美育，又要防止"功利化"——这是推动美育必须把握的重要原则。美育是美好、和谐的培养，与功利无关，不能用功利的办法推动美育，更不能为了功利的目的而美育。当然可以采用激励、考核的办法推动美育的重视和普及，但绝不能忘记美育的目标，要在美育的语境下推动美育，在美好中追求美好。

二、学校美育的普及达到了前所未有的新广度

中共中央办公厅、国务院办公厅印发《关于全面加强和改进新时代学校美育工作的意见》，并发出通知要求各地区各部门结合实际认真贯彻落实。围绕"面向人人的美育"和"普及以美育为目标的艺术教育"采取一系列有力有效的举措，取得了一系列成果。

第一，美育课程、课程美育、活动美育、氛围美育综合发力。在美育课堂上，艺术鉴赏让学生了解了古今中外经典艺术作品，艺术体验让学生亲身感受艺术的魅力，艺术表现让学生享受艺术带来的快乐和成就感；在专业课堂上，美育渗透其中，让学生在各门课程中潜移默化地感受客观规律之美、人文精神之美、创造发明之美、探求真理之美；在校园生活中，让学生感受环境之美、言行之美、规范之美、氛围之美；在集体活动中，让学生感受理解友爱之美、团结互助之美、乐群和谐之美、奉献崇高之美。最令人欣喜的是中华优秀传统文化以其独特的魅力通过美育在学生中传承。

第二，通过有力措施为推进美育提供坚强保障。一是单独设置美育教育教学机构；二是开设美育公共教育课和艺术选修课；三是全国修订和实施公共艺术教学指导性文件，让教师教好、学生学好，落实好美育学分；四是提

供空间场地实施美育，既有独立空间，又有共享资源；五是添置美育设备器材；六是有经费保障实施美育；七是加强美育教师队伍建设，既有专职教师，也有兼职教师；八是让学生有展示的机会，艺术教育成果适合表演的经常演，适合展览的经常展，让学生受到激励、受到熏陶。

三、社会对美育的重视达到了前所未有的新程度

在习近平总书记高度重视和有力推动下，在各级党委和政府有效推进中，美育已经从重视不够、措施不多的状况发展到形成普遍重视、全面推进的良好局面。学校美育的辐射和影响发挥了重要作用。

第一，"美育"成为社会上的热词。用"美育"推动和实施各级各类的艺术教育，用"美育"影响人们追求和谐美好，用"美育"派生出的理念设计和建设城市社区、乡村、企事业单位，用"美育"的追求建设现代化产业体系，用"美育"影响百姓的衣食住行和日常生活。

第二，参与"美育"成为新时尚。社会艺术机构和场所在实施美育，专业艺术团体和艺术家、艺术工作者在参与美育，企事业单位加大对美育的投入和支持，各界人士以美育为载体参与公益事业，人们的艺术生活与高品质生活、美好生活更加紧密地连在一起，艺术素养和文明素养作为人的基本精神状态和行为状态已深入人心。

第三，"美育"正在成为一种引导的力量。遵纪守法在美育的语境下成为对法制的尊崇，道德规范在美育的语境下成为对崇高的追求，努力工作在美育的语境下成为对奋斗的享受。我们要尽力铺开这条路径，尽力拨大这束光亮，让审美的种子早早地播种在青少年学生的心中，让美好的情感早早地滋润青少年学生的心田，让美好的创造早早地成为青少年学生的追求，让美好的灵魂早早地开始铸就。

在全面建设社会主义现代化强国的历史性跨越中，让我们共同富裕起来的同时共同美好起来，在美的艺术滋养中，在美的生活日常中，在美的家国时代

里，共同提高审美素养、陶冶高尚情操、塑造美好心灵、激发创新创造，创造出一个人人都能全面发展、并且享受到由发展带来的美好生活的新时代。让美育为现代化道路照射光明，让中华美育精神照亮中华民族伟大复兴的新征程。

5年多来，中央美术学院全面贯彻落实习近平总书记重要回信精神，先后成立了美育研究中心和美育研究院，开展了中华美育精神访谈、弘扬中华美育精神高端论坛、美育学科建设专家咨询会、全国美育教师研修班、新时代中华美育故事融媒体直播、新时代美育学科建设高端论坛和青年论坛评选推荐各高校各具特色的美育案例、召开高校美育机构联席会议等一系列活动，并在美术专业人才培养中加强美育导向，不断提升服务国家重大战略和助力地方经济社会发展的意识和能力，从美育理论研究、学科建设和人才培养到美育服务社会，充分发挥中央美术学院在新时代中国美育事业中的引领作用，并使美育成为中央美术学院新百年的一张闪亮名片。

在以弘扬中华美育精神、做好新时代美育工作为主题的校园论坛、专业课程和教师专题研修活动中，一批优秀的专家学者发表了他们的最新研究成果。无论是对中华美育精神本体内涵的阐释，还是对弘扬中华美育精神实践的探索，都有助于深化我们对新时代中国美育事业的整体认识，有助于推动新时代中国美育事业的全面发展。为此，我们从中选取了26位专家学者的讲演内容加以整理，希望更多的读者从中了解中华美育精神的内涵和实质，掌握弘扬中华美育精神、做好新时代美育工作的方法和路径。

党的二十大开启了以中国式现代化全面推进强国建设、民族复兴伟业的新征程，我们怀着新时代新征程的光荣使命感，续写弘扬中华美育精神的时代篇章。

在这里，我要特别感谢为新时代美育工作辛勤奉献的人们！

中央美术学院党委书记
教育部全国高校美育教学指导委员会主任委员
中国美术家协会美术教育委员会主任

高　洪

弘扬新时代中华美育精神

高洪，中央美术学院党委书记，教育部全国高校美育教学指导委员会主任委员，中国美术家协会美术教育委员会主任

"弘扬中华美育精神"是习近平总书记给中央美术学院老教授回信中提出的时代课题。2018年8月30日，中央美术学院建校100周年的时候，总书记在给我们8位老教授的回信中重点讲到了美育，他强调做好美育工作，很有必要。提出做好新时代美育工作，要坚持立德树人，扎根时代生活，遵循美育特点，弘扬中华美育精神，让祖国青年一代身心都健康成长。那么，如何理解中华美育精神的意义和内涵，如何在今天弘扬中华美育精神，如何把弘扬中华美育精神在学校、家庭、社会各个层面推广开来？

一、总书记回信四个层次的内涵和弘扬中华美育精神四个方面的意义

第一个层次是充分肯定了中央美术学院一代代艺术家特别是老一代艺术家们所做的贡献。中央美术学院要做的事情，一是教书育人，二是艺术创作。总书记从这两个方面讲到，老教授们辛勤耕耘，立志教书育人，专心艺术创作，为党和人民作出了重要贡献。他还特别讲到，老教授们初心不改，耄耋之年仍然心系祖国接班人的培养。当时，周令钊先生99岁，他曾画过开国大典时天安门城楼上的毛主席像。戴泽先生是徐悲鸿的学生，也是徐悲鸿在中央美术学院的助教。伍必端先生是从延安鲁艺走过来的革命艺术家。詹建俊先生是油画界的老前辈，代表作《狼牙山五壮士》充满了革命英雄主义的气概。闻立鹏先生是闻一多的小儿子，他最著名的代表作《红烛颂》画

的就是闻一多先生。靳尚谊先生是我们的老院长,当时也是中国美协的名誉主席,他的新古典主义绘画把中国传统文化与西方经典绘画技巧完美融合在一起。邵大箴先生和薛永年先生是艺术理论和美术史论方面的大家。

第二个层次是指出美术教育是美育的重要组成部分。这里有两层意思,一是讲了美术教育和美育的关系,推而广之就是艺术教育和美育的关系。总书记指出,美术教育是美育的重要组成部分。美术教育只是美育的一个重要组成部分,各门类的艺术教育都在美育之中,同时明确美术教育不等于美育、艺术教育不等于美育。二是指出美育对塑造美好心灵具有重要作用。美育以艺术教育为载体,艺术教育必须实现美育的目标。所以艺术教育不仅是对技能技法的一种训练,更重要的是在美育的语境下塑造美好心灵。

第三个层次是这封回信的核心内容。8位老教授给总书记写信的时候,回顾了中央美术学院100年发展的历程。100年前,蔡元培先生倡导成立中央美术学院的前身国立北京美术学校之时,正是他倡导美育的时候。他的美育理想是以美育代宗教。他认为当时的中国处于危亡时刻,人的精神信仰问题至关重要,唯有美育能够代替宗教解决中国人精神信仰问题。中央美术学院在100多年的历史中,始终高举美育的旗帜。在给总书记的信中,老教授们一致认为总书记在文艺工作座谈会上讲话中提出的文艺界存在的问题有各种各样的原因,其中美育还是短板是其中一个主要原因,所以新时代要加强美育工作。总书记在回信中说:"你们提出加强美育工作,很有必要。"怎么来加强美育工作呢?总书记指出:"要坚持立德树人,扎根时代生活,遵循美育特点,弘扬中华美育精神,让祖国青年一代身心都健康成长。"由此提出了"弘扬中华美育精神"这一时代课题,这是总书记首次提出来的崭新命题。

第四个层次是总书记给中央美术学院提的希望,希望学院坚持正确办学方向,落实党的教育方针,发扬"爱国为民、崇德尚艺"的优良传统,"以大爱之心育莘莘学子,以大美之艺绘传世之作。"老先生们立志教书育人,专心艺术创作,一代代的艺术家在这里创作了艺术经典,造就了中国美术教育和美术创作的高峰,未来还要做好这两件事,并以"大爱之心"培养优秀艺术人才，以"大美之艺"绘制"传世之作"。

总之，总书记充分肯定了一代又一代美院人做的重要贡献，从美术教育入手，强调艺术教育是美育的重要组成部分，指明了加强新时代美育工作的方向，对中央美术学院未来发展提出了希望和要求。

如何认识"弘扬中华美育精神"这个时代课题的重要意义？首先要了解我们处在一个什么样的时代。

党的十九大对新时代中国特色社会主义发展作出了战略部署，要求决胜全面建成小康社会、实现第一个百年奋斗目标，并乘势而上开启全面建设社会主义现代化国家新征程，向第二个百年奋斗目标进军。2021年，经过全党全国各族人民持续奋斗，我们实现了第一个百年奋斗目标，意气风发向着全面建成社会主义现代化强国的第二个百年奋斗目标迈进。党的二十大召开于全党全国各族人民迈上全面建设社会主义现代化国家新征程、向第二个百年奋斗目标进军的关键时刻，要为全面建设社会主义现代化国家、全面推进中华民族伟大复兴而团结奋斗。在中华民族从站起来、富起来走向强起来的新时代，人们对美的需求和对美好生活的向往更加迫切。我们有了一定的物质条件，我们比以往的任何时代都更有条件、也更有信心做好美育工作。如何使受教育者和亿万人民在浓厚的文化艺术氛围中提高审美素养，陶冶高尚情操，塑造美好心灵，激发创新创造活力，实现人的全面而自由的发展，最终推动中华民族伟大复兴，恰恰是这个时代的课题。所以，"弘扬中华美育精神"是一个具有鲜明时代特征的现实课题，可以从四个方面来概括这种时代特征，那就是必然要求、战略选择、现实需要、重要体现。

必然要求，即弘扬中华美育精神是培养担当民族复兴大任的中国特色社会主义建设者和接班人的必然要求。实现社会主义现代化，全面建成社会主义现代化强国，需要弘扬中华美育精神。因为担当这个使命的人，一定是全面发展的优秀人才，既需要对祖国、人民、生活充满深沉的热爱，也需要具有创新精神和创造活力。因此，要大力弘扬中华美育精神，让人有美好的追求、美好的信仰和崇高的精神，同时还需要创新创造。所以必须把以美育人、以美化人、以美培元的美育思想贯穿在这一代人的整个成长过程当中，让他们既有崇高的精神境界又有无限的创造能力。

战略选择，即弘扬中华美育精神是实现第二步战略目标的战略选择。中华民族要强起来，中国人民要美起来，要使中国人民成为具有美好心灵、崇高品质和强健体魄的人。中国式现代化特别强调了精神文明与物质文明协调发展。总书记的回信说到让年轻一代身心都健康发展，只有这样，现代化国家的硬实力和软实力才能结合在一起。美好的心灵、崇高的品质都和美育密切相关，和弘扬中华民族美育精神密切相关。

现实需要，即弘扬中华美育精神是社会主义文化繁荣发展的现实需要。社会主义文化的繁荣兴盛和自信自强铸就了社会主义文化新辉煌的命题，伴随着全体人民在理想信念、价值理念、道德观念上形成共识和强大的凝聚力。一个和谐美好的社会，是广大人民群众的共同愿望。要促进文化的繁荣兴盛，建设文化强国，铸就文化的新辉煌，就需要大力弘扬中华美育精神。在促进社会主义文化繁荣兴盛、建设社会主义文化强国的过程中，需要大力弘扬中华美育精神，坚守中华文明根脉，坚持中国文化自信，让人们在中华之美的深刻体验中形成更深厚、更坚定的自信，激发更深沉、更持久的力量，不断创造出反映新时代中国风貌、人民奋斗和促进人类进步的精神文化成果。

重要体现，即弘扬中华美育精神是向世界展示中国人民良好精神风貌和丰富文化艺术成果的重要体现。讲好中国故事，展示中国可爱可亲可敬的形象，离不开弘扬中华美育精神。中华美育精神滋养了中华民族五千多年美的文明创造，激励了近代以来中国人民追求美好生活的伟大奋斗，形成了中国人民爱美求善、自强厚德的文化性格和精神风貌，形成了中国文化艺术的雄浑质朴、优雅高致的丰富内涵和独特格调，也反哺形成了中华传统美育所独具的深厚的家国情怀。所以弘扬中华美育精神，就是向世界传播中华民族优秀的文化和艺术，向世界传达中华民族追求美好世界的风范和格调，就是向世界传递中华民族"美美与共"的胸怀和品格。

总之，弘扬中华美育精神的意义非常重大，与这个时代中国人民的追求和中华民族所要展现的风貌都密切联系在一起，具有重要的现实意义和深远的历史意义。

二、中华美育精神的丰富内涵

中华美育精神的内涵非常丰富，可以结合来自各方面的研究和实践对中华美育精神的内涵作多方面的阐述。在中华民族五千多年的文明发展历史当中，形成了追求天人合一的自然之美，追求尽善尽美的崇高之美，注重天理人伦的和谐之美的优良传统。"和"是贯穿在中华文化传统当中的美的核心内容。特别是通过礼乐教化的熏陶来实现美育的目标，可谓是源远流长的美育传统。但"美育"这一名词是18世纪德国戏剧家、美学家席勒在《美育书简》中明确提出的，主要是对人的感性和完整性的倡导。20世纪初，蔡元培、王国维等把美育的概念引进中国，激活了中华美育的传统，为启蒙与救亡的现代中国注入了美的力量。因此，这里选择从历史、现实和未来三个角度来阐述什么是中华美育精神。对历史来说，中华美育精神植根于中华文化沃土，追求天人合一，给人以向美、向善、向上的引领；对现实来说，中华美育精神丰富于中国人民近代以来的奋斗，培育家国情怀，给人以追求美好的力量；对未来来说，中华美育精神塑造中华民族美好未来，着力培根铸魂，给人以全面发展的动力。

党的二十大报告在讲到开辟马克思主义中国化时代化新境界时，指出要把马克思主义基本原理同中国具体实际相结合、同中华优秀传统文化相结合。美育传统就是中华优秀传统文化的重要组成部分。人们在追求"天人合一"的过程当中，获得敬畏天地、道法自然的生命完善的方向引领，这是一种非常美好的境界。在这个过程当中，人们受礼乐教化和熏陶，在潜移默化中获得"从心所欲不逾矩"的"尽善尽美"的蓬勃情感与高尚修为。在长期农业文明中，日常生活的礼俗之美滋润着人们的心灵，提升人的生命境界。这些是在中华民族的传统当中逐渐形成的、具有强大力量、融在中国人骨子里血液中的东西。这是中华美育精神丰富内涵的一个重要的基础性内容。

近代以来，帝国主义列强的侵略、军阀割据、腐朽的中国封建统治破坏了中华民族这种美好追求的历史发展进程。但是中华美育精神具有顽强的生命力。从内心来说，中华民族不甘屈辱，中国人仍然追求美好生活。这就有了他们近代以来的奋斗，革命斗争和反抗，这种奋斗和牺牲也是一种家国情怀的体现。新中国成立之后，为建设自己的国家吃苦受累、流血流汗，想把国家建设得更加美好，使人民更加幸福，也是一种深厚的家国情怀。中国共产党的初心和使命就是为中国人民谋幸福，为中华民族谋复兴。人民的幸福关乎民族的强盛，由此近代以来中华美育精神得到了丰富和发展。

面向未来，共产党人的美好理想就是实现共产主义。什么是共产主义？就是马克思所说的全人类都获得解放的美好社会。如果用一句话来概括马克思主义，那就是关于人类解放的学说。马克思描述的未来社会是自由人的联合体，在那里每个人的自由发展是一切人的自由发展的条件。而中华美育精神有一个鲜明的特性就是对功利的摆脱，是人们摆脱了物质、精神、制度、观念对人的束缚从而获得的解放。因为我们还没进入马克思所描述的理想的社会，所以仍然需要法律对人进行规范，需要道德对人的言行有所约束。但在中华美育精神的语境下，法律的约束会升华为对法治的尊崇，尊重法律从而获得超越法律的自由；在中华美育精神的语境下，道德的束缚升华为对崇高的追求，从而获得超越道德的自由。这给对自由的理解增添了一种非常生动的注脚。到共产主义社会，劳动成为人们的第一需要。在劳动还是谋生手段的时候，在中华美育精神的语境下，劳动升华为工作的一种享受。我创造的是美好的东西，我创造的是美好的商品，我创造的是美好的服务，我创造的是美好的环境，我创造的是美好的物质和精神世界，这个过程是享受的过程，从生存需要上升为对美好的追求。所以在面向未来的时候，培根铸魂使人真正获得自由解放和全面发展。中华民族伟大复兴、党的二十大描绘的宏伟蓝图和中国式现代化目标的实现等都伴随着人们对法治的尊崇，对崇高的追求，对工作的享受。

三、艺术教育在弘扬中华美育精神中的独特作用

习近平总书记的回信中讲到"美术教育是美育的重要组成部分"。艺术教育是美育的重要载体，它对于形象思维、情感体验、激发人的想象力和创造力有直接的作用。通过艺术教育可以引导人在艺术实践中认识美、发现美、创造美、追求美、提高审美水平、培养审美能力；引导人生体验、动真情、触心灵，陶冶高尚情操，塑造美好心灵；引导人善观察、爱想象、勤动手，培育创新精神，激发创造活力。

首先要通过经典文艺作品进行美育，让学生通过鉴赏知道什么是好的作品，在这一过程中审美素养得到提升。比如说鉴赏美术作品，要讲创作的历史背景，讲这些作品本身的故事，讲艺术家创作美术作品的故事，讲这幅作品对于当时和未来的影响。学生可以通过这些故事理解艺术作品和其他艺术形式不同的作用，启迪思想、温润心灵并陶冶人生。光欣赏还不够，接下来就要动手体验，在美术教育当中还要进行对自身感受的美术表现，需要动手，而动手不仅仅是临摹别人的作品，而是要把自己的感受表现出来，传播文化、表达情感、求真创美、服务社会。经过鉴赏、表现、创作这三个步骤，美术教育在美育当中的作用就可以发挥出来。如果仅仅把美术教育当作技法培训，那和美育就没什么关系，只有通过鉴赏、表现、创作才能够充分发挥美育的作用。

这就是引导人们在美术实践中认识美、发现美、创造美、追求美，提高审美水平和审美能力。审美水平的提高往往和鉴赏作品密切相关，只有这样我们的眼睛才能成为发现美的眼睛。在这过程当中得通过体验把内心的感受激发出来，动真情、触心灵，陶冶高尚情操，塑造美好心灵。当我们面对自己的作品时为之一动，别人看到你的作品才能够被感动。如果自己都没有感情注入，那怎么能够感动别人呢？所以我们要有内心的体验，要有自己的感受。

美术教育是美育的重要组成部分。其他的如音乐教育、戏剧教育、文学

教育等都是可以与审美素养和心灵创造结合在一起的。那么，针对现实的问题应如何通过美术教育来开展美育呢？

要在美术教育当中实施素质教育。为什么要强调素质教育呢？美术教育不只是为了会画画，还要在学习实践中提升审美和艺术素养。要构建具有中国特色的美术教育体系，克服美术教育中的功利主义，在专业美术教育中加强人文素养的培养。美育贯穿在各级各类教育中。学校的美术教育还要和社会上的美术馆、博物馆等公共美术教育构成一个整体，作为美育的重要组成部分。作为一个体系，让所有美术教育都高举起素质教育的旗帜，坚持普遍性原则，使人人都可以接受美术教育。坚持非功利化原则，使人人都能够不断提高审美素养，陶冶高尚情操，塑造美好心灵，激发创新创造。

在学前教育阶段，不要过早地进行所谓的专业美术训练，重要的是培养孩子们对美术的兴趣。在学习中要和审美习惯的养成结合起来，在美术教育的兴趣培养当中充分激发孩子们的好奇心和想象力。否则，会造成孩子对美术认识的扭曲从而丧失对美术的兴趣。

在高中教育阶段，可以按照美术教育的规律，激发学生们的审美兴趣，让他们了解美术发展的历史，也可以进行鉴赏或基础专业知识的学习，还可以进行创作表现活动，但需要杜绝违背艺术教育规律的应试教育，为了考试而进行一种所谓强化性但不符合美术教育规律的死记硬背训练。因为这种形式不是让学生去发现去创造，这样的做法跟美育没有关系。

在职业教育、高等教育和继续教育中，都应该结合实际和专业特点来开展丰富多彩的美术教育。这个阶段的美术教育跟创造力就更加密切了。大家知道"钱学森之问"，为什么我们培养不出拔尖创新人才？实际上就是我们培养的人才创新精神和创新活力不够。钱老的答案就是艺术教育缺乏，只有科学教育和艺术教育结合起来才能培养出拔尖创新人才。科学需要理性的、逻辑性的学习研究，侧重知识的积累；而艺术教育以其感性的、形象性的体验，能给予人丰富的想象力和创造力，二者有机结合才是拔尖创新人才所必需的素质。

在艺术教育中，要注意不是所有学校都要以培养美术家为目的。社会不需要这么多专门的艺术家，而恰恰需要各方面的人才都具有艺术素养，都有很高的审美素养和创新创造力。那么专业的艺术院校到底应怎么办呢？就是要注重学生的人文素养、想象力、创造力的培养。我们曾组织考察过一些世界著名艺术院校，它们的公共课、科技课加起来甚至比专业课还要多，因为这个时代的艺术家恰恰就需要这种综合素养。特别是在今天，科学技术和艺术结合的趋势愈加明显，通过这种综合素养的培养，来提升艺术与人文底蕴就显得更为重要。所以专业艺术学校不是为了培养画匠，而是要培养艺术家的。学生们的思想、境界、格局决定了其最终能不能成为优秀艺术家。

四、在学校、家庭、社会中如何弘扬中华美育精神

学校教育包括各专业、各学科教学实践、校园文化生活，还有班级、少先队、共青团等组织活动，这些都是美育课堂。各门课程当中都具有美育资源。比如自然科学领域都充满了美。我们把握客观规律，就会在教育教学当中，在自然科学的学习研究过程当中，感受到自然的客观规律之美。又比如哲学社会科学，会让我们感受到人文精神之美。不论是自然科学还是社会科学，人的创造发明推动着对自然界和人类社会的认识发展，而创造发明中也蕴含着美的因素。因此，创造发明之美也可以在这个过程当中被感受到。所有的过程都是探求真理的历史进程，而探求真理是需要奋斗的。所以在各门学科的学习过程中，可以让学生切身感受蕴含在其中的客观规律之美、人文关怀之美、创造发明之美、探求真理之美。

在校园生活里面营造美的氛围、创造出美的环境，让学生在校园的一砖一石、一草一木、一角一景当中都感受到美的影响和美的感染，包括言行礼仪之美、纪律规范之美，学校独特的文化之美。所以在校园文化里面有环境之美、言行之美、规范之美和氛围之美。这都是弘扬中华美育精神的课堂。

在集体生活当中要有互相理解的友爱之美、团结互助之美、乐群和谐之

美、奉献崇高之美。要让学生们能够感受到这是一个温暖的集体。倡导对美好的向往和追求，让学生在教师的教学指导当中、集体生活当中、同学交流交往当中感受到互相理解、互相包容、团结互助，使大家都愿意为集体做贡献。这些都是美育的课堂，所有的教育都和美育有关，要充分利用这些教育资源，使之潜移默化、润物无声地滋养学生的心灵。

家庭美育要在引导督促孩子学习的过程中激发他们的学习兴趣，使其体验到学习思考之美、努力奋斗之美、成长进步之美。把激发兴趣、激励奋斗、追求进步融合在督促学习的过程当中，这就是家庭美育。也可以通过规划孩子的未来使其感受确立志趣之美、树立志向之美、实现目标之美。要把美好的东西贯穿在追求具体目标的过程当中。还可以让孩子参与讨论决定家庭事务的全过程，从中感受到家庭里面互相尊重之美、互相包容之美、良好家风之美，这对孩子一生都会产生积极的影响。所以，家庭是孩子的第一课堂，在良好的美育氛围中成长的孩子，不仅身心健康，也会更阳光开朗。

在社会美育方面，例如我们到剧场听音乐、看戏剧、看电影，到美术馆参观美术展览等，都是社会美育的重要方面，但这还远远不够。总书记在考察清华大学的时候特别讲到，要把更多美术元素、艺术元素应用到城乡规划建设中，增强城乡审美韵味、文化品位，把美术成果更好服务于人民群众的高品质生活需求。也就是说，人们的衣食住行之中都可以进行美育。如果不注重美的建设，仅仅把它当作一个物质的需要，城市就会没了文化，生活就会没了灵魂。千城一面，不和谐的、奇奇怪怪的建筑都会影响人们的审美感受。所以看一个城市的品位，看一个建筑美不美，可以去看在设计中有没有赋予文化的内涵和艺术的品位。不仅是城市建设，我们的乡村振兴也要在美丽乡村的文化建设层面实现。

总之，美育是伴随着人类社会发展进步逐渐清晰的一条路径。这是一条在人们不断满足物质需要的同时也满足精神需要的路径，是一条跨越功利需要和虚荣心之后追求美好人生和美好世界的路径，是一条让美好成为自觉，从而获得自由解放实现全面发展的路径。因此，中华美育精神是照射在实现伟大复兴道路上、中国式现代化道路上的美好亮光，回望过去历史，根植于中华优秀文化沃土，追求天人合一，给人以向美向善向上的引领；立足时代生活，发展于中国人民近代以来的奋斗，培育家国情怀，给人以追求美好生活的力量；展望未来发展，它是塑造美好未来，着力培根铸魂，给人以全面发展的动力。

在新时代弘扬中华美育精神，应该做的就是尽快铺开这条美丽的大道，把审美的种子早早地播撒在人们的心中，让美好的情感早早地滋润人们的心田，让美好的创造早早成为人们的追求，让美好的心灵早早开始塑造。这就是我们正在书写的中国美育故事，是人人都去践行中华美育精神的故事。这些动人的故事写在强国建设、民族复兴的新征程上，写在人民群众幸福美好的生活中，写在我们深爱的祖国大地上。这是乡村振兴中追求美好的故事，故事的主人公是永远告别绝对贫困的面貌一新的中国农民；这是社区建设中追求美好的故事，故事的主人公是创造幸福生活的人们；这是辛勤劳动中追求美好的故事，故事的主人公是在平凡岗位上享受劳动创造的人们；这是在逆境中追求美好的故事，故事的主人公是不向命运低头的人们；这是在创新创造中追求美好的故事，故事的主人公是敢于突破、追求卓越的人们。

这是多么美好的图景！每一位新时代的中国人都是中华美育精神的践行者，都在书写中华美育精神的美好故事！弘扬中华美育精神是一个重要的时代课题，我们在共同富裕起来的时候，也要共同美好起来，在新时代的新征程上一起去创造更加美好的未来！

以新时代大美育赋能人民美好生活

范迪安，中央美术学院原院长，中国美术家协会主席，教育部艺术教育委员会副主任，中央文史研究馆馆员

习近平总书记在党的二十大报告中全面擘画了建成社会主义现代化强国、以中国式现代化全面推进中华民族伟大复兴的宏伟蓝图，作出了战略部署，内容十分丰富、主题十分鲜明。思想共识是最根本的共识，理论武装是最根本的武装，我们要通过学习党的二十大精神来提升自己的思想认识，以更高的站位思考和明确新时代新征程美育的使命和任务。

首先要认识加强美育建设和推进文化自信自强的关系。党的二十大报告中专门以一个篇章论述了"推进文化自信自强，铸就社会主义文化新辉煌"，这是习近平新时代中国特色社会主义思想的重要组成部分。新时代以来，"坚定文化自信"成为党和国家事业发展的重要目标，文化自信作为"四个自信"的有机组成，极大地增强了我们干事创业的思想动力，极大地促进了文化繁荣发展，党的二十大报告在"文化自信"的基础上加上了"文化自强"，将文化建设的时代任务提到了更新的高度，与2035年建成社会主义文化强国的目标结合了起来，使我们更加明确了方向、明晰了目标。

党的十九大报告在提到文化的时候，讲的是"推进社会主义文化建设发展"，而党的二十大报告用的是"铸就社会主义文化新辉煌"，看上去是修辞的变化，实则体现了党中央在新时代新征程上战略布局的考量，进一步将文化建设放在战略发展全局的重要位置。我们今天思考美育建设的价值、时代的意义以及如何找到新的立足点，也要纳入这种整体考量之中，要认识和把握好以下四个方面。

第一，文化繁荣兴盛包括美育的兴盛。实现中华民族伟大复兴必然要求中华文化繁荣兴盛。文化自信是一个国家、一个民族发展中最基本、最深层、最持久的力量，文化自信自强事关国运兴衰和民族精神的自主性和独立性。这方面展开可以讲很多意义，但最根本的意义就是民族的伟大复兴必然伴随着文化的繁荣兴盛，美育在文化繁荣兴盛中能够找到自己发展的立足点。美育以"美"当头，美的文化产品、美的理论研究、美的社会传播和阐释，都是推动文化繁荣兴盛所需要做的重要工作。一方面，美育要与文化传统结合，更多地研究本土的文化传统，尤其是从文化传统中提取出思想观念和实施方法，经过创造性转化和创新性发展，作用于今天的实践；另一方面，美育也要守正创新，尤其要在创新上找准时代的主题，以创新的思维和实践推动美育的新发展，把"中国美育"与中华文化的创新发展结合起来。

第二，建设社会主义文化强国必须加强美育。新时代美育如何和文化强国的建设结合起来，是一个新课题。以往谈美育，更多的是从教育本体的角度来讨论，但是现在需要具备更长远的眼光，围绕建设社会主义文化强国的目标来展开，强国之强，既是国力之强，更是精神之强，近代以来，中华民族从磨难中奋起，从民族危亡走向民族复兴，其中贯穿的重要精神力量就包括文化的力量和对美的向往。美的意涵在今天具有更多精神性内涵，这是今天美育研究的新课题，只有把美的内容、美的创造与凝聚精神力量这个根本作用结合起来，美育才具有根本的价值意义。

第三，满足人民日益增长的美好生活需要，美育大有可为。进入新发展阶段，我国社会主要矛盾已经转化为人民日益增长的美好生活需要和不平衡不充分的发展之间的矛盾。人们对精神生活更加看重，对文化的需求越来越注重品质，越来越个性化，但我们整个文化生活越来越呈现出同质化的趋势。在这种情况下，美育应该做什么？美育要把更多优质的文化资源导向社会大众。同时还要思考，在一种大众化乃至世俗化的文化生活中，美育如何为人们提供能够代表人类精神指向、体现古往今来艺术创造精华的资源。特别是对于青少年来说，如何能够在一个大众化、世俗化的文化海洋里面获取艺术的营养？这样，美育面临的就不完全是原来从"无"到"有"的问题，而是从"有"到"优"和"精"的问题。

第四，提升中华文化影响力，推动构建人类命运共同体，美育要发挥作用。党的十八大以来，习近平总书记洞察"世界之变"，提出"构建人类命运共同体"的重要思想。在世界百年未有之大变局中，人类社会面临着前所未有的挑战，我们要坚持胸怀天下，以世界的眼光关注人类的前途命运，尤其在这个大变局不断加速演进的新的历史时期，要将弘扬优秀文化传统与借鉴世界优秀文明成果相结合，推动新时代中国文化的发展。文明的繁盛能够展现中华文化中一些非常重要的价值理念，从而参与整个人类命运共同体的建设。更为重要的是要把中华文化，包括当代的创新文化，加入我们共同关注的命题中，用中国话语向世界讲好中国故事，展现可信、可爱、可敬的中国形象。美育在这方面有应当承担的使命。例如在谈到人类的文化交流、文明互鉴的时候，我们常说"美美与共，天下大同"，这是一个具有深远意义的命题，"美美与共"讲的是关于美的理解、认知，这是今天无论在哪种舞台上都可以讨论的共同话题。

学习贯彻党的二十大精神，加深了我们对美育时代使命和认识的思考，具体表现为以下五个方面。

一、与时俱进的美育意义

美育思想内容的构建有着不同的时代特征。德国哲学家席勒在18世纪末提出了"美育"概念，并在《审美教育书简》中提出"经审美得自由"这个重要观点。美育的缘起是在西方社会变革基础上形成的，这个变革有两大背景：一是欧洲当时进入了早期工业社会，在工业化的社会分工背景下，席勒认为人性失去了自由，由此导致社会和人的严重对峙，感性与理性的撕裂，或者说是现实与理想的剧烈冲突，出现了后来马克思所言"异化"的状态。席勒提出用美育来克服人性的分裂、改良社会现实等观点，尤其是把审美作为规避工具化的思想，倡导美育作为完善人性的社会教育，是针对当时西方的社会生产方式提出的上层建筑层面的改革理路。二是西方的精神世界长期在基督教的笼罩之下，虽然18世纪欧洲的宗教改革已经开始推动基督教的世俗化，在文艺复兴的基础上向往人文主义的理想世界，但是还要通过一些具体措施来实现这个目标，美育的理念开辟了精神生活的新维度，因此具有思想革命的意义。

20世纪初，王国维、蔡元培等文化先贤将美育概念引入中国，基本上也是两个背景：一是他们认同西方美育思想的一些基本观点，所以做了引介的工作；二是针对中国的现实问题有强烈的指向性，比如蔡元培提出的"以美育代宗教"，可以说是一种创新的建构，有两层含义：一是我们不要走西方的道路；二是根据中国的实际，在20世纪初要把美育作为一个重要的文化手段用于启蒙社会、改造国民、提倡民生等。

今天提倡和实施美育，应该是在已有的美育理念、实施路径基础上的丰富与创新，是新时代中国社会全面发展新形势、新任务中的美育，重要的是要把习近平总书记给央美老教授回信中提出加强美育工作的四大课题的建设落到实处。

第一，"坚持立德树人"。在教育教学中也好，在社会实践中也好，所有实施美育的内容和目的显然不是只教技法，而是提升思想和陶冶心灵。立德树人的"德"包括人的全面发展所需要的基本素质，在学校美育工作中，要把以美育人和立德树人结合起来，这是加强美育的根本出发点。

第二，"扎根时代生活"。时代在发展，生活在变化，怎么在发展变化的进程中发挥审美的重要性？美的创造和美的传播都有新的课题，不能拿着老一套素材去实施。人的精神文化需求也随时代发展发生重大变化，所以美育要研究这些新变化，由此形成实施方法的不断创新。

第三，"遵循美育特点"。美育在学科建设中首先要有位置，如果没有进入学科建设，那么整个理论的基本框架就搭不出来，教学内容会变得松散，也就无法更进一步地进行科学探讨。所以，美育特点首先要从美育学的建设角度逐步构建起来；再者，美育学是交叉学科，但是交叉学科不意味着没有本体,从王国维、蔡元培讲感性学的兴起时,就已经勾勒了一个美学本体的雏形。同时,美育学是如何作为教育学有机组成部分的?如何转变为一套可实施的教育理念和教学内容?这些都是美育学学科建设过程中亟须思考研究的问题。

第四,"弘扬中华美育精神"。这是总书记提出来的一个崭新课题。中央美术学院围绕"弘扬中华美育精神"这一崭新命题,开展了一系列理论研究和实践探索,初步形成了新时代美育的"央美方案",受到学界很高的评价。自古以来,"美以成人"是培养人的目标,在"育"的方式上也有鲜明的中国特色,从美育的视角来总结古老的中华文明之所以生生不息的历史经验,研究深厚的中华美育传统中的中国智慧,向世界讲述中华民族爱美向善的动人故事,传递中国文化各美其美、和而不同的胸怀品格,对推动人类命运共同体的建设、促进形成美美与共的人类文明新形态,具有重要的意义和价值。

二、美育的发展态势

2020年,中共中央办公厅、国务院办公厅印发《关于全面加强和改进新时代学校美育工作的意见》,明确了指导思想、工作原则和主要目标。在工作原则上,提出要坚持正确方向,坚持面向全体,坚持改革创新。坚持面向全体,针对的是以往的美育普遍性不强,而且阶段性的递进关系也没有建立起来,因此,面向全体是既要面向每一个在学校受教育的学生,同时也要思考如何从小、中、大不同层次构建一体化的美育体系。《意见》中还提到要完善课程和教材体系,比如树立学科融合理念,全面深化教学改革等,要开齐、开足、上好美育课,开展丰富的实践活动,还要着力改善办学条件,配齐、配好美育教师,尤其是整合社会资源,让整个社会的文化公益机构、各种艺术团体乃至博物馆、美术馆等各方面的社会资源,都变成学校美育可以运用的资源。

前段时间，我参加了全国政协的美育工作专项调研，了解了一些新时代美育发展情况。

首先，育人导向更加凸显，美育工作落地有声。据统计，现在全国有87%的学生可以在中小学阶段接受艺术教育，义务教育阶段学校的音乐和美术课程总量总体不低于总课时的9%，将近98%的高中学校能够按照要求开设6个学分的艺术类必修课程，80%左右的中等职业学校已经开始将艺术课程纳入公共基础必修课，并保证至少开足72学时。同时，87.6%的高校面向全体学生开设公共艺术课程。

其次，实践活动更加丰富，品牌项目竞相涌现。这次调研不仅是在课堂里听课，还包括参加学校的实践活动。就全国来说，面向全体学生的常态化艺术展演已经成为学校美育的有效补充。我们所到的学校，大学生合唱团也好，中小学生表演也好，甚至幼儿园孩子们的艺术表演，都成为学校的重要特色。全国已建成3369所中华优秀传统文化传承学校和106个传承基地，形成"一校一品牌，校校有特色"的蓬勃局面。各类社会艺术教育资源开始主动向中小学输出美育课程、美育活动、美育项目及美育师资，与学校艺术课程一道，筑成中小学美育实践的"主干道"。

最后，条件保障更加有力，美育师资基本配齐。从2012年到2021年间，全国基础教育阶段美育教师的人数从原来的60.4万增加到90.8万，增长了50.3%，年均递增4.6%。也就是说，美育师资队伍大大地壮大起来。2018年落实习近平总书记给中央美术学院老教授重要回信精神的时候，国务院召开了会议，当时估计全国各个层级的美育教师缺口约是40万，这些年有了比较大的补充。在基础教育阶段，美育的师生比又是一个指标，从原来的280.3变为202.8。美育教师占专任教师总数的比例由原来的5.7%增至7.2%，提升了1.5个百分点。这些可能具体到每个学校是不同的，但无论如何，这些年美育的师资总量是在不断地增长。

同时，督导机制更加完善，评价改革持续深化。从小、中、大学整体来看，高校美育工作已经纳入本科教学工作评估和"双一流"建设评价指标体系，逐步成为高等教育办学评价的重要指标，中小学美育工作则被纳入义务教育质量评价监测体系和县域义务教育优质均衡发展监督评估指标体系。美育进中考改革试点也在有序推进，这方面情况还不是那么平衡。美育进中考是前几年的热点话题，这项工作目前还没有完全大规模推广开，但是我们去调研湖北恩施、襄阳这些地方，已经把音乐、美术记入中考的总成绩，或者纳入中考命题。湖南长沙则是将艺术中考的成绩分为A、B、C、D四个等级纳入初中毕业生的综合素质评价，并且作为高中招生的一个重要依据。

在调研中，也发现还不同程度地存在一些问题，主要有：

第一，"大美育"的氛围尚未全面形成。尽管社会美育、家庭美育以及不同年龄层次的美育开展得很火热，但整体氛围还不够。《意见》明确提出要"全员全过程全方位育人"，但是各地各校对美育还存在着认知深度和实践广度上的差异，相比起德智体劳，学校美育还存在弱化、虚化、边缘化的情况，这些问题还没有得到根本解决。我们观察到一些地方和学校在美育实施过程中是偏重形式，对美育的实质特别是人文精神缺乏透彻理解。

第二，师资队伍仍面临着结构性失调和专业人员缺乏，主要体现为城乡的差别。目前在乡村教育中，农村的学生成为艺术科班人才的数量还是比较少。在县一级，专职的美育教师数量总体上还是不足，有的老师专业不对口，代课教师的比例也比较大。我们调研的时候问了很多组织能力强、把舞台表演举办得很生动的老师是什么专业的，很多都是体育老师出身，还不是艺术领域的，还有部分是学中文的。

第三，美育评价机制"指挥棒"作用尚不显著。当然，美育不好评也评不好，这种疑虑是存在的。有的人担心将美育变成具体的分值纳入中考成绩会出现另外一种应试化，本来设想的是培养学生一种自由的心境和活泼的想象力，但是量化成分数后就有可能脱离美好的设想，总而言之，这方面还存在着许多矛盾的问题。

第四，美育资源的统筹融合还不够充分。现在各地的资源并不完全平衡，有的省做得很好，指定艺术场馆必须面向中小学生提供欣赏的空间，甚至包括一些实践空间，但并不是所有地区都是这样。因此，如何将教育与文旅系统的美育资源进一步融合并轨，还需要做更好的规划。但总的来说，进入新时代的十年里，在习近平总书记的推动下，也在整个教育系统的美育师资的共同努力下，美育的建设发展是与时俱进的。

三、在教育教学中贯穿美育

高等学校美育要贯穿通识教育理念，应该把美育放在新文科建设中，考虑新时代新形势下教育理念的更新，所以美育既是老话题，又是一个新课题，它和时代的发展是密不可分的，新的教育理念会影响美育的内容，美育理念的创新又为整个教育系统提供新的内容。还要重视学生审美鉴赏力的提升，培养创造创新意识和思辨性思维，尊重和理解差异，在跨学科中产生知识。美育的内容都跟艺术创作有关，艺术作品可以说是美学和文化传统的重要结晶，理解不同的艺术门类、艺术经典和具体的艺术作品，能够让青年学生更多养成宽阔的文化胸怀，在理解不同艺术创造特征的过程中，培养创新意识，理解差异发展的价值。

这些年，中央美术学院在美育建设中的总思路是从入口关到教学全程的建设。例如，中央美院是全国艺术院校中最早独立成立研究生院的学府，把本科和研究生两个层次同时强化，在这里面贯穿美育的理念。通常来说，很多大学都是强调"以本为主"，或者"以本为强"，中央美院的提法是"本研双强"，两者都要并举。本科教学属于高等教育中的基础阶段，要把好几个关，其中第一个关就是入学考试关。央美一直是广大艺术学子向往的学府，近 8 年来，学校本科招生规模一直控制在 800 人左右，这两年增加了中法艺术与设计管理学院，单独扩展了两三百人，但北京校区的总招生规模一直没有变化。一方面，这是受制于客观的教学空间；另一方面，我们也在反复考虑，要保持一个高质量发展的水平，本科规模不宜再扩大。即便如此，每年都还是有三万到四万学子报名竞争这 800 个席位，所以在入学考试关，我们就要特别注重他们的综合素养和造型基础，尤其是在招生命题上，努力避免陷入应试教育的被动性，更多地进行对学生比较科学的整体素质能力的测试。我们每年的考题都成为美术教育界关注的一个热点，学校在考试题目上也确实费尽苦心，尤其是在线上考试的情况下，如何能够既保持公平公正、科学有效，又能够不失学校的招生标准。比如今年造型学科的考试，以网上考生的场景为题目，让学生创作自画像，也就是他们在参加线上考试的情景，这里面的要求既包含基本的人物特征比例、明暗处理的方法、线条运用的特征，更重要的是关于考生对情境、场景的把握。

这样的招生考试命题与美育的关系是什么，就是要引导考生不仅要加强对技术手法的学习，更要充实思想精神上的创造。当然，入学考试不能解决全部问题，但是我们坚持对学生试卷进行多方面测评，包括看学生的美学素养是否能够在试卷中体现出来。同样一道考题，可以画远距离的，也可以画近距离的，可以偏重于人物，也可以偏重于场景。比如画一双鞋，让考生自己摆自己画，从摆鞋起就可以看出学生的基本艺术素质。我们都知道艺术史上梵高的《农鞋》非常著名，海德格尔对其进行过富有诗意的解读，摆一双鞋实际上能看出考生对生活的态度，看出他对生活体验的认知度。至于其他专业例如设计专业，题目更具有开放性，可以运用多种手段进行综合表达。一些题目的本意也是尽可能地让学生跳出自己的生活小圈子，更宏观整体地看待今天的世界变局，关切生态环境、家园建设这些大的时代命题。所以，央美的专业考试其实相当于一个作文命题，考察学生的思想感悟和平时对生活的细微观察等内容。现在各个省用统考的方式选拔学生，这很好地体现了公平公正，但另一方面，很多地方院校因为没有校考的资格，只能在各省统考中选择学生，相对比较狭窄。所以从去年开始，教育部正在围绕提高艺考水平，对省级艺术统考组织专家指导，提出一些命题等方面的新要求。

同时，在教学中贯穿美育。这其中很重要的是要汇聚吸收国际美术教育的经验。中央美院最大的特点是国际化程度很高，我们和全球几十所著名美术学院始终保持着密切的交流合作。比如说较深层次的交换生，我们每个专业、每个学科都有国际学生的交换，这也是教育部支持的高校项目。校内也有大量的课程由外教来承担，同时开设联合课程。在这个过程中，我们始终注意和西方的艺术教育作比较。因为中国的艺术教育是20世纪初徐悲鸿、林风眠等引进了西式美术教育后建立起来的，在20世纪前半叶比较动荡的局势下，可以说是惨淡经营，新中国成立之后开始正规化地发展起来，到今天，我们更要在全球化视野中进行艺术教育。

学校一直很关注一些国际知名大学是如何进行艺术教育的，在高等教育这个层面，比如哈佛大学非常注重通识教育，开设了四大类通识教育课程，其中"美学与文化"就是一个重要的类型。哈佛大学也是不同学科并重的，学生必须要修读四类课程中的一门才能达到毕业要求，并且学校专门有一个哈佛学院负责整个大学的通识教育课程，在通识教育中的"美学与文化"课程，课程内容包括"创造力""现代艺术与现代性""宣传的艺术与政策"，也包括现在被广泛关注的影像类课程如"全球艺术与媒体中的都市想象""影像：观看的实践"等。哥伦比亚大学在艺术教育中则是注重培养师资，教学内容的重点是在艺术教育哲学、心理学、教育学、艺术实践和历史等方面。央美和哥大的教育学院有很密切的合作，着重讨论的是教育学、哲学、心理学甚至文化学等方面的内容，这些内容在西方没有直接叫美育，但在一些共同目标上其实是相近的。比如，哥大在艺术教育这方面注重打通艺术与教育的关联，开设了"艺术与教育问题""艺术教育课程设计""艺术教育的历史基础"等一大批课程，与此同时也贯穿着"新媒体、新形式：艺术教育的技术趋势"等关于新艺术现象的教育。在儿童教育方面，西方有不少大学注重专门为儿童进行有关的艺术教育设计，结合美育发展儿童的好奇心、想象力、挑战性思维等。这些都是中国美育学学科建设中要关注到的"他山之石"。我们既要脚踏实地实践探索，也要了解西方是如何进行艺术与人文教育的。

在教学中贯穿美育，一是要把好入口关，二是要比较国际做法，三是要推动学生进行创造实践。原来的教育理念中对在校学生的创造力培养有所不够，所以这些年我们研究生教育是带着明确题目推进的，需要进行具体方向的研究，在某种程度上，导师设定的方向或专业院系设定的方向就是学生要完成的任务。而本科教学则没有一个具体的研究方向或研究领域，需要在这个过程中培养本科学生的自主创造思维和创造能力。因此，央美的造型学科基础部在教学中对"基础"的概念进行了重新思考。过去一讲基础就是画造型、画空间、画质感，大量的课堂作业从静物到头像、人体，再者就是色彩训练。这几年，我们的基础教学在造型学科方面有两个突破。第一，由原来几乎是绘画类的造型基础发展成多种媒介的造型训练，学生不仅是画素描、色彩，同时还做泥塑、练书法、学中国画线描等，这样的造型基础训练可以说是扩展了学生的美学素养。第二，加入了一定的创作。过去在基础部没有创作课题，因为学生就是进来打基础的，创作是高年级的事。我和同事们在讨论和思考，难道是哪一天、哪一个晚上，学生突然就从习作进入创作了吗？这显然不符合人才培养规律。美术一动笔就是创造，所以应该在学生每一次动笔之际都贯穿创造意识，这样我们就特意安排了一些专门的创作课程。在疫情期间，学生居家上课有一个很大的损失——不能面对一个共同的模特，老师也不能够直接在画面前进行指导，对于老师来说，如何评判学生的作品成为问题，因为通过电子图片的色调是有偏差的，同时学生在创作过程中的手法对不对等，存在很多具体的问题。我们也在想办法弥补这些遗憾，就是让学生更多地进行一些小创作。同学们很有热情，居家期间他们的视野空间反倒更加宽阔了，可以画家乡，可以画家庭，也可以画家人。家乡、家庭、家人这"三家"就成为他们学习创作的一个新的题材。最近我们举办了一个展览，展示了这些刚刚进校一年的同学们的作品，他们反映抗疫期间城市的、家庭的景象，当然也包括在造型语言训练方面的作品，让学生自己找模特、找角度，自己决定作业的时间长度进行训练。因此疫情期间不仅没有降低教学质量，反而增加了同学们学习的自主性，这是一个可喜的收获，他们将所看到的当下生活通过绘画语言表达出来，这就慢慢进入了创作的状态，他们今后无论是否能够成为一位优秀的艺术家、设计师或是理论工作者，这都是一个非常好的开始。所以我们提倡学生进入央美就应该进入创造的空间，尤其是要主动地培养创造意识。

四、在服务社会中彰显美育

今天的社会特别需要美的元素，也提供了这种可能性。比如，今天的城市建设需要新建很多新的社区、绿地公园、公共空间，在这方面美育有很大的施展才能的平台。所以，我们引导学生更多地走出校门，走到广阔的社会现实生活中，以优异的美术作品描绘时代恢宏气象，书写生生不息的人民史诗，彰显时代精神，凝聚人民力量。

中央美院既是中国最高美术学府，也是美术创作的国家队。新中国成立以来的人民英雄纪念碑浮雕，以及国徽、政协会徽等，这些设计使艺术作品成为中华人民共和国朝气蓬勃的生命象征、文化象征，在这方面，我们的传统是非常深厚的。习近平总书记在给中央美院老教授的回信中专门提到要发扬"爱国为民、崇德尚艺"的优良传统，这份传统在今天如何更好地继承下来，把跟社会的联系通过作品体现出来，这些年我们在雕塑、绘画方面开展了一大批重大主题性美术创作，取得了很好的效果。例如，在中国共产党历史展览馆前广场的大型雕塑《信仰》，就是央美雕塑学科集中力量进行创作的。当时计划在广场做五座雕塑，一座是党旗，另外四座要体现党的百年光辉历程。雕塑要通过具体的形象来表现，它不是一个抽象的表述。四个主题雕塑，中央领导定位要反映"四个伟大"，中央美院要完成的任务是反映"伟大工程"，具体来说就是党的建设的伟大工程。这个难度可想而知，我和同事们在一起反复构思，看到党的十八大之后习近平总书记带着中央领导集体前往上海，二十大之后去了延安和红旗渠，都是围绕弘扬伟大建党精神进行的党的建设，体现出中国共产党的精神谱系，在这些活动中有一个重要场景，就是总书记带领大家重温入党誓词，体现出我们党始终"不忘初心，牢记使命"，从觉醒年代到革命时代，从建设年代到中国特色社会主义新时代，举手宣誓成为一种典型造型，因此，在雕塑《信仰》中，塑造了71名党员举手宣誓的造型，体现共产党人的初心使命，同时也展现出不同时代共产党人的精神风貌。

美育服务社会还有一种方式，那就是具体的应用性工程。中央美院也承担了很多这方面的任务，在服务社会中把美的理想和风范传导给社会。这些年我们连续组织画英模、画劳模的写生活动，比如在北京劳动人民文化宫太庙享殿广场，我们和北京市总工会合作，邀请超过100位北京市的全国劳模，组织了100多位教师为劳模塑像。最近，又在太庙艺术馆专门举办了一个展览，邀请建党100周年以来的新劳模，为他们塑了像，而且请劳模到创作现场进行观摩。为劳模塑像的收获是双向的，一方面是用艺术的方式礼赞劳模，讴歌劳模精神；另一方面，我们的师生也受到了教育，在塑造肖像的过程中，听劳模讲他们自己的故事，讲他们的理想和人生奋斗，这样一来，课堂就大大地扩展了，延伸到真正地与社会交流、与人交流的现场空间。

与此同时，中央美院团队还围绕美丽乡村建设、乡村振兴等时代任务开展了"美绘乡村"活动。壁画系首当其冲，其他专业也紧随而上。"美绘乡村"活动中有一点特别值得赞赏，老师和学生到乡村去，不是带着事先构思好的构图内容去画，而是先深入当地老百姓中聊家常，和房子的主人谈生活，由他们提出希望在自家院墙上画什么，这些都是来自最基层、最朴素的文化理想和人生理想。这样一来，就使"美绘乡村"成为村民参与其中的自己的作品。画完之后，画家们走了，但是这些画留在那里，这些村民、房东会向前来的客人讲述图像背后的故事，这就更具有现实意义了。

中央美术学院参与了新中国成立70周年、中国共产党成立100周年等国家重大庆典的艺术设计，提升了群众游行、群众联欢的艺术水平。这是我们的传统，如何在传统的基础上提升艺术水平，让同学们走向大课堂是非常重要的。比如绘画如何走向生活，造型基础部开展了"重走长征路"的实践活动，老师带着学生们去四川红军当年过草地、爬雪山的地方，用"红军食谱"这个题目让同学们自己去寻找、思考、表达。这个过程有很多感人的故事，学生们从来没有走过长征路，从电视、电影、小说上看到的长征跟自己亲身体验的长征那是相当不同的。他们在长征路上通过对老红军的访谈以及实地考察，感受到长征的艰苦卓绝的伟大精神，画出了100幅红军食谱。这些都是来自活生生的生活现场，带着泥土、带着历史的印记回到学校，远比在教室里画一个静物要生动得多。2021年，油画系又举行了一次"重走长征路"的活动，这一次不是去寻访历史，而是去感受现实，也就是要画长征路上的脱贫攻坚和小康社会，其实是换了一个角度引导同学们走进生活，有利于和当地人们打成一片，去听他们讲自己今天的故事。这些故事就是在新时代中国社会变革发展中农村发生的巨大变化，他们也画出了100幅非常富有生机的作品。我看到这些作品特别高兴，我们总是说艺术院校深入生活，但是真正深入生活可能时间有限，地基挖得不深，或者主题不够鲜明。这些年，中央美院就特别注重教师和学生的主题写生创作，带着主题去深入生活，培养学生的主动意识、观察能力和表现能力。

五、在文化建设中践行美育

在学校这个平台之外，要重视和社会资源建立合作关系以拓宽美育课堂，这也为文化建设提供新的契机。前面内容也涉及这一点，简单总结一下，就是要运用社会艺术空间和资源开展公共美育或社区美育，普及生活美学，推动美育的传播和交流等。近三年来，国内新建了一大批美术馆，比如青岛西海美术馆、大同市美术馆、湖南省美术馆、成都天府美术馆、北京的中国工艺美术馆、中国非物质文化遗产馆等，这些美术馆的建设为公共文化服务提供了新的支持。新时代的美育工作，要利用好这些空间以及各种展览，经常带着学生去体验、感受艺术。总的来说，美育要为文化建设提供新的美育理想，同时也要借助文化建设的成果丰富美育课堂。希望通过交流能坚定我们的美育使命，大家一起共同推进中国美育学学科的建设，推动美育产生更大的文化力量。

乡村振兴中的美育力量

吕品晶，中央美术学院副院长、教授、博士生导师，中国美术家协会建筑艺术委员会主任，中国美术家协会理事，中国建筑学会理事

今天通过国内艺术乡建的一些具体案例，和大家谈谈这方面的现状、理念和成效。中国广大的乡村地区分布着数以百万计的自然村落，比如江南的水乡、西南的梯田、西北的窑洞等，这些各具特色的村落布局以及追求自然的营造理念和寄情山水的人文情怀，融合构成了中国乡村独特的地域文化和美学特征。

乡村是中华文明的摇篮，是中华优秀传统文化的源头活水，要实现乡村振兴，文化振兴是灵魂。习近平总书记高度重视乡村振兴工作，2018年3月，在参加山东代表团审议时他曾强调："要推动乡村文化振兴，加强农村思想道德建设和公共文化建设，以社会主义核心价值观为引领，深入挖掘优秀传统农耕文化蕴含的思想观念、人文精神、道德规范，培育挖掘乡土文化人才，弘扬主旋律和社会正气，培育文明乡风、良好家风、淳朴民风，改善农民精神风貌，提高乡村社会文明程度，焕发乡村文明新气象。"在国家大力实施乡村振兴战略的背景下，如何做好乡村文化的保护与传承、发展与振兴，再现乡村景观的自然生态美和质朴的人文之美，提升乡村生活的获得感和幸福感，焕发乡村文化的生命力和创造力，为乡村建设塑形铸魂？这是今天艺术工作者需要持续思考和不断实践的目标和方向。

进入新时代以来，在国家乡村建设一系列重大方针政策指引下，广大艺术工作者走进乡村，开展了大量富有创新性的乡村建设实践，发挥艺术在审美教育、创新思维、观念更新和统筹协调等方面的重要作用。习近平总书记在视察清华大学时指出："要发挥美术在服务经济社会发展中的重要作用，

把更多美术元素、艺术元素应用到城乡规划建设中，增强城乡审美韵味、文化品位，把美术成果更好服务于人民群众的高品质生活需求。"艺术介入乡村建设的热潮也促使我们更加深入地思考，艺术怎么样才能更好地推动乡村文化建设？从大量成功的案例来看，虽然艺术介入的方法和策略有所不同，但如果依据不同乡村的文化属性与资源禀赋，因地制宜地采取适应性的艺术介入方式，就能够取得不错的建设成效。

艺术有什么用？这是今天的艺术行为和艺术作品经常会碰到的问题，但这很难给出一个完美的答案。城市里的美术馆、音乐厅、巨大醒目的景观雕塑以及博物馆中高高在上的艺术品，都是美丽而昂贵、看似没有用的艺术，这和城市中其他功能明确、有清晰用途的设施，形成了鲜明的对比。如果把目光投向广袤的乡村地区，会发现艺术美感和日常生活始终是水乳交融的，田间放歌、渔樵问答，既是生活也是艺术。在乡村，传统生活和艺术美感的关系已经超越了有用无用的层次，在历史的演进中你中有我、我中有你，共同烘托出美丽中国深厚丰饶的文明底色。艺术介入当代中国乡村，就是要在这样的文明底蕴上添色作画。因此艺术首先应与乡村的底色相融，但又要突出本身底蕴所带来的灵感激发，这也是当今艺术介入乡村实践始终应该秉持的基本态度。换句话说，艺术乡建要以艺术为媒介，采取多元视角，在尊重乡村在地传统和村民诉求的基础上，用情感融入和多主体互动的温和方式，建设、保护和修复乡村的自然和人文生态系统，促进乡村社会整体复苏，以文化振兴引导乡村的全面振兴。

下面通过一些个人经历和大家分享我对于艺术乡建的认识。2013 年，我带领学生到贵州省黔西南布依族苗族自治州下乡调研。

黔西南州首府兴义市有万峰林的独特景观风貌，徐霞客称赞这里"天下山峰何其多，唯有此处峰成林"。在这群峰之间的乡村聚落里，还生活着一些能歌善舞的布依族、苗族的百姓，布依族的八音坐唱、织布刺绣等都列入了国家非物质文化遗产名录的传统文化遗存。这里山清水秀，但经济却相对落后，所以当时我们思考的是，怎么发挥学校学科专业的优势，去介入当地的乡土文化建设？之后，我们把毕业设计的课题选在了这个地区。我们一边帮当地的朋友改造、发展民宿，同时也做一些在地性的实践和探索，这些实践得到了当地政府的肯定，并邀请我们进行一些乡村建设，比如清水河镇的整体风貌提升。在这个过程中就接触了雨补鲁村这样一个传统村落保护的课题。

雨补鲁村坐落在一个自然形成的天坑之中，村落的房屋都是集中建在道路一侧。通过照片可以看到，中间有一块两百多亩地的田坝，村落介于陡峭的山坡和中间平坦的田地之间。这个村落有天然的排水系统——地漏，这是通过地面的孔洞把地面天然的水排入地下暗河的自然景观。作为西南少数民族地区主要由单一族性聚居的汉族村落，它依然保留了很多从中原地区迁徙过去的生活方式和习俗，比如村里有祠堂、土地庙、观音庙、古营盘和类似于合院方式的住宅，以及古幡会等特有的习俗，是用于祭祀和教化族人的传统习俗。

在充分调研的基础上我们制定了建设目标，就是在改善村民生活条件的前提下，结合村庄的山形地貌、周边资源，将传统村落的乡土景观和乡土韵味提升为可供游客体验原乡文化、传统乡村生活和劳作方式的场所，尽可能地保护和修缮古村落，恢复古寨的历史文化风貌，对传统建筑和独特的民俗文化进行抢救性的修复和传承。我们来到这里时，雨补鲁村30%以上的原有建筑都被村民拆掉了，质朴的石头房子盖成了砖房，失去了传统村落质朴、纯净的原貌。经过我们半年的建设和改造，整体效果得到了学术界和政府管理部门的认可。在我们改造之后，村里连续两年召开了相应的新农村建设研讨会。后来有人问我：这样一个村庄改造最大的困难是什么？我的回答是：观念的改变或观念的碰撞上有难度。比如原本自然的田园风光和肮脏的生活环境的强烈对比，原来非常质朴的石头建筑和粗鄙的瓷砖贴面的审美观念上的落差，以及改造中经常碰到集体利益和家庭利益之间的矛盾冲突、公共空间活动的需求和实际环境的制约等，这些都需要通过多方协调去努力改变。通过雨补鲁村的建设，也让我更加关注到了乡村建设中艺术发挥观念更新的作用和机制,通过艺术的协调和沟通作用,可以打开乡村空间建设和文化建设之门。乡村建设的主体有很多,如政府、企业、村民和社会组织等,以艺术的视角和渠道,来协调乡村建设不同主体之间的关系,可能是更加有效的一种方式。艺术的介入是不带有任何功利性的,所以相对于不同主体所拥有的立场,艺术更容易发挥出协调沟通的作用。

接下来我想从观念更新、产业赋能、人才培养和家园重建四个方面来谈谈乡村振兴中的艺术与美育力量。

观念更新的相关案例有三个:许村计划、松阳拯救老屋行动和石节子美术馆。许村是艺术家渠岩最早开展的艺术乡村建设尝试的一个村子,渠岩原来是一个做绘画装置和摄影的职业艺术家,因为对当代艺术的失望,他把镜头转向了广阔的乡村地区,创作了一系列摄影作品,这些作品引起了许村干部的注意,邀请他去村里考察和采风。渠岩以他的人文关怀和对文化价值的敏锐判断,提出了新的乡村复兴概念,创造性地把许村作为思考和改变的出发点。他将一些废弃的老房子改造为艺术公社,人与屋交往成了艺术与乡村的核心。许村改造的过程是渐进式的,每一步都显得非常沉稳踏实。从艺术公社空间到艺术工作室、精品民宿,老粮仓也变成了美术馆,村里慢慢也开始经营咖啡馆、酒吧,举办音乐会等活动,并制定了以"抢救和保护古村落"为目标的许村宣言。这一系列改造活动,给村民的观念带来了巨大的改变,使得许村逐步成为村民们的文化和精神家园。靠着艺术家和村民的共同投入,也让彼此相互认识、理解合作,转变各自固有的观念,最终成为乡村发展的共同体。

松阳老屋改造是政府主导的乡村建设项目。松阳地处浙西南地区,四面环山,独特的地理位置和近百年的历史变革,使松阳县保留了大量的传统村落和明清古民居,这些老屋极具艺术和文化特征,村落格局也比较完整,但是原住民很难承担高昂的修缮费用,很多老民居年久失修,已成危房。随着2014年松阳地区旅游业的发展以及很多建筑保护领域专家的到来,当地政府开始意识到松阳老屋的价值。2016年,松阳县被确定为拯救老屋行动项目的试点县，率先开始探索低级别非国有产权文物建筑保护利用的新路径。

拯救老屋行动计划的主要方式是通过对老屋的修缮和改造，赋予老屋新的功能和生命。具体的操作模式是由中国文物保护基金会资助修缮的一半经费，带动乡民自己出资，和地方政府整合其他资源来共同进行修缮，同时寻找设计研究团队为传统村落提供智力支持和志愿服务。拥有老屋的村民也可以自愿选择施工队伍参与制订修缮方案，修缮计划的补助资金直接补贴给村民本人，这很好地激发了村民保护传统老屋的主动性和积极性。这样一种保护方式，形成了以政府财政支柱为推动、房屋产权人为主体、社会力量广泛参与的传统村落保护的新模式。正是在这样的新模式下，经过几年的努力，老屋民宿、书店工坊以及围绕老屋改造所植入的各种新的功能，在松阳遍地开花，其中很多案例在全国乃至国际知名。

以陈家铺村的先锋书店为例，它由村中的礼堂旧址改造而成，设计师充分利用礼堂原有的高度和空间形成了丰富且具有艺术表现力的空间。通过引入书店这样一种业态，大大提升了村庄的文化艺术品位，形成了文化和艺术影响力。先锋书店经营以后，陆续举办了多场艺术活动，丰富了乡村文化生活。

同样位于陈家铺村的飞茑集民宿，原是村头的一处普通民居，当地政府希望通过引入民宿带动村庄的旅游业。设计师首先对老屋的外观进行保护和修复，同时改善内部空间，为乡民或外来的游客提供现代化的舒适条件，这种内外改造的新对话形成了艺术个性的张力，反映了艺术观念在此类乡村建设中的作用。通过拯救老屋行动，村民保护老屋的积极性得到了很大的提升，传统村落古风古貌也得以保存，更重要的是，随着新产业的融入，老屋使村民赚到了钱并且促进了文旅产业的发展。在这个过程中，艺术在很多层面上都起到了重要的作用，无论本地村民还是外来的设计师，都对传统建筑艺术表现出了很大的尊重，同时又能运用符合当地当代使用诉求的艺术表现手法来进行改造。

传统村落的保护和利用也经历过观念的转变。今年是传统村落保护提出的第十个年头，到目前为止全国已经有 8 千多个传统村落加入了保护名录。通过这样的行动，全国传统村落里有 52 万座文物、建筑和传统民居得到了保护。因为传统村落保护不仅仅是保护物质形态的传统村落，同时也保护非物质文化遗产，所以在十年的传统村落保护过程中也有 3380 多项省级非物质文化遗产得到了保护和传承。从 2020 年开始，国家开启了传统村落集中连片保护利用示范项目的建设，由原有对单体建筑或者单个村落的保护上升到了集中连片的保护。从强调保护到保护和利用的并重，从单一物质形态的保护到物质和非物质形态的共同保护，乡村传统文化保护与发展的观念和行动，也在不断提升。

接下来介绍石节子美术馆。石节子村是一个很小的村落，艺术家靳勒把这里打造成了石节子村美术馆。在村口的黄土崖壁上歪歪扭扭的"石节子美术馆"几个字是村民用铲子在黄土坎上挖出来的，成为中国第一个乡村美术馆的门脸儿。

2008 年之前，石节子村还是黄土高原上一个非常贫困的山村，靳勒在这里出生、成长。1986 年，靳勒考上了西安美术学院雕塑系，成为村里第一个大学生，四年后毕业分配到西北师范大学教书。2000 年，靳勒开始关注当代艺术，他对艺术开始有了新的理解和反思，所以他回到了当代艺术创作，试图影响和改变千百年来村民面朝黄土背朝天、日出而作日落而歇的生活方式。

在靳勒的努力下，村民不仅渐渐接受了他的创作，也在他的带动下参与了艺术节的活动和各种展览活动，这些经历不断地改变着村民的观念。有了这样一些在地的实践，靳勒获得了村民的信任并被选为名誉村长，使他能够真正开始他的艺术乡建之路。靳勒把整个石节子村变成了一个美术馆，13 户人家变成了 13 个分馆，并且用每一个户主的名字来命名分馆。在靳勒看来，村民做什么作品、是什么样的作品并不重要，他更关注的是艺术家在艺术介入乡村建设后，所带来的乡村和村民的观念上的变化，以及艺术究竟对村子和村民有什么功用？十多年来，靳勒带领村民参加了很多国内外的展览，让村民认识到，除了生活还有艺术，艺术除了愉悦人心、丰富生活外，还可以有别的功用。因为有这样的艺术活动，使得这个村子获得了知名度，在乡镇政府的支持下也通了以前没有的自来水。石节子村举办了非常多的艺术活动，如电影节、摄影展、国外的艺术展和建筑研讨会等，数百位来自全国各地的艺术家和艺术学子来到这里，留下了非常多的作品，散落在这个小山村的每一个角落。这向我们展示了艺术本身就是生活。将村庄变成美术馆，靳勒以这样的一种方式告诉人们，这里还有这样一群人用这样的方式生存着。非常遗憾的是，前年靳勒不幸去世。但是我想，这位艺术家留下的众多在地性作品以及乡村美术馆广泛的传播影响力，将成为乡村新的文化资源。艺术家带给村民的艺术新观念、生活新理念以及在共同艺术创作中凝聚起来的集体意识，都会成为村子发展的内生动力，支持石节子村在乡村振兴的道路上继续走下去。也正如艺术家本人所说："把山村里的生活经历、生命经历融入艺术中，同时把艺术融入乡村里，对我、对这个山村可能都是一个新的契机。"和前面两个案例不同的是，石节子村的发展缘起于当代艺术家对于社会的敏锐观察，因而靳勒所说的乡村发展的机遇是否包含超越艺术的纯净力量，通过它的本身延展出更有实际功能的艺术产业？毫无疑问，通过艺术的力量推动乡村产业的发展，在更广大的地区实实在在地呈现了出来。

接下来从产业赋能方面来谈谈艺术的作用和价值。首先想介绍的是云南省大理市双廊镇的白族奶奶画。这个画社由一群平均年龄60岁以上的老奶奶组成，她们开始绘画创作的契机来自上海艺术家沈见华。村里的老奶奶听说他是一个很有能耐的人，所以希望通过他解决一些特殊困难，但是沈见华认为，与其通过各种关系不如通过卖画来帮助她们解决困难。沈见华把这些没有任何绘画基础的老奶奶称为"生手"，他对于"生手"的训练，采用的是不教而教的方法，只提供给她们画布、画框、画笔和颜料，他从造型、构图、色彩三个方面对她们进行引导，然后由她们随意在画布上进行创作。先在纸上画出自己想要画的东西，用纸剪好形状，再一个一个放到画图上，摆好构图后用铅笔描边，再用颜色上色，这样就解决了老奶奶们造型能力不足的问题，也打通了创作的瓶颈。

沈见华认为，恰恰是这些没有经过训练的创作，展示出了极其出众的绘画感，有一种介于自觉和不自觉之间的意外，所以他在创作思路的指导上扬长避短，充分发挥老奶奶们的绘画感受，把自己曾经的所见所闻、自己喜欢的场景或者是歌谣里的场景，都画出来。随着后来双廊成为火热的旅游景点，老奶奶画社的名气也越来越大，现在这些老奶奶都成了当地非常有名的农民画家。

还有一个案例是雕塑制作，作品非常生动。创作者是一个放羊倌，沈见华要求他在非常短的时间里概括羊的形态，不追求结构的准确。比如让他三分钟捏出来这样的形状，然后再以一比十的比例去放大，这样就可以始终保持一种拙朴自然的天性。除了油画、雕塑，沈见华还帮助村民开展装置包裹艺术，试图把艺术和生活更好地结合在一起。疫情期间带领村民盖房子，用乡土材料和传统的做法并结合现代理念，搭建咖啡馆，当地叫作鸡窝咖啡。以此作为奶奶画社展示交流的空间，同时让奶奶们的画发展衍生产品，把画印在搪瓷杯、丝巾上。

还有很多地方做在地性的民间艺术发展，如舟山渔民画。普陀地区近些年因为海洋资源的枯竭，很多渔民转产，这为传统渔民画的发展提供了新的契机。渔民画形成产业也吸引了大量村民从业，在当地政府和文化机构的帮助和促进下，普陀渔民画形成了独特的风格。因为长时间在海边生活，他们积累了大量的素材，所以想象力非常奇特，作品构思丰富，颜色夸张，形成了独具一格的艺术魅力。还有一个案例是福建漳平的漆画，这是一个历史非常悠久的画种。在这之前，漳平农民画在20世纪70年代末就已经开始发展，因为画法比较固化，近些年市场也不是很好。当地的文化机构把漆画工艺和原来的农民画进行了结合，使得农民作品形成了新的特色，同时也带来了经济价值的提升。农民画和漆画的结合，既推动了传统漆艺的传承发展，也开辟了农民画的创新道路。2022年，文化和旅游部等六部委发布的《关于推动文化产业赋能乡村振兴的意见》中提出了"美术产业"这样一个理念，在艺术赋能乡村振兴中也是一个非常重要的举措。

另一个案例是关于传统手工艺对乡村发展的赋能作用。四川省崇州市道明镇竹艺村是开展乡村转型发展的实验村，崇州的竹资源非常丰富，道明镇的竹编历史也非常悠久，在编织工艺材料和造型上面都很有特色。据说以前整个四川超过80%的市场，用于开业庆典的竹边花篮都产自道明竹艺村。他们的生产方式非常原始，但经济效益不高，所以手工艺匠人的流失和市场萎缩使得道明地区的竹编一度没落。到2012年，竹艺村已经没有多少手工艺人了，传承了几百年的传统工艺也面临着失传的境地，这就需要通过艺术赋能让传统的手工艺获得新生。从2013年开始，应当地政府邀请，中央美术学院城市设计学院的田海鹏老师带队实地考察。他们提出，将靠近村公路边上的三个村民小组规划为一个竹艺聚集区，并以"道明竹艺村"来命名，打造文化旅游的创新创意示范区。竹艺村这个概念的提出，为道明竹编留住了根，也为这个村子找到了产业发展的灵魂。

中央美术学院将学术视角和乡村的传统技艺进行链接，通过提升从业人员素质、帮扶业态发展、形成品牌生态这三个角度，对传统工艺产业的转型升级进行引导，形成艺术群体手工艺者和当地政府的合作模式，以及学院加强传承人基地的非遗技艺产业模式，并且依靠相关课题成果参与设计展览展会的方式来增加社会对竹艺产业的关注度。在田海鹏的帮助下，中央美术学院驻四川崇州的传统工艺工作站也得以建立，在老师的带领下学生们到这个村子进行竹编手艺的研习，同时通过学生的创意，帮助他们提升公益理念和艺术品质。教学和传统手工艺的生产，实际上形成了一种相辅相成的关系，学生们也通过在当地的实践获得了传统工艺知识和文化的熏陶。艺术赋能下的传统竹艺找到了在当今社会产业发展的道路，校地合作既传承创新了道明竹编，也让乡村产业实现了转型升级。中央美院团队通过深度参与规划、陆续开展竹编产品创意研发、艺术家驻留计划、竹编的创意市集等项目，使得竹艺产业进入了良性的发展轨道。曾经的老艺人重新开始传授技艺，新的竹艺传承人也通过培训将传统手工艺与现代设计相结合，创造出具有时代特色的工艺品。曾经外出打工的年轻人不断返村创业，竹艺村的生产规模也不断扩大，产值不断提升。村民通过发展竹艺产业，生活质量得到大幅改善，传统竹艺焕发了新的生机。据统计，2012年竹艺村接待游客超60万人次，旅游收入达到2000多万元。这也是通过艺术赋能乡村产业振兴的一个非常成功的案例。

第三个方面，艺术如何在乡村产业人才培养方面发挥作用。云南省剑川县是中央美术学院对口帮扶县，美院自承接脱贫攻坚的对口帮扶任务以来，一直把乡土艺术人才培养作为重要内容，希望通过学校的艺术设计、人文资源来带动剑川传统的全面振兴，实现以艺术人才促进乡村文化振兴的目标。比如请剑川的手工艺师傅到美院插班学习，随堂上课，课程由他们自己选择，使学员在短时间内能够体验到学校的艺术氛围，学到一定的造型和设计技能。我们派驻了一些自主设计和研发的地方艺术人才及相关老师作为帮扶干部，同时进行传统工艺的传习工作，在地化地培养自主设计和研发人才。专业老师直接到当地，在产品的种类拓展、制作工艺改善等方面参与设计和研发。同时，美院帮扶的干部和老师利用美术设计的优势，帮助他们开展白族服装的改进设计，也联合其他高校设计力量推出兼具民族性、时代性并且能够普及的新款白族服饰，以提升少数民族文化形象。通过乡土艺术人才的培养和引领，使得以剑川木雕为首的"百工之乡"的传统手工技艺正在逐渐成为群众脱贫致富的支柱产业。截至2019年底，全县从事木雕的工艺人员已经达到21000多人，从事木雕、石雕、布扎刺绣、土陶加工生产销售的群众超过32000人。乡土艺术人才的培养，推动了剑川传统工艺的发展。这些传统手工技艺的从业人员，既是优秀传统技艺的传承者，也成为乡村振兴的主力军。

人才培养的另一个案例是麻料村。麻料村在贵州省雷山县西江镇，村民数百年来以加工银饰为生，是当地有名的银匠村。随着城市化的进程传统手工技艺没落了，很多村民都到城里打工。但是通过传统工艺工作站的设立和非遗人才的培养，这个村也获得了在银饰锻造方面的新生。2016年，文化部为了振兴传统工艺，鼓励全国有条件的地方建立传统工艺工作站，苏州工艺美术学院在麻料村发现了这种传统技艺，设立了工作站。这个村有一位带头人叫潘仕学，2017年，他参加了传统非遗培训，多年的从业经历不仅让他精进了自己的制作手艺，也通过传承人的研培计划开阔了视野，使他意识到家乡才是他制作银饰最好的地方。他回到麻料村开设银饰工作室，把自己在研学培训中所学到的新银饰设计方面的知识，通过日常的实践表达出来，得到了家乡各级部门的重视和支持。在这个过程中，他接触了很多艺术设计专业的设计师和消费者，银饰的制作也在保留原有传统手工技艺的基础上，作了非常多的新的设计尝试。他的技艺和设计不断精进，在当地政府和艺术院校的宣传推广之下，潘仕学的工作室越来越火，许多喜欢制银手艺的年轻人也来到他的工作室一起学习。以前村子里熟悉的打银生意又回来了，村子也同时开发了银饰制作体验活动，银饰作为"一村一品"的发展也带动了其他的土特产销售，包括村里的民宿产业，所以现在很多村民是靠着民宿加银匠工作室的方式获得了经济上的收入。麻料村的做法既提升了非遗的传播度，也让村民实实在在获得了实惠，走出了一条传统工艺保护和手工艺品销售与旅游相结合的发展道路。

像潘仕学这样的乡土非遗人才在全国范围内数不胜数。2012年，自中国非遗传承人群研修计划实施以来，累计有十万人次的非遗传承人群和乡土人才得到了研修培训，他们和剑川百工、雷山银匠一样，都活跃在乡村振兴的舞台上。国家一系列推动优秀传统文化保护发展的政策和举措，如传统工艺工作站的设立、非遗工坊的建设、非遗传习所的建设，都成为乡土文化和艺术人才成长的有力支持和保证。这些乡村建设的努力都是为了美好家园的建设，既呈现为高品质的生活水平，也在精神层面上体现为乡风文明、良好家风、淳朴民风。改善农民精神风貌、提升乡村社会文明程度、焕发乡村文明新气象，需要系统地思考和整体性行动。

接下来通过两个案例介绍艺术如何来助力精神家园重建。首先是太行深处的大南坡村,这里以前有煤炭矿场,一度非常繁荣。但是随着过度开采带来了水土流失、植被破坏、塌陷事故等问题,曾经非常兴盛的村庄也慢慢凋零,青壮年也纷纷到交通更加方便的地方去务工,剩下了孤寡老人和儿童。大南坡复兴计划的发起人左靖选中了这样一块地方去开展乡村实践。左靖认为,大南坡村虽然没有旅游资源,但是保持了太行山村的原生态特色,通过引入诗意的文化生活方式可以从源头上激活村庄,重建一个美好的精神家园。左靖在发现大南坡还保留着自己的小学之后,就决定把教育作为重点发展,以大南坡小学为乡土美学和创新教学实践基地。大南坡计划邀请了美院老师、青年艺术家,定期驻扎在大南坡村开展美育课。前年在大南坡小学的美育夏令营中,青年导演带领孩子们做了一个完整的影像训练,从选题拍摄到录音、剪辑、宣发,每一个环节都由孩子们亲自完成。孩子们以他们的视角带领大家重新认识大南坡与这里的生活,在孩子们看来,房子变美了人也应该美起来,从这些作品里能够看见孩子们对自己家乡的热爱。

小山村有很多石头房子,也有像大队部那样的青砖房。左靖来了以后对这些老旧破败的房子进行了改造。通过他真诚的邀请,引进了像方所书店这样的文化资源,在大南坡并不是很理想的基础上打造出了一个最美的乡村书屋。温馨的木质书架和座椅、带有乡土感整洁的窗扇,营造出浓厚的文化氛围;书店还特别配备了丰富的童书绘本和有声读物,成为孩子们的天堂。左靖也通过把乡村资源引入城市,促进城乡互动,通过艺术活动去拓展乡村的美誉度,让乡村获得了更多外界的关注。

另一个案例是"青田范式"。青田是广东顺德一个非常质朴的小村,这里是有着四百年历史的典型岭南式传统水乡,因水网密集、青田环绕而得名。比较原始的村落形态、小桥流水、古树家宅、庙堂书院都得到了非常好的保护,完整地呈现出岭南独特的水乡地域风貌,是一处非常难得的传统村落遗存。青田改造的艺术家同样也是改造许村的渠岩老师,他非常敏锐地发现了在迅猛发展的珠三角地区还有这样一块净土,也希望以艺术的方式为世人呈现出这样一颗遗世的明珠。和许村计划有所不同的是,这次以村民参与共建家园为核心理念，以乡村特色艺术和文化民俗为抓手，以乡土传统活动为主题来组织构建起整体的艺术呈现。青田的传统活动之一烧奔塔，是广东、福建、江西等当地农村曾经广泛开展的一项民俗活动，一般在中秋节前后举行。烧奔塔是表达丰收喜悦、祈求生活如圣塔火焰般兴旺的意思。传统的烧奔塔仪式也因为艺术家的介入而得到了改良，变得更加好看并被赋予更多的社会意义。奔塔由村里的青少年自己来搭建，入秋的时候让他们去挖塘泥，用塘泥来砌住奔塔，通过这样的方式对青少年进行训练，并让他们体会到责任、担当和勇气。

还有青田赛龙舟也在传统赛龙舟的基础上有所创新，比如在龙舟的造型和竞赛方式上都有了一些改变，赛程也和青田独特的河网系统更加契合，这些更新使得传统的赛龙舟活动获得了别样的魅力。当代的艺术理念以更为乡土的方式在青田获得了鲜活的意义。渠岩做了一个行为艺术，叫"一口口水"，需要人们用吸管把河水吸出再共同汇纳于现场的玻璃瓶里。看似很简单的艺术行为，其实是希望唤起村民儿时与河网间非常亲密的关系，以及身体与水源、自身健康和环境水资源之间重要的联系。民俗仪式与艺术表达的种种融合，持续不断地在青田的乡间上演。这种逐步建立起的某种有归属感的乡村氛围，让乡土生活的核心价值得以依次呈现。这些持续进行的民俗与艺术活动，真正提升了整个社会对本土文化的自信，也让村民真正对村落、对自己的家园有了更深的认同感。这种想法的改变、民风的培育，才是持续性地保护乡村艺术、重振乡村文化的根本。"青田范式"的独特之处在于并没有对村子进行大拆大建，并没有在表面上进行更多的改变，或者说这种改变并不明显。它是以融合相处为基本，坚持真正以村民为主体的乡村文化重构的一种尝试。虽然并没有这种艺术改造的痕迹，但如果我们行走其间，就可以看到村民的精神面貌是有了很明显的变化的，这种氛围和气质也是艺术介入乡建的一种效果。

云南高黎贡山间有个小山村叫水沟头寨，也是通过发展传统的手工技艺让外出打工的妈妈们能够回到乡村，使得他们的孩子能够继续在乡村小学读书。这个故事让我们看到，乡村家园的重建，最关键的要素还是人，特别需要有勇气又好学、有领导力又有公德心的人作为村里的传承人，带动村民共同发展他们的织麻技艺，使得村子能够再现以往活力。

最后是我们在贵州省册亨县板万村做的一个案例。2016年，我们借着东方卫视"梦想改造家"的栏目资助到这个村子进行改造，当地政府也给予了大力支持。我们对村子里已经被破坏的传统村落建筑元素，用传统技艺夯土的做法进行了一些整体的修复，在我看来更主要的是通过物质形态的修复，为他们非物质形态的乡村习俗、传统技艺提供了发展空间。2019年，我们利用国家艺术基金项目带着中国乡镇人才培养的学员为当地村民搭建戏台，基本上每一年都有一些举措去帮助他们开展非遗传习的工作。同时也引入了支教组织进入乡村进行更多的延展运营，比如开展研学旅行活动，通过村民传承的传统技艺，能够让青少年更多地认识了解传统文化。

再多的例子都很难概括艺术乡建的意义和价值。乡村的特点在于生产活动和日常生活的高度融合，在于生态环境和人居聚落的复杂交织，在于历史传统和社会关系的紧密依从。乡村的很多社会功能是复杂又杂糅的，很多生存状态也是隐晦含混的，因此艺术介入乡村应该秉持融入的态度，以润物无声而非疾风骤雨来唤醒乡土中国的美好记忆，来激发乡土的内生活力和价值。艺术从城市走向乡村，就是走出博物馆展柜、走出音乐厅乐池，与乡土生态聚落和人居条件紧密结合，与乡村积极发生社会性联系。这些艺术亮色与乡村底色的融合，已经成为现今很多艺术介入乡村的成功案例的一种特质。艺术能在科学理性认知之外提供与人类感知紧密关联的思维，是以特殊能动表达方式来重新认识世界的过程，是能唤起共情、激发创造的一抹亮色。古今中外城市或乡村艺术都是不可或缺的思想与行为存在，作为一种激发理念、赋能方式、培养机制和塑造手段，诸多艺术方式都可以在当今的乡村环境和乡土社会中发挥出自身独特的价值。从许村、石节子村、拯救老屋计划等对乡村建设艺术观念的塑造到竹艺村对乡土艺术产业化的推动，再到剑川百工乡、麻料村以传统工艺促进乡村帮扶，以及青田村、大南坡村等对乡土环境和家园的精神性提升，都是近年来以艺术理念激发赋能乡村发展的积极尝试。这些尝试像点点星光，闪耀在乡土中国的广袤沃野之上。虽然只是一丝微光，但它接续的是悠远的华夏农耕文明传统，更是以新的观察视角向中国乡村振兴的未来投射出独有的艺术目光。我也坚信，曾经被有用无用论所质疑的艺术，一旦拥抱更为广阔的乡村，艺术和乡村便能共同超越有用和无用的概念，以彼此融合、彼此成就的方式去憧憬并最终获得无用之用的乡村文明的新境界。

高等美术教育人才培养模式探索

王晓琳，中央美术学院党委副书记，教育部文旅艺术行业就业指导委员会主任，中国美术家协会美术教育委员会副主任兼秘书长，北京非物质文化遗产技艺传承学会副会长

今天我将重点介绍中央美术学院的工作室培养模式，同时对比呈现国外几所高等艺术院校专业工作室的培养模式案例，希望能对大家有所启发。

中央美术学院在北平艺专时代，以图案科、绘画科为主。到新中国成立后，正式建立美术学院时，仍以造型艺术为主，当时开设有国画、油画、版画、雕塑、实用美术系。1956年，实用美术系分离出去，成立中央工艺美术学院，即现在的清华大学美术学院。从那个时候开始，中央美术学院就没有了设计板块，主要开设造型和美术史。从1995年开始，恢复了设计学科。2001年，中央美术学院开始大力推动设计和建筑学科的发展。

在美术史学的专业基础上，又发展出了艺术管理和艺术学理论等专业，我们把它归类为艺术人文学科。现在的中央美术学院，已经从单一的造型学科发展为集造型、设计、建筑和艺术人文全学科的高等美术学院。

中央美术学院建立了一套符合艺术教育规律的现代大学教育体系。这种模式从过去以师徒相传的工作室或画室模式，发展为从专业基础到专业工作室的人才培养模式或教学模式。

现在人才培养模式为宽基础、专业基础和专业工作室。中央美术学院一直坚持细分专业，招生也是按照专业进行，比如中国画、造型、设计、建筑、人文。宽基础也是放在了以各个专业为主的大基础上。学生在基础部的学习有一年的，也有两年的（如建筑学等专业）。基础部的理念，就是实行统一的基础教学，教学目标明确，课程也是统一基础课程。在基础教学阶

段，重点培养的是学生的基础能力和人文素养。

宽基础阶段打造的是学生扎实的基础，除像素描、色彩这些必修课程外，每个专业的课程也是不一样的，比如说设计类的素描、色彩和造型类的是不一样的，和国画的也会不一样。在素养培育方面，在学生一、二年级开设了全院文化课。三年级以上进入专业工作室学习，全院的通识文化课变为选修课。

同时，美院的传统"两史一论"是必开的课程，无论什么专业，中国美术史、外国美术史和艺术概论都是必学的。这也是美院一直坚持的传统，同时每年开出100多门选修课，其中几十门文化选修课要求一、二年级学生必选。

从二年级开始，学生进入专业基础学习，引导学生逐步进入未来学习的专业领域。到三年级，就是将为大家介绍的主要内容——专业工作室学习。专业工作室是高年级才会设置的，强调的是每一个工作室不同的专业教学特点，特别是主导工作室教学的导师团队、教学团队，其艺术风格和专业示范的作用更突出。专业工作室，突出了导师团队的学术特长和艺术创作的风格，发挥了他们的影响力。工作室的很多课程是由导师团队或由工作室主任来确定的。例如，课程名称都叫"创作课"，但具体到每个工作室，都各不相同。除校内工作室的老师外，有些工作室可能还会请其他专业、其他高校的老师，甚至国外的老师都有，这个时候每个工作室的学术特长、风格特点就会凸显出来。

另外，专业工作室更强调对每个学生艺术个性的发展培养，特别是对学生创造力的培养。因为每个工作室的学生人数较少，老师可以有的放矢地针对学生艺术创作的特点、个人艺术创作的水平和专业能力，为其制定适合的学习方案。用教育学的词来讲，就是"因材施教"，对每一个同学都做到了有针对性的培养。学生在这样一种氛围当中，可以快速地成长起来。

在培养过程中，涉及另一个教育学理念，即"教学相长"。在工作室教学中，我们会看到老师和同学这种亦师亦友的关系，工作室也营造了一个特殊的场域，在其中师生共同进步、共同成长。这也贯彻了现代高等教育中重视教师发展的理念，在这过程中教师也得到了成长。

前面我介绍了美院总体的培养模式，接下来要给大家分享一些研究内容。我将工作室分为传统学科工作室和新学科工作室。传统学科即"国油版雕壁"，是从建院开始就有的学科。这些工作室的特点是什么？中西互补，多元并举。这些传统学科，除中国画和书法是我们中国自己的专业外，"油雕壁"都是舶来品，是从国外引进的学科，很多教学理念也是从国外引进的。在中国高等教育的发展历程中，我们一直在思考如何呈现中国特色？所以我们采取中西互补，呈现的方式也是多元并举的。

以油画系为例，油画系工作室是我们建的第一批专业画室，1959年建立，也是从那时起，中国的油画教学真正意义上进入了规范化学习。新中国成立初期我们结合当时中国的国情，合并了原北平艺专和延安鲁艺美术系，建立了新中国的中央美术学院。大家在梳理教学模式的时候，觉得还是要有画室制。当时建立了三个画室：一画室（工作室）以传统的欧洲写实主义油画为主，主要研究最传统的西方油画；二画室（工作室）以研究俄罗斯画派和欧洲印象派油画技法为主；三画室（工作室）是探索中国民族风格的油画，提出了"油画民族化""兼收并蓄""顺水推舟"这样的理念。

接下来给大家介绍一下美院的"汇看"制度，如果用现在的教学管理的词汇来讲，就是"教学监控、教学评价、教学检查"。我在做教务处处长期间，努力建立了一套适合艺术院校的教学检查模式和评价指标。我们传统的工作室"汇看"制度，我觉得是非常好的，当时的"汇看"是在每门课结束时，任课老师不马上给学生打分，而是要求学生把作业都布展起来，请工作室的所有老师都过来，在这样的氛围中，任课老师会讲他这门课的要求、目标、组织和设计。学生汇报他们的创作思路，老师点评，"汇看"之后才给学生作业落分。

中央美院质量监控分为三级：一级是专业工作室，一级是专业院系，一级是学校层面。在院系层面，每年有一个月教学检查时间，所有工作室对外开放，各个院系的老师学生都可以去看。在这个过程中，各个院系要完成自己的优秀作业的评奖，即一、二、三等奖，同时评出年度的优秀课程。

在工作室开放的时候，由学校的学术委员会和各院系正副主任组成教学检查组，走进工作室看他们的教学理念，工作室的艺术风格和方向是什么；它的课程安排是什么；这学期完成了什么，取得了什么样的目标。所有学生这学期课程的作业都要展出，这个时候所有人都可以提问、评价，跟学生交流。之后则是院系的优秀作业评奖和优秀课程的汇报、评比。

到学校主导的部分，由学术委员会和院系主任组成的教学检查组对一、二、三等奖进行认定。在这之后，学校层面还会组织教学研讨会，大家会一针见血地来研讨美院这个学期教学怎么样，是否达到了预期目标，有什么新的亮点，还有什么需要改进的……这种氛围真的能够起到教学研究、教学推动的作用。

另一种是新学科的工作室，主要指设计、建筑。因为它的工作室是从造型传统工作室传承、学习过去的，这些院系设立之初都是以工作室教学为主，经过多年发展，这些工作室逐步形成了自己的教育理念，形成了人才培养的一些模式，它和传统学科是不一样的。国际化、艺术性、前瞻性和实验性是这些工作室的特点。这些工作室也借鉴了很多国外好的教育理念。

同时我们强调艺术性，因为这些新学科都是在中央美术学院造型传统的沃土当中去吸收营养的。而前瞻性，则指向重视面向未来的设计，是对未来设计理念所进行的研究，包括新材料研究、艺术科技方面的探索、跨学科的结合等。我们和国外很多大学建立了合作，比如工作室老师会带着学生到国外上一个阶段的课程。这就是我们新学科工作室的国际化、艺术性、前瞻性、实验性的特点。

接下来给大家介绍一些国际上的工作室制度，包括对国际艺术院校的比较。前几年我们进行了国际调研，走访了包括美国、英国、法国、德国等欧美十几所具有代表性的艺术院校，总结了这些学校的特点。

罗德岛设计学院就是专精学科的教学，它分得很清楚，专业不同，甚至有的专业很小，老师比学生还多，它本科生招的很少，但是老师很多。这个学校还有个特点，就是不接收自己学校的学生读研究生，而是接收其他学校的，罗德岛设计学院在全美排名一直很好。

芝加哥艺术学院可以定义为"跨学科教学"，为什么将这里的教学模式定义为跨学科，是因为学生入学时是有专业的，但是进去以后，学院每年开出1000多门课，学生可以任选。它是以学分制来规定的，修完162个学分本科生就可以毕业。在这些专业中，它规定一些必修学分，比如说计算机类的课必须修多少学分，思维训练的课必须修多少学分，社会科学人文类的课必须修多少学分，但是不限定选什么样的专业课。而且还有试读，可以试听两周，可以换课程，所以它打通了课程以后，在一门课的课堂里什么专业的学生都有。最后毕业的时候，学生还按照原来的专业去毕业，这个学校是一个完全跨专业学习的院校。

加州艺术学院是创新教学的典范，它坐落在旧金山，学院与硅谷和湾区经济紧密地有机结合，把很多企业的研发放到学院来。它会针对硅谷，针对美国最前沿的科技研发项目来开设课程，它的课程教学是很开放式的一种学习。学院是由一间旧厂房改造的，进去就是一个大通道，所有的墙都是可以移动的，围合起来就是一个小教室。不过，很多老师不围合，就在开放的空间上课，我们走过去的时候就可以直接参与到他的课程中，也可以提问，一起来探讨。

纽约视觉艺术学院是一个家族式的私立美术院校，它在纽约23街的最佳位置，是完全市场化的专业培养，会随市场而调整专业。这所学校还有一个特点就是系主任安排课程，比如这一学期开什么课、请什么老师都由系主任决定。在三年级以后，很多专业都与社会上的设计事务所联合，让设计师来主持一些课程，学生在上课的同时也在事务所实习，进而毕业后留在事务所工作。这也是这所学校的一个招牌。

而芝加哥美术学院对就业不是那么关注，更关注的是培养未来的领导者，未来能够影响美国城市化进程、影响人民生活的领军人物。可见，艺术并不是很窄的，它更多是融入了各种学科，融入在社会发展的进程当中，并且发挥着很大的作用。

下面要讲的三所学校全部是研究生教学，没有本科生。纽约艺术学院是美国在当下还维持着传统技巧的唯一一所学校。

耶鲁大学美术学院，在全美的研究生教学排名中一直排第一。它借助了耶鲁大学这所常青藤大学的全学科的资源为美术学院来服务，他们的学生会到其他学院选课，这样的一种滋养，是它能够培养出精英式学生非常重要的原因。

哥伦比亚大学艺术学院也是精英式培养的典范，它每年招生不到20人，非常少，很多艺术家在这里做教师，这种精英式培养出来的学生基本上都成了职业艺术家。

欧洲的调研我们去了英国、法国和德国。在英国，我们去了皇家艺术学院，它也是研究生教育，没有本科生。它的创新性在于40年前就和帝国理工大学联合开设了艺术科技专业，是跨学科的专业。

英国伦敦艺术大学，简称伦艺大，伦艺大是一个高校联合体，它由6所大学联合而成，这6所大学都是各自为政、相对独立，我们去了圣马丁和切尔西两所高校。

圣马丁艺术与设计学院最出名的是时装设计，全球4所最出名的时装设计学院，它是其中之一。它当时也在做改革，就是突破原来院系的限制，以教学和研究来突出特点。

切尔西艺术与设计学院的特色是它的多元课程教学理念，同时强调预科教育，学生基本上从预科选拔而来。这个学校非常小，在一座古老的木质小楼里，没有各个系的建制，而是以课程为板块来进行学生的培养，是以多元创新课程为特色的。

雷文斯本数字媒体设计学院是一个实验性的学校，它是完全数字化的学校，这个学校里没有教室，没有办公室，全部都是开放的空间，它用数字化线上教学，我们给它定义为极致彻底的数字化特色鲜明的教学模式。

在法国和德国，我们考察了以纯艺术为代表的巴黎高等美术学院，这是有几百年历史的一所美术学院，另外一所是巴黎国家高等装饰艺术学院，以设计为主，这两所学校仍然坚守着传统的导师工作室这样一种培养模式。

我们考察的德国学校中较为重要的是柏林艺术学院和柏林白湖艺术学院。柏林艺术学院是原西德的艺术学院，柏林白湖艺术学院是原东德的艺术学院。德国的艺术学院与中国的南京艺术学院相似，不是以美术为主，还有音乐、戏剧等，是一个全学科的综合性艺术院校，并且实行的仍然是很传统的导师工作室，而且工作室中的陈设几十年未改。

柏林白湖艺术学院是包豪斯设计教学理念的完全复制，完全都是工作室教学。老师的教学在工作室，学生也可以到材料工作室、技法工作室等各个工作室去学习。

接下来归纳一下国外工作室的特点。国外的工作室同样可以用传统与新型进行二分，即导师工作室和专业工作室，导师工作室集中于法国、德国，尽管有所创新改革，但仍然坚守传统的模式；而英国和美国实际上已经进入了一种现代大学学分制的方式，是专业工作室。

传统导师工作室是精英艺术教育，教学模式的传统是"师傅带徒弟"，注重技术和传统规范，特别强调师承关系。传统导师工作室以画种类型区分，更像美术作坊。比如巴黎美术学院，它继承了传统导师工作室制，每个工作室由一名教授负责，并以教授名字命名。但传统的教学模式已消失，工作室不再与画种领域区分，而是带有"自助餐"性质，强调学生自主、自立、独立。全院绘画、雕塑、多媒体共有30多个工作室，每个方向有10多个工作室。目前巴黎美院的教授大约有60位，多数都由当代著名艺术家主持。导师一般是三年的可续合同，然后转为终身合同。巴黎美术学院学生入学时通过双向选择进入导师工作室。每个导师有其固定的工作室空间供学生创作使用。导师工作室相对固定同时也很自由。当下，导师工作室教学模式正朝着不断变化的灵活性方向发展，导师的角色转变，从绝对的学术权威到方法建构的领路人，由此产生了教学目的和教学方式的根本改变。

柏林艺术大学也是继承传统古典式的导师工作室制，但教学内容和结果是完全开放和自由的。与巴黎美院不同的是，在一年基础学习之后，学生才进入导师工作室学习。导师工作室不是一对一的教授，而是一对多，注重培养学生个人观察社会角度的认知，强调自由、跨领域的学习方式，工作室认为教学的基础是艺术实践，而艺术不能教，不能传达一种科学的方法。因此重要的是让学生尽可能多地熟悉艺术手段表达，并为他们作为一个独立的自由艺术家而准备。工作室教学除实践类导师外还配有理论类导师，导师鼓励学生在专业学习中尝试跨界的探索。课程的调配从理论到实践由学生自主安排。工作室导师（教授）是学校的主导，学校有由教授组成的学术委员会，定期讨论教学方向。工作室没有青年教师，只有学生担任辅助教授教学的教辅工作。

英国皇家艺术学院具备一流的条件，每个学生都会在工作室内获得专用的位置，更像专业工作间。其专业工作室自由开放，强调跨界探索，在尊重传统的同时，更加注重传统与当代的融合。每个专业都有多名教授，上课方式是通过和教授预约，一对一教学，每个专业工作室的教授，学生都可以见面探讨。每个学生都有一名专门负责学习进程的教授，并与他一起讨论制定学习计划和方向，固定每两周见一次面。该教授负责一年的学生作品进展和报告。此外，还有外面一些有影响的艺术家作为外聘教师，一周可见1—2位（需提前预约）。工作室没有固定的教学大纲，注重学生在艺术探索中研究和深入问题的能力，鼓励学生跨学科研究。

美国芝加哥艺术学院专业工作室强调以跨学科进程开发学生创造能力和批判能力的教学理念，并允许学生在老师的建议下，自行决定课程设置。专业工作室教学只对应于具体教师的具体课程，而非固定的教学组，教师和学生之间没有特定的绑定关系，因此工作室课程没有固定的空间。而高级工作室课程主要针对三、四年级，学生经过作品审核方可进入。工作室课程有时请其他跨专业老师共同参与听课并进行讲评，或请专业写作老师布置学生写作任务。课程大多每三个星期为一个阶段，每个阶段皆有讲评。

最后，归纳一下国外学校专业工作室的特征：主要是传统导师工作室模式、课程导师工作室模式和新型教学空间模式下的工作室模式。中国的工作室模式是从画院开始的，过去就是师徒相承，而西方是从工作坊开始。

究竟应当如何定义工作室呢？工作室可以说是一个教学的物理空间，它是最小的一个教学单位，中央美术学院最小的教学单位就是工作室。同时，它也是一个教学的组织形式，通过工作室来安排教学、制定课表、教学检查、做毕业展。它更是一个教学培养模式，已经不能用一个词一概而论。那么工作室的培养模式是什么呢？它实际上是一种人才培养的方式方法，而这里特指美术人才的培养。

我们现在仍然坚持工作室的模式是有它的必要性的。如果对工作室作一个归纳，它有显性的一面，也有隐性的一面。显性就是指我们看得到教师、学生、固定的物理空间，而且它还有相对固定的特点，学生们一旦进入工作室，实际上他数年的创作生活都将在这个相对固定的地方度过，通过这种"固定"，我们更看到隐性的这一部分特质——工作室当中老师的人格对学生的影响，这是一种道德价值。所以，工作室对学生的影响包括人格和艺术风格。

当然，环境也非常重要。以木刻艺术为主的版画系三工，是由王华祥老师主持的工作室，他有一门最著名的课叫"一个形象的三十二种刻法"，这门课多年未改，就是要求学生拿刻刀用三十二种刻法来完成一个创作。走进三工，就能感受到这种环境就是木刻的环境，每天接触不同的木头、不同的刀，不同的木屑传递出来的气息，正是这种环境形成了一个对学生有影响的场域。除此之外还有所谓文化关系，也就是师生关系、同学关系和社会关系。这些都是工作室培养模式的隐性特质，而这部分恰恰在我们的艺术人才培养当中真正发挥作用，也是我们真正带给学生的一辈子的烙印。

下面，我将对几对关系进行分析。一对是人格和风格；一对是观念与记忆；还有一对主要针对新学科，是艺术与科技。

以刚刚提到的油画方面来讲人格与风格，这对关系强调了导师对学生的影响。油画系最早的三个工作室，特别强调吴作人先生、罗工柳先生、董希文先生他们那种为学为教的人格魅力对学生的影响。导师的人格魅力，在工作室的教学上体现出来的是工作室的艺术风格。我们定义每个工作室区别的标准，不是教学差异，而是艺术风格。比如，一工作室，它是传统的写实风格，二工作室以印象派为主，三工作室是以传统油画的中国民族化为主，四工作室是改革开放时成立的，侧重抽象绘画。

观念和技艺是专业工作室更突出的一对关系，对于技法的强调，实际上是一种工匠精神，就是要重视手上的功夫。要想能拿起笔来马上就画出来，需要经过成千上万次的重复训练，才能掌握这样一种技法。在专业工作室当中也强调艺术观念，而观念则要通过技法来体现。技艺在专业工作室中体现得最为突出。版画现在有六个工作室，艺术风格各不相同。课程设置体现着对学生的培养目标，包括技艺上强调的内容。比如，第三工作室，主要立足经典拓展版画的语言，同时又非常与时俱进地开设创新理念的课程。雕塑有六个工作室，其中第三工作室以观念为主，主导兼具观念与技艺的教学理念。

艺术科技更多体现在设计、建筑的工作室。现在，我们设计学院在进行改革，本科阶段已经淡化工作室了，有点像国外工作室只是开课而没有师承关系了。研究生以后才进入工作室跟老师有师承关系。建筑学院更多是在大五进入毕业创作的时候才进入工作室，体现每一个老师指导的方向不同，更偏重改革创新以及实践和前瞻。

最后，来归纳一下工作室的特征。

导师工作室培养目标是精英教育，强调的是师承关系，导师具有较强的人格魅力与学术权威。在课程结构上强调导师对课程的设置，是一种集中授课的模式，教学空间相对稳定，师生的归属感很强烈。专业工作室是以提高基础性综合技法语言为切入点，在这当中老师更像是一个引路人，和学生共同成长、共同学习，培养学生的探索精神，帮助学生建构学术思考方法。在课程结构上，专业工作室符合现在要求，有培养方案和固定课程。在专业工作室当中，我们特别注重传统的规范和技术的传承。只有具有扎实的传统，在此基础上所进行的一些当代创新，才能具有突破性。

做教育应该静下心来踏踏实实地研究教学理念到底是什么，艺术的本质是什么。现在中央美术学院就遵循着这样一种趋势，有的工作室就是以传统为主，有的工作室就是以观念为主，专业工作室相对的空间稳定，但是它还有很多的材料技术工作室作为辅助。

新兴工作室则强调跨领域知识的交叉融合，强调自主学习。这当中老师和学生没有绑定关系，以导师组为教学单位，师生关系呈现出一种网络化、社会化、甚至是国际化的模式。在教学上，我们也遵从开放性、前瞻性和实验性的课程设计，课程量较多，学生可以自由选择组合，教学空间则是一种开放的工作室，有点类似于英国雷文斯本学校。用一个词汇总结的话，就是"去中心化"，体现着资源开放共享的特征。

工作室有它的优势，也有它的不足。优势就是保留了类似传统师徒制的模式，适合因材施教，尊重艺术规律，同时又保留了艺术家个性发展的空间。同时又通过现代大学制度的融合，打破了传统师徒制工作室的局限与壁垒，为学生探索尝试多种艺术创作的风格提供了制度保障与学习环境。它的不足就是相对封闭、狭窄，有些工作室的差异化越来越小，出现了同质化。

我们从专业的角度、学术的角度来推动教学的提高，使工作室不断思考教学理念是什么、课程是什么、课程设计究竟要采取什么方式、学生作业呈现什么面貌，才能达到工作室的预期目标。通过每一学期的课程，总结还有哪些是可以改善的，由此不断探索，不断向前推动。

美院的工作室从1959年建立到改革开放到现在，每个发展阶段都会有一些不同，但是却仍然坚守着传统，一直传承着学术脉络，不断地与时俱进。在这个过程当中，我们采用选修课的方式来化解工作室知识狭窄和同质化的困局，在学生课程中，工作室课程占70%，还有30%是选修课，每年开设100多门专业和公共文化人文素养的选修课。要求各个专业的学生选其他专业的选修课，希望能从学校层面，通过选修课来打破工作室的壁垒。从现代教育的理念来讲，坚持以学生为中心的教育理念，实际上要引导学生发挥主观能动性，这才是尊重，让学生有自我选择的权利和自我主动学习的热情。

学校重视外出实践课程，工作室有不同的实践教学安排，有些新学科的工作室，会到国外去进行几周的课程交流和实践。这样的艺术实践对工作室的教学非常重要，中央美院实行三学期制，秋季学期是完整的课堂教学，春季学期是外出实践教学，每年有很多实践小分队前往全国各地。夏季学期则是"五一"到暑假，共8周是选修课学期。这样的一种教学运行机制，保障了中央美术学院高水平人才培养的模式运转，保障了工作室培养模式的作用得到充分的、有效的发挥。高质量的生源加之优异的教学环境与教学条件、高水平的老师和专业的工作室培养模式，使得中央美术学院能够培养出优秀的艺术人才。

科普·美育·乡村振兴

邱志杰，中央美术学院副院长、教授、博士生导师，中国美术家协会理事，中国美术家协会实验艺术委员会副主任，中国人工智能学会艺术与人工智能专委会副主任，中国计算机协会计算艺术专委会委员

我主要依据《艺术商业》记者凡琳所写的《过去10年文艺乡建的10个关键词》这篇文章，和大家一起梳理一下艺术家参与乡村振兴的关键词。凡琳依据景德镇江西画院美术馆左靖老师策划的"乡村建设：建筑、文艺与地方营造实验"展览，提炼了十个关键词，分别是："村落保护""建筑营造""艺术介入""手艺再造""长效设计""社区营造""美育""民宿""可持续"和"城乡互惠"。

今天，很多建筑师都进入乡村，为村落保护做了很多工作。如中央美院副院长吕品晶在雨补鲁村的改造项目、中国美院建筑学院王澍在阜阳一带所做的非常多样的实践等。河南修武县的县委书记非常有魄力，请了很多建筑师入驻那里做设计。这一类工作往往以建筑艺术节的方式进行。建筑师到乡村做的空间给谁用？这样的风格进入乡村空间的目标是什么？这些问题都很值得讨论。因为营造场所往往发生在民宿，所以建民宿是乡村建设非常重要的板块，包括做一些可持续建筑，如与自然风景结合的书屋，就是中国园林跟书房的结合。

艺术家开始做社区营造，首先从戏剧开始。做民间戏曲的人进入村庄调研，想要重新复兴传统戏剧。我通过调查后发现，陕西皮影是全中国最好的皮影。我曾承接文化部非遗传承人的培训班，请中国各地皮影大师来上课。相比之下，其他地方皮影的水准和陕西皮影差得非常远。其他地方皮影便宜，质量差、成本低，像湖南纸皮影就是拿糖果纸制作的，乡下人葬礼、婚礼、过生日请他们去演皮影，一辆自行车两个人，每次出去挣 600 块钱，一个月接五六单可以勉强维持生活。陕西皮影则用驴皮精心制作，像张艺谋《活着》中用过的皮影团队已经好多年没有演了，基本靠与邬建安这样的当代艺术家合作才能存活。

中国非遗项目中景德镇陶瓷和木工手艺都做得很好。因为中国人富裕起来后都想用硬木家具，所以传统木工手艺发展非常好。不仅木匠生活得好，还有大量城里人要去木工坊上班。也就是说，但凡在日常生活中还具有实用性的传统工艺都发展得非常好，但凡表演类都发展得较惨淡，戏剧、皮影都完全靠国家补贴活着。像电影、电视竞争不过互联网和短视频一样，皮影和民间戏曲不去创新、改编剧目，就不能适应现代生活，节奏感和年轻人非常脱节。那么把传统戏剧用来做社区营造是不是一个有效的方式？现在还有一些文化人在以抢救的心态在做这件事。

我过去在中国美院时做过类似于"社区营造"的工作。在浙江店口镇，把村民的要求写在板凳上，当场进行拓印。我们还把村长的辞职承诺刻下来做成拓片，贴到每个村民的家里。除此之外，我们还做了《店口人家庭相册调查》。通过收集老百姓的家庭相册做口述史，编出了集体家谱。让本地人讲自己的故事，如 1980 年谁从宁波拉来了第一批洋垃圾破铜烂铁，1981 年谁从义乌请来铜匠，熬出了店口的第一锅铜汁等。我们把口述史和家庭相册的照片做成幻灯片放映，租了 4 辆卡车，把投影机放在卡车车厢里，在卡车尾部挂上幕布，变成一个露天电影院。老百姓连周星驰的电影都不看了，纷纷走到街上来看这些老照片，非常感动。我们一个村一个村地用车拉过去放片子给老百姓看。

浙江还有个大唐镇，生产全世界 50% 的袜子和 75% 的袜机，所以这个镇有很多织袜子的女工。我们用同样的办法在国际袜业城做了"女工计划"，关注女工的生存和生活问题。我们为这个镇做的杂志《城·店口》由本地政府出资，每个月印 8000 册，都被当地的老板抢光，这些老板一听说这个杂志要采访，再忙也一定会出现。

大唐镇有很多外国人，所以需要谈论的不是社区凝聚力，而是社区开放性，人们如何开放地接纳外来人口，以及外来人口如何融入当地文化。所以我们将每个人精选的一句话，做成广告牌，放到整个城市中，让大家意识到这些人对大唐镇作出的贡献。

城乡互惠设计里又涉及农产品设计。一些像"易居乐农"的组织帮助甘肃人卖哈密瓜，阿里在电商扶贫做的工作，建筑大师库哈斯帮中国村镇建筑重新规划等，都是为了适应电商化、农产品互联网化的时代。所以村庄必须重新规划。现在的村庄都在一条国道上，牌坊上写着村名，一条路进去，路的两边是农田，路的尽头是大榕树或者大樟树，然后里面是住宅区。未来的村庄则应该在马路边上有库房，方便车来运东西，库房后面是住宅区，住宅区后面是农田。村庄的格局会以道路为中心展开，这跟中国传统村落的平面形态会有很大的不同。

"手艺再造"这件事也有很多人在做。比如左靖老师做过"碧山工销社"，也在安徽大学做了"黟县百工"的展览，对手工艺进行了调研，这些手工艺有的由设计师介入设法进行活化，有的则非常难以抢救。

还有一部分工作是做服务型设计和赋能设计。比如，广州美院实验艺术系的刘庆元老师去大南坡村采集素材，把本地人刻成木刻，当地人被变成画面中的形象，有一种自豪感的提升。这样的事情很早就一直有艺术家在做，如户县农民画、金山农民画、嵊泗渔民画等。

所谓的艺术介入，最典型的代表就是大家都知道的"碧山计划""许村计划""石节子村"等。比如，渠岩从许村到青田做的行为艺术和2012年的上海双联展。有一个叫黄松浩的艺术家，用隐形的材料画画，要往上面喷酒才会显影。这就是今天所谓"乡村介入"经常发生的事情。

然后就是所谓的"大地艺术节"模式。比如，地方政府引来一些北京、上海的当代艺术家，教农民把水稻田种成图案，想象会有人用热气球从上面来看；在田野中，挂上巨大的铅笔装置等，整个思路都是为了塑造旅游目的地。这里面涉及一个概念——旅游引导型的小城镇发展。在农业机械化、现代化的时代，大量农业人口被挤出来，人们发展经济的第一个想法就是旅游，有旅游资源的地方拥有丰厚的山水景观，没有旅游资源的地方则需要人造，于是就造出了"超级土司楼"这样的视觉奇观出来。他们漏掉的两个最重要的关键词，一个是"产业"，一个是"科技"。

回顾民国乡村建设运动中的科普工作，第一位做乡建的人是张謇。张謇创办的南通博物馆，是中国最早的博物馆。张謇还建了师范学校、医学专门学校，以及南通农校。这些乡绅在自己家乡搞乡村建设，第一件事情是从科学入手，都是为了搞科普，博物馆就是科普的重要阵地。

张謇还有一个很重要的贡献是他一直在做水利。他请来荷兰的水利工程师给予技术上的帮助，主持修建七孔水坝。他还进一步提出了著名的"治江三说"理论。同时，他还成立了长江水利委员会，专门负责长江的整治，这就是现在长江水利委员会的前身。

此外，张謇还资助沈寿做刺绣。沈寿是绍兴刺绣大师，绣过"福寿"两个字给慈禧太后祝寿，后被慈禧太后赐名为"寿"字。她去日本留学后因受到江户美术绣的影响，所以回来之后开始用平针法绣夕阳。在沈寿晚年，张謇把她接到南通成立了女工传习所，现在叫沈寿艺术馆。请她教人做刺绣，在沈寿去世之前，张謇笔录了《雪宧秀谱》，为中国留下了刺绣针法最完整的资料。

第二位搞乡建的重要人物是陶行知。1927年，陶行知在南京郊区燕子矶一带创办晓庄师范。他从科学入手，为乡村培养改造乡村的人才，即具有"健康的体魄、农夫的身手、科学的头脑、艺术的兴趣、改造社会的精神"的乡村教师，然后开枝散叶，再通过他们去创办更多的乡村学校，改造更多的乡村。晓庄师范还通过开办民众学校、民众夜校，对农民进行扫盲和科普教育。所以后来不管是梁漱溟还是晏阳初，他们来到农村第一件事情就是教农民修厕所，教农民刷牙、讲卫生，教农民选种育种。陶行知还通过创办乡村医院来推进乡村卫生运动；通过开辟健康娱乐场所来改变民风民俗；通过创办中心茶园和信用合作社来帮助农民发展生产；通过创办农业科学馆来宣传科学种田。

陶行知提出"宇宙为学校，自然是吾师，众生皆同学，书呆不在兹""生活即教育""社会即学校""教学做合一"等观点，甚至组织联村自卫团来禁烟禁赌，强化社会治安；通过举办农民娱乐会、救火会、武术会、艺术馆、石印工厂、印报纸、农民图书馆、演讲会等改变乡村的实际生活。

晏阳初则开展了"定县实验"。他说农民的核心问题是"愚贫弱私"，所以应该用文艺教育来改变他们的愚昧，用生计教育来改变他们的贫穷，用卫生教育来改变他们的体魄，用公民教育来克服他们的自私。他做的第一件事就是教孩子们刷牙。晏阳初有很多办法，如杀菌、修厕所、免疫接种、培养接生婆、培养护士、引入棉花和蛋鸡的良种，最后改组县乡政府，这也让他得到了宋庆龄、蔡元培等人的支持。晏阳初在晚年总结中认为，乡村工作第一要素是怎样认识科学与技术，要将科学简单化、经济化、实际化，才能达到民众化，否则农民接受不了，用不上，一切都将成为空谈。所以他号召并组织"博士下乡"，采取"以表证来教习，从实干学习"的方法。所谓的"表证教学"，就是推出模范人物，培养榜样人物。他还改良了白菜和梨树，引进了改良猪种和新的鸡种。这样一来，定县农民收入普遍增加了一倍。

说到"博士下乡"，有一个人特别值得一提，就是中央美术学院的前身国立北平艺术专科学校的第一任校长郑锦。由于北洋政府不发老师工资，老师罢课，学生闹学潮，他便辞去校长职务，去河北定县加入晏阳初的中华平民教育促进委员会。他负责主持"直观视听教育部"，推广识字教育，为千字文教材画了4000多张插图。他还在农村收集传统艺术民谣和年画。

郑锦在这期间还写了《平民教育运动与美术的提倡》《平民教育与平民美术》等文章。在定县他用洋油木箱子做家具，上面铺定县织的土布，素雅美观。他从此不再画杨贵妃之类等美人图，开始画劳动场面、画老农民、画摘苹果的劳动妇女。他除了插画还直接画宣传画、文艺挂图，农业、公民、国难教育、社会调查、合作社等都各有挂图。他还在乡村举办巡回展览会，倡导用科教挂图代替年画。

另外一个北平艺专的教师是中国现代话剧奠基人之一熊佛西。1932年，他来到定县，研究乡村戏剧，改造戏剧在农民中公演。他写过《屠父》《牛》《过渡》《喇叭》等剧本，还在乡村修建了露天圆形剧场114座。今天做乡村振兴建设的只有四川美院的武小川老师，他在蔡家坡村修建了半个露天圆形剧场，这对当地发展带来了巨大的牵引力。这些创新跟改造，可以让农民看到生活的变化。

梁漱溟去了晓庄师范后受到启发，决心做"邹平乡村实验"。梁漱溟是一个特别有思想的人，也是新儒学的大师。他对印度思想、中国思想、西方思想三者之间的对比有非常多的见解。他设置乡学和村学，侧重于政治和精神生活。所以他要大家识字、唱歌、讲话、军事训练，叫大家骑自行车搞野外骑行，这都是为了提振乡民的意志力，以此来增强乡民的政治能力和自治能力。同时，他也没有忽略植树造林、养蚕、种棉、合作事业等农业技能的培训，包括推广植物的优良品种、搞水利、搞农田改造等。

梁漱溟在晚年将"团体组织，科学技术"总结为自己的乡建经验。他提出了以农业引发工业、工业推进农业、农业工业叠加推行的发展思路，在农民组织涣散和农业技术普遍落后的情况下，大力发展乡村合作事业，以培养农民的团体精神。同时有意识地向农民传播农业技术知识，大力推广动植物优良品种，以促进乡村发展。在几年的实验中，建立了数百个合作社，其中影响最大的有美棉运销合作社、蚕业产销合作社、林业生产合作社和金融信用合作社。梁漱溟曾经还专门到延安跟毛泽东深谈了一个通宵，提出他的乡村建设方案，才是救中国的靠谱方案。

另外一个有意思的案例是卢作孚在嘉陵江的三峡乡村建设实验。卢作孚是个有钱人，他的民生公司在国民政府内迁时起了重要作用，在交通运输业、长江航运上作为垄断企业有巨大的影响力。他以交通建设为先导，在带动乡村城镇化的同时，搞文化艺术教育。所以他做的第一件事就是让大家入股成立北川铁路股份有限公司，修了一条通往嘉陵江的铁路。在交通建设的基础上，培育实业是卢作孚的工作重点。在他直接推动下，天府煤矿、三峡织布场、合川电水厂、利华玻璃厂等一大批工业企业相继建立，带动了经济大发展。同时，他还主持修建平民公园，建设了民众俱乐部、消费合作社和嘉陵江报社。

卢作孚非常有意思，他经常给老百姓免费看电影，但每个人必须交一根老鼠尾巴或十只苍蝇才能获得一张入场券，借此开启了后来的除"四害"运动，老百姓搞卫生就可以免费看电影。他还经常开展讲座让大家参观他的工厂。他还会放幻灯片给大家讲解什么是飞机、什么是轮船，还拿望远镜让大家体验。他说："凡现代国防的、交通的、产业的、文化的种种活动当中有了新纪录，机器或化学有了新发明，科学上有了新发现，必立刻广播到各机关，到各市场和乡间。"所以他是一个非常狂热的科普爱好者和传教士。

1930年，卢作孚发起成立了中国西部科学院，下设有博物馆、农业实验场、工业化验所等单位，倡导"研究实用科学，辅助中国西部经济文化事业发展"。他叫大家一起劳动兴建北碚平民公园，还给晏阳初建了私立的中国乡村建设学院。有意思的是他在整治穷困乡村时，第一件事情就是建公园，他认为现代化是全面的现代化，是生产的、可以游览的同时是文化的。

这些南迁到西南的力量聚集成华西实验区，以璧山县为中心在中国又一次开展大规模的乡村建设实验。华西实验村，有农业推广繁殖站向农民发放优良的稻种，有机织生产合作社宣传资料，让整个乡建活动能够相互组织起来。

与此同时，延安也在开展科普和乡村建设工作。八路军在延安开展农村农田改造和基础建设，举办边区工农业展览会，建立延安妇女纺织合作社。中国的科学工作者早在1949年之前就拟定了如何在新中国开展科普工作的方案。

1915年，中国出版了《科学》杂志，其中讨论了心理学与物质科学之区别、说中国无科学之原因、水利与气力及其比较、中美农业异同论和生物学概论等话题。为什么中国古代非常辉煌的自然科学会突然间消失？中国古代的东西算不算科学？这些问题直到现在还一直被讨论，但在1915年创刊的第一期《科学》杂志早已提出过这样的问题了。

1956年，华中工学院的赵学田教授为解决当时大量新入职工人看不懂图纸的问题，深入一线了解需求，用浅显易懂的创作方式编写了《机械工人速成看图》一书，该书再版了19次，到1980年总共发行了1600万本，为整个新中国工业化建设发挥了巨大的科普作用。

人民出版社的自然科学小丛书《淡水养鱼》《地震》《电视》《真菌》《合成纤维仿生学》，都是在20世纪50年代出版的。人民教育出版社出版的数学小丛书，全由大科学家来进行编写，包括《等周问题》《平均》《对称》《从祖冲之的圆周率谈起》《力学在几何学中的应用》等。这些书当时连中学生都在看，曾经都是20世纪50年代末60年代初流行的科普小丛书。

当时很多大科学家都俯下身来搞科普，像李四光等撰写的《科学家谈21世纪》等。其中最重要的就是《十万个为什么》，这是我小时候每天读的书。第二本的封面就是南京长江大桥，也许那时候就奠定了我对南京长江大桥的兴趣，所以才有后来实施多年的长江大桥自杀干预计划。当时这样的书籍有很多，当我看到1960年出版的《城乡互助》时，觉得乡村建设从20世纪60年代再到现在，是一气贯通的。

1965年，毛泽东主席在听到卫生部汇报只有极少数医护人员在农村时非常生气，他指示应该把医疗卫生工作的重点放到农村去。《赤脚医生手册》就是自那之后浙江医学院编写出版的，我们小时候的性知识大体都来自这本书。其中教人采取一些简便的方法，马上就能在农村行医。为了满足当年对医生的需求，国家承认他们的行医资格，迅速让下乡知青当赤脚医生。这可能是有史以来救过最多生命的一本书。它被译成法语和英语后，在非洲等贫困国家广为流传，几乎每个医生人手一本。

赤脚医生拿不到药，《中草药手册》就跟上来了。因为每个地方物种不一样，各个省都编出自己的《中草药手册》。我小时候每天拿着《中草药手册》在山上采标本、做标本，一直到现在这类科学图像风格仍让我觉得非常神奇。手册的风格精细而翔实，跟所谓写实油画不一样的是它没有制造光影的幻觉，把背景都抠成白色，但形状描述得非常周到，这是另外一种写实。

除《中草药手册》外，还有各种防治疟疾的科学挂图，现在我们也在重新做这些事，怎么防治传染病、怎么接种疫苗、怎么看云识天气等。我一直到现在都还会背"天上云赶羊，地上雨不强""黄日照后，明日大漏"等，这些教农村青年的科学技术活动丛书非常有意义。以前的扇子上都印着"地震到来有前兆，鸡飞上树狗不进窝"这样的科普宣传。还有"三防"即"防原子、防化学、防细菌战"的科普宣传。发现毒剂化学战该怎么处理？听到警报该怎么办？曾经每个地方的墙上都贴着这些。

当代的科普活动没有中断过，最高级的是 20 万平方米的中国科技馆，有一年我去开会看到馆里大屏幕显示当天已入场 5000 多人，当时在场 3000 人。廖红副馆长跟我说人多的时候馆里每天要接待 8 万多人。各省都有科技馆，30 万以上人口的城市建科技馆，30 万以下人口的城市有科普大棚，让中小学生看。乡村有科普大篷车，直接开到乡下做临时展馆搞科普活动。我们还引进了《科学美国人》《环球科学》等大量科普杂志，同时还有各种科普网站在起作用。

在我的老家福建光泽县，艺术家把纱布往桥上挂，这真的有桥本身好看吗？看习惯这座桥的人慢慢就不觉得好看了。各地搞农耕扎染秀、打铁花，搞非遗表演，把非遗完全变成旅游景观。因此我提出一个观点，今天的乡村最需要的是同时具有科普和美育功能的艺术。第一个要关注的是"业态"，第二个要关注的是"人才"。

农村不可以变成旅游区，因为农村要生产粮食，粮食安全是国家安全的基础，所以农村必须生产农产品。农业现代化是大势所趋，农业即将成为下一个高科技产业。在模式上是再合作社化、公司化、产业链化的现代农业企业；在技术上，是机械化、自动化、信息化的高科技智慧农业。以后的农业，土壤里面有传感器，土壤缺水就发信息给无人机，根据天气预报，综合研判，由无人机来浇水，像虫害防控等，都是以这种方式来运行。这样的运行就需要智慧农民。所以，生产和经营环节借助于农业、物联网和大数据分析，根据超市的购买量来决定下一年要种什么。

因此，要加强智慧农民的培养。为了建设"智慧农村"，就必须培养"智慧农民"。培养"智慧农民"，第一是生态环境，第二是生活水平，第三是食品安全观念，第四是经营能力，第五是法律观念。跟艺术有关的就可以做农产品包装、生态宣传、生物艺术，也可以做经营类游戏，还可以做科技类展演，就是不应该去那里搞行为艺术。

要考虑到农业现代化后农村剩余人口会出现业态转型。一部分人进城成为服务业人员，一部分人在开发区、乡镇企业就地成为工人，一部分人会成为旅游从业人员，一部分人会成为养老、康养、体育等其他服务类人员，对这些人的科普要包括引导性科普城市生活常识。乡村振兴最重要的是重建乡村的业态，"智慧农民"的人口素质决定着乡村的未来。"智慧农民"可能在农村搞设计、搞艺术、搞哲学，需要逻辑思维、批判性思维、创造性思维。所以今天的农村应该出现博物学、气象知识、生物知识、生态知识、天文知识，各种新建筑、计算机的新进展都应该被广泛摄取，甚至连基础科学原理和数学知识相关的艺术都应该大量出现。

乡村振兴需要广大农民的参与，要就地培养更多爱农业、懂技术、善经营的新型职业农民。农民是乡村建设的主力军，需要去塑造农民，而不是做一个装置来吸引外地人的注意力。要尊重广大农民意愿，激发广大农民积极性、主动性、创造性，激活乡村振兴内生动力。让广大农民在乡村振兴中有更多获得感、幸福感、安全感。

今天乡村科普的内容，一要教农民农业，二要教农民生活方式，三要培养科学精神。就目前的形势，一是办培训班，二是搞展览、科普宣传活动，三是搞示范主体。示范主体就是示范基地、示范园区。目前的办法是科普宣传车、科普画廊、科普橱窗，科普宣传车现在也越做越好。所以科普要和美育深度结合，因为科普本身就是美育。

美是一种你意想不到的东西，是觉得自己以前被蒙住了眼睛，现在蒙着眼睛的布突然被撕开看见了光,这叫作启蒙。康德说启蒙就是能摆脱自己的未成年状态,我放在这里的这几件作品都有这样的性质。中间这棵树是意大利艺术家的作品,一根木料切了四刀,切成一棵木桩子,两百年长成了这棵大树,往里挖,里面的小树是这棵树9岁时候的样子。我们这时突然意识到树上面有个圆圆的疤,后来被包起来了,往里推就是一根往外刺出来的树杈。我喜欢这件作品就是因为他让我看到了一棵树9岁时候的样子,把人们忘了的东西重新呈现,让人们觉得伟大,产生审美的刺激,这不是愉悦而是一种启示。

左边这张月亮是伽利略画的。他改造了一台望远镜观测月亮,第一次看见了月球上的环形山,拿笔把月球画下来,这张画在我看来是最早的科技艺术之一。他运用了当时世界上最厉害的科学仪器,这是基于当时世界上最新的科学成就做出来的艺术。月球上遍布着坑和环形山,对我们来说是启蒙。

还有斐波那契数列,其实就是黄金分割,海螺的曲线是斐波那契数列,它和螺旋形防波堤、向日葵花盘的排列都是126度的角,它是黄金分割的同一个数字。为什么不把这些东西带到农村去,种一片几何学的苗圃,为什么要种一个蒙娜丽莎呢?有一些地方的壁画出现了一些错觉,有窗户再画个窗户,探出个长颈鹿,画出影子。为什么不画上家附近的野花野草、附近的通用博物学图典?为什么不画上附近的昆虫,让孩子们从小就有分类学的意识,知道物种之间的联系、迭代和演变,就算画上九大行星,甚至画上数学公式?我觉得这些都是有意义的。让孩子可以换一种眼光看世界,脑子里就会有想象力。

视错觉图形也能够开启心智。现在乡村很多地方都安上了健身器材。为什么不把它变成动态雕塑的区域?又是健身器材,又是动态描述,即使从制造景观的角度看,也应该有高级的办法来制造。

我们可以做的事情还非常多。比如农用大棚就是搞生物艺术的好地方。能源、植物、新材料在生态艺术里都大有用武之地。我们永远需要想象力来开发农产品包装，像用纸浆的渣子做成的鸡蛋托，真的是伟大的创造发明。此外，农村的传统戏剧也可以进行科普化的改造，变成科普剧。现在传统节日和民俗的科技化的改造已经开始了，各地的中秋节都开始出现无人机表演。但我们在乡村把艺术、科普、美育进行深度融合的事情依然任重道远，启蒙的工作也还远远没有结束。

舞蹈艺术的美育力量

冯双白，中国舞蹈家协会主席，中国艺术研究院研究员、博士生导师，中国文联第十一届主席团委员

2005年，中国舞蹈家协会响应党中央建设新农村的号召，发起了新农村少儿舞蹈美育工程。我们邀请了金淑梅等老师在甘肃省玉门市小金湾民族小学为当地的孩子教授舞蹈，从舞蹈教育走进小金湾开始，孩子们发生了很多变化，集体意识增强了，美感增加了，精神面貌焕然一新，家长们也看到了舞蹈对孩子们的改变，非常开心，甚至因为纷纷要求到学校里去学习舞蹈，这一地区女孩子的辍学问题逐步得到了改善。从这些变化中能够看到美育工作是非常有价值、有意义的，我们做的这些工作会对孩子们形成非常好的影响。

舞蹈的审美力量从何而来？下面我从三个方面来作些分析。

一、舞之质美：相由心生，天下大道

舞蹈的美和人的内在质地相关，闻一多在《说舞》中指出："舞是生命情调最直接，最实质，最强烈，最尖锐，最单纯而又最充足的表现。"舞蹈的美和人的生命状态、生命情调相关，舞蹈语言不是外在于自身的媒介，舞蹈艺术的表达媒介就是自己的身体。所以，《说舞》中的这"六个最"点明了舞蹈艺术的美的特质。闻一多还说："在原始舞里才能看得出舞的真面目，因为它是真正全体生命机能的总动员。原始舞是一种剧烈的，紧张的，疲劳性的动，因为只有这样他们才体会到最高限度的生命情调。"舞蹈是生命最自然的表达，是身体里内在的生命能量向大自然和其他人所作的展示。

男子独舞《命运》选自湖南卫视的节目《舞蹈风暴》，表演者叫朱凤伟。这段舞蹈表演的背景音乐选取的是贝多芬《命运交响曲》，舞者将自身与主旋律完美融合，呈现出身体美的独到表达。朱凤伟是非常有名的男舞者，从舞蹈中能够看到他为了表达男性独特的阳刚之力的美，赤裸着上身用一系列的动作展现"生命情调最直接，最实质，最强烈"的表达。舞蹈的后面用了一根棍子作为道具，这根棍子也成了他肢体的一种延伸，我们能够在这样一种美的过程中深刻地体会到舞蹈艺术相由心生的独特力量。

庄子说："天地有大美而不言，四时有明法而不议，万物有成理而不说。"天地自有"大美"，却不言表；自然的四季变化有明确的规律，却不议论；万事万物都有自己不变的法则，却不述说。庄子的话，寓意非常深：天地间最大的道理，其间蕴含了宇宙间深刻的规律。大道之美，成就了万物；天工造化，自在显现。舞蹈艺术的美，源自四季的运转和内在生命的力量，舞蹈艺术的肢体动作所表达出来的美是和万物连接在一起的。中华优秀传统文化讲天、地、人有内在的感应，人和天地之间相互呼应，内在生命的状态还要顺应四时。现在的生活常常改变了这一点，但在中华优秀传统文化中"天人合一"的思想要义，引导了中华舞蹈独特的美感，这种美感和我们强调形神统一、内在质感相关，同时又是一种天工造化、自在显现的表达。

舞蹈诗剧《只此青绿》赢得了很多赞叹。这部作品和中国绘画相结合，将篆刻人、织绢人、磨石人、制笔人等形象呈现在舞台上。舞者把绘画当中的青绿色变成了人体舞动当中的一个形态，如她脸部的化妆、头饰以及石青、石绿晕染的服装等。《只此青绿》一开始排练的时候，东方歌舞团的演员们非常不习惯，因为导演周莉亚和韩真两位老师没有先教动作，而是让大家进入一种独特的、冥想的状态，让舞蹈演员从内省开始练习，这些演员后来说，排练完《只此青绿》，对舞蹈艺术真正美的东西才有了全新的体验。所以真正好的舞蹈之美是内外一体的，它甚至会和我们身体之外的四季气候、大地的温度、空气中的鸟鸣、风声、日月星辰的运转，都联系在一起，是东方审美当中一种独特的身体文化的体现。《只此青绿》传达出了中华优秀传统文化中关于人的身体和生命的独特体验，它在舞台上真正呈现出一种美妙绝伦的状态。

舞者孟庆旸的表演被广大网友称赞，她的一个眼神甚至被赞誉为"千年一瞥"，这是对这个舞蹈当中女子形象非常大的赞美。观看表演的过程中可以体会到舞蹈所表达的内心和上苍的一种呼应，在孟庆旸的眼神里读到一种悲天悯人，有一种历史的沧桑和独特的体验。

正是因为强调舞者要把内心的东西灌注于全身，才会在动作的变化当中呈现出与众不同的个性，并让这部作品跳脱出一般的女子群舞。她们用肢体的运动表达颜色，用肢体的语言表达山水，用身体来传达自然和人相互之间的一种连接。编导也把"青绿腰"命名为"险峰"，有些动作叫"沟壑""小溪""林间"等，都有确定的比喻，但实际上是用身体来传达自然和人相互之间的一种连接。理解、欣赏舞蹈艺术的美的时候，最初级的状态是把动作和一定的词语结合在一起，比如"险峰"，而它的高级状态应该是把肢体的运动当作一个象征符号，这个符号是由身体、人的内在生命直接表达出来的。这样一种独特的美是可以被感知的，所以舞蹈为什么有美育的力量，因为舞蹈和生命情调、生命本质，以及生命内在的冲突、期待、盼望相关联。当舞者慢慢地穿过舞台向下场门方向走去时，这样的一个步行可以把它理解成《只此青绿》中山水的移动，也可以理解成青绿颜色在画布上慢慢地染开或是一个女性自己独特的生命历程。《只此青绿》如此受欢迎的内在原因，可能是它触碰到这样一个深刻的命题，即人的内在生命一定是和它的表达相关的。如果一个艺术的美、一个舞蹈的美能够触碰到内在生命的表达，它一定是会受到欢迎并被大众所理解的。

二、舞之形美：天地精华，形神合一

生命在于运动，当人类的生命通过身体的运动产生了外在形态时，舞蹈就让每一个体的生命有了可以被识别、被认知的形式。当个体的舞者与他人的身体一起运动时，就产生了集体的同频共振——人类的身体文化诞生。古人说："诗言志，歌咏言""咏歌之不足，不知手之舞之，足之蹈之"。舞蹈是人类很长远、历史非常悠久的一种文化。在强调舞蹈的质感之后还要强调它的形式，舞蹈之美的奥妙在于流动不息，正是在流动中，人的肢体语言就有了韵味；舞蹈之美是稍纵即逝、变幻莫测的，也因此有了神秘的审美力量。舞蹈美育的力量究竟发生在哪儿？为什么会改变人？为什么小孩子喜欢跳舞，学生们也喜欢跳舞？青年时代有各种各样的舞蹈，现在有街舞、恰恰舞、拉丁舞等被年轻人所喜欢，到了中老年有广场舞还有身体的瑜伽训练。这些都是身体的运动状态，在流动当中产生了韵味，也正是在运动的过程当中，神秘的审美力量悄悄地改变人。讲座开始提到了小金湾民族学校，到了那里会发现，学了舞蹈的女孩子走路的时候更美、更耐看，她们停下来转头的一瞬间能看到一种身体流动的韵味，一种韵律的美。所以舞蹈的美一定是在稍纵即逝、变幻莫测、流动不息的韵味当中去捕捉、去体会的。

比如蒙古族舞蹈《独树》，这是中国舞协在采风过程当中编导创作出来的非常有意思的一部作品。这部作品是舞蹈家王玫和她的几个学生一起创作的，分成两个部分。作品的前半部分是一段影像，播放完后舞台上演员再登场。这个作品的特殊魅力就在于舞蹈的步伐。这部作品非常有意义，看上去好像没有什么太多的动作，就是步伐，但是应该仔细体会步伐当中的味道。比如，表演过程中节奏一直是平均的，稳步向前，却突然之间有一个停顿，一个带着音乐符点律动的步伐停顿，同时，表演者一转身，再继续走，那种形态上的松弛，那种手臂甩起来以后内心里洋溢的轻松满足，非常有味道。舞蹈在形态上所产生的变化是非常耐人寻味的，需要仔细地去体会才能抓住这种稍纵即逝的美。舞蹈的美育力量在内在、最微妙的地方呈现出来，它对人的改变是"润物细无声"的。作品的最后一个场面是男人在苍茫的大草原上向前走着，背影孤独、坚毅，这样一种独特的美让我想起了一位非常有名的女性舞蹈编导舒巧。她说她特别喜欢蒙古族舞蹈中的男性力量，因为那里有天地间孤独而勇毅前行者的美。我深有同感。想想看，为什么全国上下这么多人喜欢蒙古族舞蹈？在茫茫的大草原上一个男人孤独地骑着一匹马，为了给自己心爱的人寻一方红色的头巾，他穿过草原上的暴风雨，如此身影孤独但如此刚毅。一想到蒙古族男人这样的身影就心动，这是一种独特的美，一种特殊的质感。

我在内蒙古生活过5年，我的一个舞蹈老师是内蒙古自治区歌舞团的王景志，我是在内蒙古大草原上开始理解蒙古族舞蹈之美的。我在看舞蹈《独树》的时候，觉得作品里面没有什么以前我学过的、常见的蒙古族民间舞的动作。王玫老师就说："蒙古族千百年传下来的民间舞，那是千百年来的蒙古族慢慢积淀、积累起来的，是过去的蒙古人跳的舞蹈，现在在教室里成为舞蹈教材，而现在我要做的是让今天的蒙古族的人跳自己的舞蹈。"不是跳古人的舞蹈而是跳自己的舞蹈，所以在观看作品的时候会注意到，舞蹈动作里边没有我们常见的什么抖肩、压腕、马步，比如我们刚才讲到的那个舞台上根本没有马步，完全是今天蒙古族年轻的男人和女人，我觉得这种独特的美值得我们去仔细地体会。

编导用这样一个画面来作为整个舞蹈的结束，画面里女性的舞者已经消失掉了，然后只剩苍茫大地上孤独的身影。前边可能没有金光大道，没有彩霞，没有天上画的无数的馅饼，只有苍茫的云彩。左边有一棵独树，很孤独但是很坚定，这种美在身体形象的运动当中呈现出来，它有一种穿透的力量。对近些年来的舞蹈创作、舞蹈艺术，有人评价说近二十年来舞蹈进步最大，现在不但有优秀的作品或者叫高峰性的作品，而且舞蹈领域小作品和大作品都比较好。我想这是有道理的，这样的美是原来的舞蹈作品不太涉及的，这样的作品包含了一个女性编导的独特眼光和对身体的独特把握。可能我们现在的话题更深了，触碰到了性别，触碰到了女性编导对男性身体的独特的编织，因为这明明是一个男女的群舞，但是用这样的方式来结尾，我觉得它特别有意味。

中华民族是一个内外兼修的民族，除顾及外在条件的塑造外，中国人也从来不忽视内在的修养积累。以中国古典舞为例，讲究刚柔并济、动静相宜、物我一体、身心合一，展现出中国人身体舞动上的审美特征，"欲左先右，欲提先沉"的韵律，更舞出了中国人特有的气质。中国古典舞除讲究外在的手、眼、身、法、步外，还非常重视动作内在的形、神、劲、律的和谐，讲究精、气、神的合一，以及"以神领形，以形传神"的内在精神。这里涉及了节奏，节奏性既是舞蹈构成的基本要素，也是舞蹈与音乐融为一体的纽带。节奏是舞蹈动作组织调整的依据，合乎节奏动律的舞蹈动作可以发挥出舞蹈艺术特有的韵律美。节奏的美在舞蹈《独树》中可以强烈体会到。节奏一般可以分为内在节奏和外在节奏。内在节奏指舞者内在情绪和情感发展变化的节奏，以及由此引起的肌体内部呼吸、心跳等节奏的发展变化，是外在节奏的基础；外在节奏主要表现为动作力度的强弱、速度的快慢和能量的大小，是内在节奏的表现形式。节奏的变化能使相同的舞蹈动作传达出不同的情绪和情感等。比如我们做同样一个画圆的动作，节奏不同了，整个传达出来的情绪、情感、意涵就完全不一样。在表现单一情绪的舞蹈作品中，舞蹈多以节奏的变化和不同的艺术处理作为表情依据。在舞剧艺术中，艺术节奏规定了全剧的跌宕起伏，也涉及了全剧的结构样态。所以节奏是体会舞蹈美非常重要的依据，它源于我们的呼吸、心跳，是一种不可遏制的、最深层的力量。舞者有规律的动作是人的肢体语言的突出特征。在规律化的身体运动中，舞蹈产生了韵律，又从韵律中诞生了舞蹈的旋律，诞生了和谐的美感。动作节奏的进一步延伸就形成了舞动旋律，舞动旋律是舞蹈节奏最好的一种形态，在舞蹈艺术的范围之内，动作的旋律是我们理解舞蹈美的一把金钥匙。

由此我想到了一部脍炙人口的作品：《阳光下的麦盖提》。麦盖提是新疆喀什地区的一个县，在这个地区生活着新疆的一个传统部落，他们叫作刀郎人，这里的文化也叫刀郎文化。它的歌曲、乐器、旋律都非常独特，身体的舞动也非常独特。这个作品把舞蹈生命的美感和形态的美感，以及通过身体的旋律呈现出来的美感结合在一起。

《阳光下的麦盖提》表达了现如今新疆一片安宁、祥和的生活，维吾尔族和汉族、哈萨克族、柯尔克孜族等亲如一家，一起享受着"阳光"。作品的编导把生活中最自然的形态和政治上的暗喻巧妙地结合在一起，然后用服装、动作把汉族的舞蹈和维吾尔族的舞蹈相结合。画面中的这些人穿着的是新疆的少数民族服装，但是在画面的右侧可以看到一个穿着汉族衬衫的男青年，在作品中所有维吾尔族的男青年，他们的衬衫在领子和前胸的地方都有花边的装饰，汉族衬衫没有任何装饰，画面右侧舞者的服装就是汉族人经常穿的衬衫。另外一个有趣的问题是：汉族舞蹈怎么和维吾尔族的舞蹈结合在一起？奥妙在于整部作品用的是维吾尔族刀郎舞的音乐旋律，然后让汉族的动作服从这个音乐旋律，旋律变了以后，一切的味道、意义就变了。

编导为什么要这样设计？因为作品要传达的恰恰是如今汉族与新疆少数民族团结一心的精彩生活现状。山东省日照市对口支援麦盖提，所以在作品当中舞者的手型是汉族山东鼓子秧歌的一个典型的手形。虎口部位有力量地张开，让人想起了中国戏曲舞蹈当中的一些动作形态。作品中汉族男孩子跳的是山东鼓子秧歌的动作，维吾尔族的男孩子跳的都是刀郎舞的动作。其中"空哒哒，空哒；空哒哒，空哒"这个节奏非常经典，另一个是慢板的"卡喊，空—；卡喊，空—"节奏型，这种节奏型形成了舞蹈动作中非常鲜明的特点，手臂微微抬起并攥拳，在胸前来回地形成"左上，右上；左上，右上"的幅度，然后再来一个180度的旋转或者是360度的旋转。除节奏型外，这也是一个非常有方向感的作品，舞者经常仰面向天，好似阳光洒在身上，笑脸沉醉，整个身体微微地向上倾斜，仰天的这样的方向和动作韵律结合在一起形成了这个舞蹈独特的美。《阳光下的麦盖提》在中国舞蹈家协会主办的那一届荷花奖民族民间舞蹈的评奖中拿到了最高分，所有人都受到了很大的震撼。谈舞蹈美育的力量离不开形态分析，而质感是和形态的分析结合在一起的。比如舞蹈中的汉族男孩子，他的掌形呈现张力十足的虎口，维吾尔族男孩子的掌形松弛，构成了形态对比，也是民族和谐相处的显现。我们可以在这样的对比分析当中，去寻找舞蹈艺术独特的韵律之美、节奏之美、形态之美。

三、舞之力美：相由心生，天地人和

舞蹈动作的力度、速度、幅度，关系到舞蹈美的创造，关系着舞蹈美的最深层的奥妙。如舞剧《永不消逝的电波》里的小蒲扇旗袍舞，温润中带有一种小俏皮，是一种流淌在身体里、转了三道弯再呈现出的一种力度。这部舞剧的故事背景发生在解放前夕的上海，在创作的时候，编导考虑到上海女人肯定会有旗袍，那这个旗袍应该什么样子？应该是张曼玉那样的旗袍，还是张艺谋电影《金陵十三钗》里那一群青楼女子那样的旗袍？显然都不是的，这个作品想要呈现的是独特的、真正的上海女人，是上海弄堂里底层的、朴实的、地道的、本质的上海女人。旗袍是中国女性的最好的服装，它把中国女性独特的身体条件之美勾勒到极致，但是在舞剧中却用扇子将腰线、臀线遮挡住，所有的舞蹈动作缓缓到来，充满了上海女人独特的气质之美。所以这段表演是一种温润如玉、人间至善至美的女性的传达，作品的力度不是强烈的、紧张的，相反它是松弛的，这就是力度，它的细微之处表现的是非常深层的舞蹈之美，大家应特别注意去体会、捕捉，然后用自己的语言在课堂上传递给学生。

舞剧《永不消逝的电波》是由上海歌舞团创作的，上海歌舞团目前应该是国内专业歌舞团中的天花板。这些舞者们从专业的艺术院校毕业以后来到上海歌舞团，一直保持着高水平的训练、排练，如此单纯的生活，源于他们对舞蹈的热爱。很多人好奇，表演中怎么会站在小板凳上抬后腿，这是一种怎样的表达？这一方面体现出舞蹈的基本功，所有人抬腿的力度、速度、幅度全都一样，而另一方面，必须认识到小板凳是上海弄堂里持家的女人必不可少的一个东西，拿着小扇子扇煤炉是为家里人做饭时的生活写照。所有的动作都有非常强烈的生活依据，这部舞剧的编导认为，很多上海女人就是围绕这样的小凳子度过了一生，表演中慢慢抬后腿的动作其实是女性生活的最简单的一个状态，生命慢慢流失，人慢慢变老，就是这样一种独特的生命感悟。我们可以从力度、速度、幅度的角度来体会舞蹈艺术的独特的美，在小

凳子上抬后腿这个动作的关键是抬后腿的力度、速度、幅度如何呈现出一种独特的、形神合一的独特的美。小板凳和女人身体之间形成了富有生活情调的一种象征性的关系，这是一种技术美、生命美和情态美相统一的状态。

在我自己编剧的舞剧《朱自清》中有一段名为"生死诀别"的双人舞。中国人常常对生死的问题避而不谈，在我们正式的话语体系里很少正面谈死亡，仓央嘉措有一句非常有名的话："世间事，除了生与死，都是小事"。其实，人来到了世间，面临的根本问题就是"向死而生"。我让全剧从朱自清生命的最后30秒开始编写，将他所有生命历程中的回忆像闪电一样闪过他的脑海，构成舞剧一个一个的片段。同时我也非常佩服我的两位编导刘晓和张帝莎，剧本里面写到了生死转换的场景，她们非常巧妙地用了一个枕头作为道具。最后时刻，朱自清的生命不可挽回地要流走了，而妻子拼命想拉住却拉不住，他的生命的状态就是从生的站立状态和死亡倒下的状态之间来回挣扎，然后妻子在他每次倒下去的时候或是在他跌撞的时候，拿着枕头来呵护他。这部舞剧就这样用一只枕头勾连了生死之际的夫妻。这段舞蹈两位演员演得非常到位，很多人看了都非常感动，当时正好是疫情期间没什么演出，以至于舞剧《朱自清》已经成为一个传说。现在很多人能在网上听到《匆匆》这个主题歌，这是我根据朱自清那篇著名散文《匆匆》改写的歌词，后来由作曲家亢竹青作曲、郁可唯等人演唱。舞剧《朱自清》生死诀别的双人舞就是在主题音乐的背景下开始的，之后紧接着就是整个舞台的追光。舞台的逆光像是上苍照射下的一束光，在这个追光里头朱自清慢慢地跨过了枕头，然后走向了黑暗的最深处，随后出现的是一块巨大的绿色绸布，最后踏到这片绿色当中。朱自清写过《绿》《匆匆》等文章，我想这是他灵魂的一段舞蹈，所以最后他就踏到了整片的巨大的绿色当中，他在绿色当中是一段生命的最自然的舞蹈。很多人看了以后觉得体会到了生死之间的转换，也体会到了朱自清作为一个有风骨的中国文人的宁死不屈，因为美国扶持日本军国主义的举措，他和当时许多著名的大学教授们一起签署公开声明，决不食用美援面粉、不领美国的援助，最后自己因胃穿孔而死，至死也要坚持自己的气节。跨过了生死这道坎以后，朱自清就永恒了，他永远地存活在《荷塘月色》《匆匆》《春》《绿》这样的作品当中。

2018年8月30日，习近平总书记在给中央美院8位老教授的回信中指出："做好美育工作，要坚持立德树人，扎根时代生活，遵循美育特点，弘扬中华美育精神，让祖国青年一代身心都健康成长。"美育对于提高学生的审美水平、培养审美能力、陶冶高尚情操、塑造美好心灵，都有着不可替代的作用。坚持立德树人是中华美育精神的优良传统，也是当代中国美育的宗旨，我们应该牢记总书记的教导，做好自己的工作，更加仔细地体会舞蹈艺术的美，更加深刻地领会中华美育精神，在自己的工作当中慢慢地去进行一些传递。美需要善作为导向，美需要真作为基础，美育能够直抵人们的内心，温润心灵，作为一个老师、一个美育工作者或者作为一个艺术的爱好者，需要认真地体会。美是理性和感性的统一，它需要有美学的理论支撑，又需要有艺术美的亲身体验，把理性和感性结合起来才能去捕捉它，才能传递出来。做好美育工作是这样一个修炼的过程，就像舞蹈《独树》里苍茫大地当中的那个背影，虽行路漫漫，但是仍然不放弃。

席勒美育审美现代性话语的政治隐义

张政文，中国社会科学院大学党委常务副书记，中国社会科学院大学校长，中国社会科学院研究生院党委副书记、副院长、教授、博士生导师，国务院政府特殊津贴专家，全过马列文艺论著研究会会长，中国中外文艺理论学会副会长，中国文艺理论学会副会长，中国文学批评研究会副会长，中华美学学会文艺美学学术委员会副主任，中国高等教育学会常务理事

今天我与各位就一个严肃、重大的历史与理论话题进行探讨，这个话题就是"席勒美育审美现代性话语的政治隐义"。我之所以要和大家探讨席勒，是出于两个初心。

第一个初心是，美育作为一个具有现代性的社会命题和美学命题，其发现者、首提者就是席勒。在席勒提出美育理论体系之前，西方是没有这种思想和教育形态的。可能有些老师和同学会提出质疑，中国古代一直强调"游于艺""成于乐"，西方从苏格拉底到亚里士多德都谈到了艺术与教育之间的关系，难道这些不是美育吗？我的观点是：这些都不是美育，只是艺术教育，二者并不等同。第二个初心在于美育对我们每一个人的生命都极其重要。今天和大家探讨席勒的美育思想，目的是想探讨我们如何在现实生活中获得自由与解放。我们生活在世俗中，每天受到无数的规定。在这样的状态中，我们能通过美育实现对生活的超越吗？我们能够逃脱日常生活对我们的规范甚至强迫吗？我们能够在世俗世界中得到解放吗？在席勒之前，西方理论所理解的人的解放是一个历史过程。个体的解放是难以直接实现的，它是一代又一代人用自己的奋斗去创建的，这就是我们的人生。但在席勒这里却成了一个问题：难道曾经活着和此时活着的芸芸众生，就不能够在世俗生活中获得些许的自由和解放吗？我们试图通过对席勒美育审美现代性话语的政治隐义的探讨，对这一深刻的命题进行思考。

关于席勒大家并不陌生，他是18世纪德国伟大的诗人、剧作家、哲学家、历史学家，也是最有影响的启蒙大师。他是德国最早批判专制社会的诗人和思想家，他的批判是最严厉、最无情的。这里涉及一个概念：什么叫启蒙？按照西方人的理解，就是用理性之光驱散愚昧的黑暗。18世纪的德国处在封建专制的社会管制和文化霸权之中，人性被压抑、人权被取消、思想被管制。另一方面，英国已经建立了君主立宪制，在政治上成为典型的资本主义国家，而法国大革命把民主观念变成了现实力量，第三等级真正走上了历史的舞台，并拥有了话语权、领导权和决定权。在这样的形势下，德国的启蒙也逐渐明确了反抗专制统治、构建现代政治和社会的历史任务。正是在这样一种现状里，席勒率先提出了"美育"这个观念，把美育作为一种现代性的审美和理论话语，渗透到现实生活的方方面面，倡导用美育解放现实的人生。

通过对18世纪德国社会现实的分析和对欧洲历史现场的追溯，可以得出这样一个结论：席勒美学，特别是他的美育审美现代性话语，是一种反抗封建暴政、争取自由解放的政治话语。席勒说的是美学，谈的是美育，而根本上他是要改革社会，为人们赢得解放与自由。这种解放与自由不完全像一些学者所说的那样，仅仅是一种精神的解放和超越。我们应该站得更高，看得更远，对理论背后的动机和逻辑有更深刻的洞察。我认为席勒美育审美现代性话语是马克思主义美学的前期准备，为马克思主义美学的历史批判性和社会革命性提供了重要思想资源和文化动力，这是我对席勒美育思想的一个整体判断。我始终关心的是学问背后这些思想家们要为人民做什么。

我用了一个很重要的概念叫"现代性"，所以要对现代性作出解释。要理解现代性，首先要理解现代社会。什么叫现代社会？对现代社会可以作出各种各样的界定，比如历史的角度、社会形态的角度。用马克思的观点来看，所谓的现代社会就是西方的资本主义社会，这是从社会发展形态的角度来理解的。如果我们从文化角度来理解现代社会，被称为西方现代社会的生活，就是由工业化的生产消费、国家的法律政治制度、宗教世俗化、社会文化多元化、科学技术普及化、知识教育大众化共同编织的，既同质同构又矛盾对立的现实生活。

现代性指现代生活中不同于传统社会的各种各样的社会性质、文化特征及对它们的理解与表达。在西方现代社会中存在着两种不同根源、不同功能和不同形态的现代性，一种是经济政治制度的现代性，它由启蒙理性观念客观化形成的社会经济、法律、政治文化等各种制度和话语构成，一般可称之为理性现代性或启蒙现代性。这种理性现代性的实质是什么？就是启蒙理性。比如美国的三权分立制度，英国的自由市场经济制度，欧盟的社会制度、法律制度，如果把它们作为一种思想的对象进行概括的话，都属于所谓的理性现代性。还有一种现代性可称之为审美现代性，它是审美、文化和趣味的现代性。这种现代性大家都能感受到，它通过文学艺术的典型方式体现出来，也就是现代的审美理想、审美趣味、审美活动所呈现出来的各种各样的功能和特点。而审美现代性的本质是什么？其实就是人的感性，所以审美是离不开感性的。

席勒提出的美育绝不是简单的艺术教育。美育是一种现代性的教育活动，区别于传统的艺术教育活动，这两者之间有密切联系，但本质上不是一回事。所以在谈席勒之前，我要谈一下对这些问题的一个基本的看法。18世纪中叶，欧洲的理性现代性逐渐确立了消解传统社会的宗教文化和专制政治、构建现代公共生活的政治任务。这种现代性政治构建隐性地渗入欧洲审美现代性中，席勒美育审美现代性话语的政治隐义，就是一个非常明显的见证。那么席勒的美育审美现代性政治隐义的诉求是什么呢？用席勒的话来说，是向历史询问过去的世界，向哲学询问未来的世界。换句话说，是为人类解决"我从哪里来，要到哪里去"的问题，归根结底是自我的追问，即我是谁？如果大家明白了这一点，就不会再把美育简单地理解为艺术教育了。

席勒在对历史的询问和对未来的理解中，实现了一种对现代公共生活的批判与重建，这是席勒美育最大的思想贡献。接下来我从三个方面谈论席勒美育审美现代性的政治隐义问题。

一、美育审美现代性话语中的伦理国家

席勒美育不是为了做艺术教育，而是要建立某种像柏拉图理想国的国家，这是一种政治企图。18世纪的德国正经历着从传统社会转向现代社会的阵痛，国家政权暴力，社会生活失范，国民的感性与理性分裂而对峙。所以当时德国的整个社会处于严重的危机之中。那么席勒的美育审美现代性话语的政治隐义所表达的是什么呢？就是艺术作为面向未来的力量，可以在艺术世界中否决暴力的自然国家，创建人性的伦理国家。所以他很像柏拉图。柏拉图谈哲学背后的动机是要建立一个他心目中的国家制度，席勒也是这样，他谈美育不是为了艺术，不是让艺术取代宗教，也不是让人们在艺术中陶醉，远离世俗，逃脱生活的烦恼，而是在现实中通过美育、艺术来否决暴力的自然国家。所谓暴力的自然国家就是君权神授、政教合一的国家，这种国家不是理性、人道的，而是自然的。自然的法则大家都知道，是丛林法则、暴力法则、权力法则。席勒要否决这种传统封建国家，创立人性的伦理国家。什么是伦理？伦理是人与人之间的社会关系结构和准则。那怎样的关系结构和准则是符合人性的？在席勒心目中，一个人道的、没有压迫的，平等、和谐、仁爱的国家，可称为伦理国家。

在席勒的心目中，理想的国家不是暴力强权的自然国家，而是人性至上的伦理国家。席勒在谈到剧院的政治意义的时候指出，剧院更多的是一所具有实际生活经验的学校，是一座通向公民生活的路标，一把打开人类心灵大门的钥匙。戏剧指引着生活，启迪着人类的心灵。美育不是艺术教育，或者至少不仅仅是艺术教育，它是人生的教育、存在的教育。美育真正要使我们得到什么？是生活本身，而不是学会某种技艺。美育最终是让你懂得怎样去生活。所以席勒强调文学艺术的美育价值就在于给政治创立者以勇气和力量，使人性化的国家制度得以实现。

可能有些老师和同学会觉得席勒太理想化了，文学艺术真的能够改变这个世界吗？我给大家举两个例子，第一个是法国著名的启蒙大师卢梭。民主

的主要内涵就是卢梭提出来的，包括所谓的天赋人权等。卢梭还写了很多小说，在小说中他写了很多青年男女因为社会压迫而悲惨地生活，这些小说后来被大量印刷，在社会上被广泛阅读。甚至有人这么判断，是卢梭的小说而不是他的思想引发了法国大革命。

另一个例子是德国最伟大的古典主义哲学家康德，他是德国古典哲学的鼻祖，而我们知道德国古典哲学是马克思主义的哲学来源，非常重要。康德这个人一辈子非常严谨，每天早上几点钟起床，起床以后干什么都有严谨的计划。因为他每天准时下午3点半去散步，所以柯尼斯堡市政大厅的大钟就以他出来散步作为报时、调时的标准。有一天康德下午3点半没出来散步，结果全市的时间都乱了。康德为什么没有出来散步？他坐在书房里看小说《新爱洛伊丝》，他看到小说中的主人公爱洛伊丝纯洁的爱情被社会的黑暗、传统的道德观念和各种各样邪恶的阴谋诡计破坏了，被感动了，哭了。而《新爱洛伊丝》这部作品的作者正是卢梭。所以康德庞大、复杂甚至晦涩的哲学谈论的就是一个东西——捍卫自由。没有任何一个人有权利去破坏别人的自由与幸福，康德一辈子都在做这样的哲学工作。

所以文学艺术没有力量吗？太有力量了！大家听听《国际歌》，听听我们的《中华人民共和国国歌》，它既是我们的尊严和号角，又是伟大的艺术作品。所以席勒说文学艺术的美育价值就在于给政治创立者以勇气和力量，使人性化的国家制度得以实现。为此，席勒在《美育书简》中评价了三种艺术家。第一种艺术家被称为机械的艺术家，这种艺术家只关心自己，不关心生活。就像有些诗人说的，我写诗是给自己看的。如果你写诗是给自己看的，那你发表它干什么？我相信伟大的艺术永远在面对自己的同时，也要对所有人有意义。席勒把第二种艺术家称为美的艺术家，虽然关心生活，却更关心自己。我觉得这一类艺术家是有它存在的合理性的。但是在席勒的心中，这两种艺术家都不是完美的。真正完美的艺术家是关心政治、关心教育、关心国家的艺术家。

什么叫关心政治、关心教育。最大的政治和最大的教育是什么？是人、是人性。大家都读过《悲惨世界》，《悲惨世界》的主人公冉·阿让一直帮助穷困的姐姐抚养七个可怜的孩子。有一年冬天，他找不到工作，为了不让孩子饿死，他只得去偷面包，结果被判了19年刑。出狱之后他找不到工作，流浪四方。正在他感到灰心气馁的时候，遇到了米利埃主教。米利埃主教是个善良、正直、极富同情心的人。他好心收留冉·阿让，让他在自己家里过夜。但走投无路的冉·阿让却为了生计偷走了主教的银器，准备潜逃。途中又被警察抓住，关键时刻，善良的米利埃主教声称银器并不是冉·阿让所偷，而是自己送给他的，并且连银烛台也一同赠给了他，就这样使冉·阿让免于再次被捕。而冉·阿让也被这位主教的宽厚与爱心所感化，获得了新生的勇气，决心从此去恶从善。《悲惨世界》焕发了人类的良知，在席勒的心目中，这才是国家的艺术家。席勒本人也是大剧作家，是一个关心政治和教育的国家艺术家，他的世界名著《强盗》《阴谋与爱情》都是范例。

马克思称席勒的创作是政治观念的传声筒，当然也可以理解为是现代性人道主义政治观念的传声筒。我们要理解席勒的美育思想，就要从这里去探寻。建立伦理国家就要拆解传统专制社会的自然国家，拆解的路径是什么呢？是提升自然人的公共需求，使自然人在各种公共生活中实现和谐，为伦理国家的建立提供法律制度和道德准则。在这个过程中，艺术就有了独特的作用。为什么这么说？因为艺术有一个特点，政治立法者可以封闭科学和艺术的领域，但是不能在科学和艺术领域中实行统治。他可以放逐爱好真理的人，但真理依然存在，他可以凌辱艺术家，但他不能伪造艺术，因为他们创造不出来。我们现在在谈美育的时候，缺了一个很重要的维度，就是科学的维度，甚至有些人经常把美育与科学教育、智育对立起来，令人大惑不解，至少这些人是不懂席勒的。

马克斯·韦伯的《新教伦理与资本主义精神》认为资本主义来自新教伦理，他在评价席勒美育审美现代性介入下的国家政治的时候，指出席勒美育审美现代性话语的政治批判促进了西方整个价值领域和意识结构的分化，加快了西方社会生活的现代性转型。所以席勒不是以一个美学家和艺术家的身份在改变着西方世界,而是以思想家的身份,以一种强大的思想批判力量,改变着西方的社会现实,所以席勒非常伟大。

二、美育审美现代性话语中的道德政治

欧洲启蒙思想中现代性政治的根本意图,就是推翻传统的君权神授,实行政教分离和言论自由。西方封建传统社会的最大特点就是政教统一,第二个特点是没有言论和出版的自由。这种现代性政治理念的合法性,是根植于它符合广大民众普遍权利和社会进步的道德性。所以席勒认为判断一个政治是不是合理合法的,关键要判断它是不是道德的。有些政治是极其不道德的,比如说希特勒统治时期的纳粹政治就是反人性的,极其不道德的。那么道德的标准是什么?符合广大人民群众的普遍权利,符合社会历史进步的普遍规律,就是道德的政治,不符合就是反动的政治。

席勒那个时代还没有马克思主义,他认为人类的合理性和合法性都是由上天给定的,不需要证明。但是我们知道按照马克思历史唯物主义的观点,人类的合理性和合法性都是人类社会实践在历史中奋斗而来的。席勒认为符合人性的政治道德具有一种审美的性质,它不仅是个体的道德,还蕴含着群体的政治,而且是群体的普遍政治对个体道德的肯定。因此符合人性的政治活动是个体与集体、理性与感性的统一,是道德活动,也是审美活动。

当然这是一个很哲学的话语,我不再用一种理论的方式来解释这段话,我想举一个席勒的作品来说明。席勒的《强盗》,主人公卡尔·穆尔是老穆尔伯爵的长子,离家在莱比锡求学。卡尔热爱自由,富有正义感,也因此行为放荡、叛逆,为学校所不容,后来有所醒悟,便写信给父亲,请求宽恕并允其回家。卡尔的弟弟弗朗茨外表丑陋,内心狠毒,为了独占父亲的遗产,乘机进行挑唆,使老穆尔与卡尔断绝父子关系。卡尔在接到弗朗茨伪造的父亲的诅咒信后,愤然集结伙伴,投身绿林,成了一帮强盗的首领,希冀以此改造社会,在德意志地区建立一个共和国。弗朗茨为了进一步实现自己的阴

谋，谎称卡尔在战场上战死，想霸占卡尔的未婚妻爱密丽亚。老穆尔悲痛欲绝，昏倒不起。弗朗茨趁机将老穆尔囚禁于林中古塔，企图饿死他，以独占遗产。卡尔由于想念父亲和爱密丽亚，率强盗打回老家，无意中救出被囚在古塔中的父亲，父子相会，真相大白，老穆尔悲愤而死，弗朗茨也在卡尔及其伙伴的包围下畏罪自杀。爱密丽亚慌乱中逃入林中，认出了卡尔，并劝卡尔开始新的生活。卡尔意欲随爱密丽亚而去，众强盗反对。卡尔迫于无奈，杀死了爱密丽亚，离开众强盗，去法庭自首。

这就是《强盗》所描述的故事。这部作品反映了青年人对封建专制暴政的反抗，体现了席勒对自由的呐喊。席勒在第二版的扉页上写了一行字："打倒暴虐者"。而《强盗》的第一版扉页上写的那一段话，至今还是我生活的座右铭。从我上大学读了这部作品之后，那一段话就一直在激励着我。我把席勒写的这一段话分享给大家，叫作"我不怕孤独，孤独使我崇高"。

这部作品于1782年1月13日在曼海姆剧场公演，据说整个剧场就像疯人院一样，全体观众在整个戏剧表演的过程中都睁大了眼睛，握紧了拳头，不断地跺脚，发出嘶哑的吼声。自由是所有人的愿望，反抗暴政是所有人的诉求，正像毛泽东主席所说的那样，"哪里有压迫，哪里就有反抗"。所以我们看席勒这部作品，就应该明白原来审美活动也是政治活动、道德活动，真正的政治一定是真、善、美统一的伦理道德的政治。

席勒相信艺术的力量，他认为艺术的力量能够修复伦理道德，实现政治转型。所以他说，"在人间的法律领域终止的地方，剧院的裁判权就开始了"。我们看席勒对戏剧艺术的理解，就能看出他对政治、社会、人性的理解。艺术促成了道德，道德改变了政治，最终实现了暴力政治向道德政治的转换。在这个维度中，席勒领悟到艺术对道德和启蒙起作用的真谛。

在美育审美现代性话语的政治隐义中，重建政治现代性，是在专制与自由、贵族与大众二元对立的背景下展开的，因而席勒需要在大众审美文化与现实政治理念、制度设计之间建立合理性。而这种合理性就是席勒所说的"使理智的教育和心灵的教育与最高尚的娱乐结合起来"，这才是席勒心目中真正的审美教育。所以美育审美批判促进道德政治形成的一个重要标志，就是道德政治在艺术教育活动、鉴赏活动、娱乐活动中成为大众的行为方式，变成民众熟知并参与其中的知识和权力，成为生活世界的内容和大众理解生活世界的方式。

三、美育审美现代性话语中的完美社会

在艺术的参与下建立伦理国家，实现道德政治，席勒开启了审美现代性的社会乌托邦。审美乌托邦究竟是什么？简单地说就是审美解放。按照席勒的想法，审美解放是在美育中实现完美社会，只有在完美社会中，人性才是自由的、完美的。完美社会只能够在美育的过程中实现，它根植于自然人性。自然人性这个概念很重要，最早是由英国人提出的，后来成为欧洲所有思想家都在建造的重要观念。席勒认为自然人性由人的感性冲动与理性冲动这两种先天的能力构成，人人皆有。席勒没有马克思主义的历史观，马克思主义认为这些是从人的劳动实践中逐渐生成的。席勒处于西方启蒙时代，还没有历史实践观，他认为天赋人权。这些东西是天赋的，所以否定不了。

人的感性冲动来自人的肉身，是人的感性天性，它使人成为物质与生命之在，使世界在生命的感官中呈现。一句话，人性的感性冲动是人的感性存在方式。正如马克思后来所说，"人们为了能够'创造历史'，必须能够生活。但是为了生活，首先就需要吃喝住穿以及其他一些东西。"人的伟大之处就在于人永远不是上帝。我相信人也不愿意去做上帝，因为上帝的最大功能是决定他人，而对人来说，最大的愿望是自我决定自我，而不是他人。

人性还有一种冲动叫形式冲动，它来自人的精神，是人的理性天性，使人成为心灵和自由之在，使世界的一切在精神和心灵中呈现。一句话，人性的形式冲动是人的理性存在方式。我们在作为肉身的同时，也是精神的存在，所以才有裴多菲的诗："生命诚可贵，爱情价更高，若为自由故，两者皆可抛。"爱情来自我们肉身的冲动，生命来自本能，但是我们有更高的理

性追求，那就是自由。当去追求更高的理想的时候，可以不惜生命，可以抛弃爱情。在人类历史上，包括中国共产党的奋斗史上，有多少先烈们是这样做的。当人们驱逐了日常生活中的上帝的时候，一定要把信仰请回来，没有信仰的生活是悲惨的，生活需要信仰去指引，这种指引正是一种理性的存在方式。

人性的感性冲动和人性的形式冲动在席勒看来是统一的、和谐的，所以古代社会是人性单纯、天人一体、真与美统一的社会，席勒称之为素朴诗的时代。西方人总认为古希腊是他们的理想时代。黑格尔说古希腊的时代就是美的时代，因为是感性和理性完美统一的时代。为什么？我们看古希腊的雕塑，无论是男神还是女神，无论是宙斯，还是雅典娜，他们都是神性与人性统一、感性与理性统一的，所以是最美的时代。

现代以来，在席勒看来，感性冲动和形式冲动在人性中分裂了，造成这种分裂的根本原因是现代社会，所以席勒对现代社会是有严厉批判的。他认为现代社会是一个机器社会，人只是这个机器的零件，其结果是人性失去了自由，你不是你自己，人不过是一个手段、工具、部分、片段、零件，所以人没有自由，人的自由被这部大机器取消，被捆绑在这部大机器中。因而席勒认为西方的现代社会是一个暴力的、丑恶的社会，这个时代写的诗只能是感伤的，所以席勒称这个时代是感伤诗的时代。

通过西方文艺复兴以来的艺术作品，我们能看到这种对美好的怀念和对现实的失望，能看到对真善美的追忆和对现实生活假丑恶的抗议。有一首现代诗的大意是，闭上你的双眼，因为只有你闭上了你的双眼，阳光才在你心中灿烂。这是现代人对生活的看法。一睁眼满目黑暗，尽管太阳还挂在天上，但闭上眼才能感受到温暖，这是西方现代生活的一个写照。这种诗难道不让人们失望、冷落、纠结、伤感吗？我想大家都能体会到。

未来的社会如何能复归真善美？席勒提出了一个全新的概念，叫游戏冲动。游戏冲动源自生命无功利需求的自我满足，是生命的第三种天性。在人性中，游戏冲动是感性冲动与形式冲动的重融再谐，是肉身与心智、感性与理性、必然与自由的统一。在游戏中，一切对抗的因素化解了，一切对立的因素统一了。

对人类来说，游戏冲动的显现正是审美艺术活动，审美艺术活动是个人的又是公共的，是无功利的满足，是肉身与心智、感性与理性、必然与自由统一的快乐与享受。即使是悲剧，我们也在痛苦中享受净化的快乐。比如《罗密欧与朱丽叶》，可以为了爱情抛弃一切世俗观念和荣华富贵，这难道不是一种升华吗？看完《窦娥冤》之后，你会有这样一种净化，即我这一生一世可以成为一个没有作为的人，但永远不做恶人。这就是艺术的功能。而这样的一种快乐与享受，正是未来社会得以复归真善美的唯一路径。

所以席勒不认为社会革命能够实现真正的真善美，因为他对法国大革命比较失望，法国大革命以为民主能给人类带来自由，没想到西方的民主本身又是一种暴政，所以德国的思想家普遍对法国大革命持有严肃的批判态度。对法国大革命应持有两个态度：第一，从历史的发展来说，法国大革命的历史贡献是伟大的；第二，法国大革命这种革命的方式和内容是需要我们认真反思和改变的。法国大革命体现出资产阶级的历史进步性和现实的反动性的启示，就是审美教育是人类建设完美社会、获得解放的必由之路和最后的希望之所在。

所以审美教育多么重要！它是人类唯一的、最后的希望，是解放的必由之路。我再举席勒的一个例子，他的身体不太好，那时候席勒很穷，他的一帮朋友把他接到莱比锡让他治病，他们结下了深厚的友谊。后来席勒就为他们写了一首诗，叫《欢乐颂》。这首诗写完之后被贝多芬看见了，贝多芬读了之后深受感动。他在谱写第九交响乐的时候，专门采用了一种在此之前从来没有过的交响乐的方式叫大合唱，即男高音、女高音、合唱、轮唱，不同调式、不同节奏、不同音部进行的大合唱，大合唱的词，他就选择了席勒的《欢乐颂》。我们经常听到《欢乐颂》这首名曲。自从有了奥林匹克运动之后，每一届奥林匹克运动会所有的人都要高唱《欢乐颂》，而这首歌曲的词就是席勒写的，他为人类的友谊、人类的情感而歌颂。他是这样写的："欢乐神奇的美丽的火花，极乐世界的天女，我们如醉如狂，踏进你神圣的殿堂，为时尚无情分割的一切，在你的魅力之下重新连接，只要在你温柔的羽翼之下，一切的人们都成为兄弟。万民拥抱在一起和全世界的人们接吻，兄弟们在上界的天庭一定有天赋住在那里，谁有那种极大的造化能和一位朋友友好相处，谁能获得一位温柔的女性让她来一同欢呼。在这个世界上只要有一位能称为知心的人，那么你将与所有的众生走向天堂。只有尊重这共同的情感，天神们会把我们带向星空，率领我们走向神圣的殿堂。"这首曲子放声歌唱了人类的博爱思想，成为生活世界中的内容和大众理解生活世界的方式，所以才成为每一届现代奥林匹克运动会上必唱的乐声。因为它代表了所有善良人类的共同心声。

所以说席勒的审美教育就是人类建设完美社会、获得解放的必由之路和最后希望所在。席勒美育审美现代性话语的政治隐义为马克思批判汲取。不同的是，马克思将这种政治隐义昭明为社会革命的实践，使之在变革社会、改换历史进程中成为人的本质对象化和自然人化的一种现实力量。

今天和大家探讨席勒美育审美现代性话语的政治隐义，其初心就在于让我们对熟悉的席勒的美育思想有更深刻的认识，从而在新时代把自己的美育事业做得更好。这是各位老师的共同责任，也是各位同学自己应该追求和实现的事业。最后，以一句话与大家共勉："愿美育成为生活，愿生活成为艺术。"

艺术设计在国家重大活动中的审美呈现

田忠利，北京印刷学院院长，中国美术家协会插图装帧艺术委员会主任，中国国际书画艺术研究会副会长，北京美术家协会副主席，北京市对外人民友好协会副会长

我通过参与国庆 70 周年群众游行、建党 100 周年纪念大会、北京 2022 年冬奥会和冬残奥会的艺术策划与设计工作，和大家谈谈艺术设计在国家重大活动中的审美呈现。这三次大型活动，让我深切感受到中国在政治、经济、科技、文化、军事以及外交等方面的迅猛发展，中国早已成为世界第二大经济体。习近平总书记提出要构建人类命运共同体，这体现了中国作为大国的自信。为了在重大活动中让艺术设计更好地体现国家形象，领导、专家、设计团队在整个活动中都应该有时代担当和艺术担当，这三次活动也体现了与国家发展相适应的艺术呈现。

第一部分，我给大家介绍一下国庆 70 周年群众游行的彩车设计工作。2019 年 10 月 1 日国庆节，在首都北京举行了规模空前盛大的群众游行活动，这是一次向全世界展现中国特色社会主义新时代风采的宏大舞台。彩车作为群众游行活动中的重要组成部分，是游行方队的核心和亮点。70 组彩车的艺术设计，紧紧围绕总体策划的宗旨，力求从宏观构思、具体的设计创意、艺术语言及表现形式等方面，呈现出独特的民族性、强烈的时代性、新颖的艺术性和整体所追求的宏大叙事的史诗性。

第一，宏伟的史诗性。史诗性，是国庆 70 周年彩车艺术设计所追求的崇高的宏观审美境界。习近平总书记曾特别提出"书写中华民族新史诗"的时代要求，彩车作为大型庆典活动中的特殊艺术形态，要能在宏大叙事、史诗结构的创设中，突出重大革命历史节点，展现宏大政治主题、文化主题与经济建设主题，突出响彻中华大地的英雄主义主旋律和高昂奋进、锐意创新的时代精神。

国庆 70 周年彩车设计团队由中央美术学院、清华大学美术学院、北京工业大学艺术设计学院等院校力量组成。这次彩车创作采取领导、专家和艺术家三结合的方式，领导定向、纠偏、把关，专家出谋划策、难点攻关，艺术家构思谋篇、创设方案，合作互动，集思广益。对于每一个创作团队的设计创意方案，都反复酝酿、推敲、论证，反复修改加工。细节决定成败，对于每一个设计元素的选择、空间结构的处理、造型方式乃至色彩语言的运用，也都要求恰切到位，精益求精。所以彩车设计对艺术家来说，是在主题创作方面非常重要的实践。

清华美院设计团队的创意让人眼前发亮。他们回避了此类题材常用的写实主义表现手法，采用超级写实和象征寓意相融相化的设计方案，把土地革命、抗日战争、解放战争，共产党领导的 28 年浴血奋战，及其艰苦卓绝的武装革命斗争历程，凝结到"八一勋章""独立勋章""解放勋章"之中，巨大的镀金三大勋章依次矗立于红色绶带之上，庄严肃穆，高度凝练，言简意丰，让人联想奔涌、缅怀先烈、敬仰英雄之情油然而生。共和国的今天，由革命者的热血铸就！这就是中国现代艺术的史诗结构，其蕴涵创生的新世界光芒万丈的英雄豪情，让人为之动容。设计家们为把政治性极强的主题以现代艺术的方式来彰显作出了新贡献。

第二，独特的民族性。文化是一个民族的灵魂。特定民族文化的断裂与消亡，意味着一个民族的覆灭。灵魂不存，皮将焉附？民族艺术由民族文化的沃土培育，民族精神是艺术创作的根。人类进入全球化时代，所谓艺术的国际性，也只能寓于特殊的民族个性之中。超越于民族性的所谓抽象的国际性，子虚乌有。在"一带一路"的发展理念日益为人类所接受的当今，文化的多元化，艺术形态的多姿多彩，以及国家民族之间的互鉴与交融，正空前地丰富着人们的精神生活。开放的中国，在艺术创作中，也绝不故步自封，而是"不忘本来，吸收外来，面向未来"。

"中华儿女"彩车的创意源自我国极富浪漫主义色彩的古代文化经典《庄子·逍遥游》。鲲化鹏,大鹏展翅,其翼若垂天之云,扶摇而上者九万里。在中国传统装饰造型纹样中,这也是极富神话色彩的样式。设计家们将中华儿女的宏伟志向,情感诉求,以鲲鹏之巨大,梦想之宏丽,来"比""兴",来象征。这个彩车巨丽多彩,华美绝伦,在极富浪漫色彩的造型语言中渲染了中华儿女"敢教日月换新天"的壮志豪情。

"乡村振兴"彩车,将中国传统特色的乡村民居建筑作为主体造型元素进行装饰化处理,错落有致,诗情画意。设计家有意追摹农民画的风格情调,更见匠心。在春风杨柳万千条的盎然诗境中,透露未来新乡村文化的可喜端倪。

中华文化是维系中华民族生存与发展的精神纽带,是中华儿女对自身文化的认同与归属,体现民族文化精神的艺术创造,在责无旁贷中彰显了民族自信、民族向心力与凝聚力。彩车既传统又现代,在设计中吸纳了现代声光电科技手段,更加流光溢彩。创造面向未来的富有民族特色的新艺术形态:中国现代艺术,对于中国艺术家来说,具有无穷的魅力。

第三,强烈的时代性。艺术是时代的镜子,是时代生活在艺术家心灵深处的真诚回声。只有真实反映时代现实生活、体现时代精神和深层文化心理结构的作品,才能具有时代的风范并获得垂青史册的美学价值。彩车作为大型群众性庆典活动中的公共艺术,强烈、鲜明的时代特征,更是不可须臾游离艺术生命。其应具有时代号角的作用,成为催人奋进的力量,其应具有精神感召的力量,鼓舞全民众志成城。

如"从严治党""民主法治""美好生活"等彩车,这些极受国人关注的主题彩车,在构思设计方案时,注重与其他类型的彩车在形式风格上拉开距离,特意强调情景化、生活化的艺术处理方式。通过舞台场景化的设计、参演人员情景化的演绎,让治国理政主题得到有情感、有温度、有时代气息的艺术表现。

"绿水青山"彩车是以习近平生态文明思想为主题而创作的。"绿水青山就是金山银山"这句充满辩证法思想的金句,给艺术家们带来创作灵感。中央美院设计团队的艺术家们,数易设计思路,最初设想采用简约写实路线,后又试图变为水墨写意手法,经过30余次修改,最终敲定以现代抽象形式语言为主又结合意象造型的综合方式。虚中有实,空灵剔透。清新而空幻,宁静而幽深,山鸟展翅翱翔,姑娘采茶正忙。可游可居,如诗似画。中国诗论最讲"诗兴",唯有能"兴"发人之情意者,才诗味最浓。设计团队进一步在创意上将游行队伍作为彩车内容的延伸,化成一片荡漾碧波中海豚竞相追逐、海鸟翻飞的景象。构想奇特,醉心于"天人合一"的妙想。

艺术的形式与风格,无不带有时代的印记,随时代的演变而变化更新,可以说是时代的一种标志。面向未来的艺术,最可期待,但其一定首先是时代的产物,与特定社会意识形态,特定时代的精神气候、文化氛围、审美心理结构有着千丝万缕的联系。只有民族的、时代的艺术,才可能成为世界的、全球的艺术。

第四,新颖的艺术性。彩车艺术设计,是一门跨学科门类、富有综合性特征的艺术。它更接近于公共艺术,是设计艺术、建筑艺术、景观艺术、舞台艺术、装置艺术、雕塑艺术、绘画艺术,甚至还涉及现代科技应用的综合体。其开放性、无边界性、流动性以及灵活的互动性,为设计家提供了想象驰骋的广阔精神空间。

70年大庆的70组彩车设计创意,既要有宏观整体的系统性,又要体现艺术样式风格的多样性,既要体现中国革命历史的发展轨迹,又要呈现社会主义新时代的历史成就与中国奇迹。内容空前得丰富多彩。在艺术处理手法方面:有写实与写意相结合,超级写实与象征相结合,意象与隐喻相结合,装饰与抽象相结合。既有传统艺术的现代转化,又有少数民族艺术的多彩纷呈,充分体现了"开放的中国"的时代特征。

如"国徽""年号""领袖画像"系列彩车,是整个彩车队伍中重要的组成部分,这类彩车主体固定性特强,唯有基座部分有创意空间。中央美院设计团队在基座内容设计上别出心裁。他们从基座应隐含"江山社稷"的思路出发，挖掘传统，把中国传统艺术中的山水纹样进行创新性转化，经过现代设计理念再创造，形成波动起伏优美的、节奏富有韵律感的、亦山亦水的意象造型形态，与屹立其上的方形汉白玉栏杆、圆形国徽，构成对比鲜明、内涵丰富的有意味的审美形式。经过金色渲染的抽象装饰山水纹样与其下的厚土根基，在稳定、坚固、宏阔的，亦山亦水的形式关系意象中，不但让人产生很强的现代形式美感，亦呈现出"福山寿海，江山永固"的形式内涵，更加烘托了承载其上的国徽形象和领袖画像的无比庄严感。

第二部分，我想跟大家简要介绍下建党 100 周年庆祝大会广场的策划与设计。党中央和北京市委高度重视百年庆典活动，在中国共产党成立 100 周年北京市庆祝活动领导小组下设庆祝大会服务保障和广场活动指挥部，由指挥部领导、专家和中央美术学院等设计团队组成专班，共同展开严谨周密的策划、论证与设计工作。这项工作有极高的政治性，设计团队既需要深刻理解党的历史，深刻体认中国共产党的初心与使命，又要能够把这一重大而富于政治内涵的活动，转化成具有现代感、时代特征和民族气派的庆典设计方案。对设计团队来说，这无疑是一个巨大的挑战。我从广场公共空间、主题徽标景观造型和色彩系统三大方面展开交流。

第一，广场公共空间设计。庆祝大会选择在富有深远文化历史和政治意义的天安门广场举行。参会人数之多，规模之盛大，气象之恢宏，将直接影响广场空间设计理念、文化意象创生以及多种设计要素的调度。

创生宏阔壮丽的空间意象。天安门广场空间设计需要总体统筹考虑。天安门方形广场北接长安街，贯通广场南北的中轴线上坐落有天安门城楼、人民英雄纪念碑、毛主席纪念堂和正阳门，东西两侧有国家博物馆、人民大会堂。广场公共空间设计应与以上建筑有机融合，体现中正、对称、大气的布局风格，使百年庆典的空间意象具有浓厚的历史性、政治性、文化性和人民性，凸显恢宏庄重的大会氛围。

为设计出体现大会主题的象征性主体造型，设计团队曾提出过多种方案，如向日葵、满天星、历史回廊等，最后在学习习近平总书记的 2021 年新年贺词时受到启发，总书记喻指中国共产党"成为领航中国行稳致远的巍巍巨轮"。"巍巍巨轮"是最恰切、最鲜明、最寓意深远的喻象，寓意中国共产党从上海石库门、嘉兴南湖起航，历经百年航程，今天又启航新的征程。

以"巨轮启航"创意造型来规划、排列观众席，使"船首"呈弧形突出，其前方座席通道设计呈放射性直线，"船体"周边摆放鲜花，组成海浪意象，两侧的座席通道规划呈水纹曲线形状。

"巍巍巨轮"的设计形态高度概括，语义凝练，作为具有象征性的审美意象，集中表达了大会主题精神。为了使广场空间设计整体意象更加充实，情境充满生机，在金水桥两侧、巨轮外沿、长安街东西两侧观众席外沿、国家博物馆西门、人民大会堂东门前、毛主席纪念堂东西两侧、正阳门北侧，用红、黄和绿色相间的花卉装饰成浪花跳动、富于节奏感的弧线海浪纹样，使整个大会空间视觉设计静中寓动。百年庆典广场的空间，通过这一意象化设计，使有限的空间在想象的驰骋中向无限延伸，充分显示出大会广场空间设计的艺术独特性。

强化以"人"为中心的设计理念。大会空间设计既要因地制宜，更要强烈、鲜明、突出体现庆典活动的主题，同时还要满足和服务于参会者的需求。人是大会活动的主体，天安门广场空间宽阔，从参会者视听的角度考虑，广场听众席与天安门之间的距离宜近不宜远。会场听众座席空间宽度与纵深的布局设计，要围绕广场内外已有的建筑形式展开。设计团队将座席最前排设置在长安街中线，自中线向南延伸，最后一排与人民英雄纪念碑东西侧中线取齐。听众席再从中轴线向东西两侧扩展，前后排按梯级递增高度布局，既保证广场听众都能够更好地听和看到天安门城楼上总书记的讲话和身影，也体现出座席鸟瞰布局的大气、简约与严整。

第二，大会主题党徽与年号造型设计。党的百年庆典是大会中心主题，如何以最鲜明、最醒目、最艺术化的现代造型语言，把党徽和年号组成意涵深永的象征性意象结构，并安放在恰切而又夺目的位置，是设计团队必须攻克的难题。为此，设计团队进行了数十次的尝试，但均有缺憾，不能尽美。

比如，采用牢固的方形基座把党徽高高托起，而党徽必须放置在中轴线上，可是这又阻碍了三军仪仗队的正步行进通道，而且与年号相互孤立，造型结构松散。

中国是诗教国度，诗文化的深厚积淀，激发出创作灵感的火花。毛泽东的诗句"谁持彩练当空舞"，其中的"彩虹"意象，成为最富魅力的造型形态。可是如何结构彩虹，使之符合党徽与年号的特殊内在关联？采用三联结构，成为最佳方案。中段彩虹拱形弧度最高、跨度最大，托起金黄色党徽，两边弧度较低、跨度较小的彩虹与居中彩虹相连接，左边托起1921，右边托起2021。三者一体，体现出党的生日与百年华诞。彩虹以拱形凌空竖起，仿佛"安得五彩虹，驾天作长桥"。美丽，空灵，飞跃，在庄严中透出隽永的诗意。

由彩虹结构托起的党徽和年号矗立在"巍巍巨轮"的船首，象征着中国共产党永立时代潮头。设计团队还多次到城楼上踏勘测量，确定在天安门城楼上党和国家领导人放眼望去时，中轴线上的党徽不遮挡人民英雄纪念碑上的"人民英雄永垂不朽"八个大字，顶端到地面距离定为15米，将党徽设计为高7米。考虑到党徽景观的宏伟性，将基座整体宽度设计为71米。8米高的拱形彩虹基座造型设计还很好地兼顾了大会三军仪仗队从人民英雄纪念碑台阶移步下来，景观造型设计追求简约，力求空灵通透，便于仪仗队正步直行穿过。威武行进的军姿与党徽景观在动与静中融为一体，庄严的仪式感令人顿生敬仰与奋发之情。设计团队在景观造型的每一个细节上都进行了艺术化处理，让简约的设计结构在视觉上呈现出丰富的审美意蕴：如彩虹造型要有适度的变化，两边生根底部结构5米见方，伴随向上合拢的曲线，尺寸逐渐递减为宽1米、厚3米，使彩虹整体造型的纵向和横向产生宽窄和曲面变化，既在功能上保证了落地结构的稳定性，又在观众视觉上产生轻盈托起党徽的审美感受。彩虹色彩是以象征的表现手法，改用党旗红标准色，用哑光漆喷成，对周围环境产生一定的反射，形成微妙的色彩变化，使红色更加灵动。党徽作为会场最重要的元素，颜色严格按照中组部颁布的党徽使用规范"金黄色",在阳光下熠熠生辉,夺人眼目。年号施黄色及轮廓收边设计工艺,在视觉审美上与党徽有所不同,但又不夺金黄色党徽的主体形象,两者相得益彰。基座落地处,四周摆放深红和黄色花卉,既对景观形成装饰作用,又增添了自然和生活化气息。

第三,色彩系统设计。色彩系统的设计是庆典会场设计的重要组成部分。设计团队需要构建广场大会庄严、隆重、热烈、喜庆的色彩情感基调,突出色彩的民族性、文化性和现代性特征。广场视觉色彩系统的设计,要能有助于真挚表达亿万党员群众对党的情感,准确传递大会主题寓意,充分营造大会活动氛围,还应与习近平总书记的重要讲话,大会的暖场音乐、歌咏,以及献词等共同形成集体的精神共振、同情共鸣。

色彩是一种视觉信息,其强烈的象征性和丰富的文化内涵,是在人类社会长期发展中形成的。不同国家和民族的政治、经济和文化传统决定了色彩不同的审美倾向。中华民族色彩爱好的序位是赤、黄、金、绿、青。中国人历来对红色情有独钟,将其作为喜庆、热烈、幸福的象征。我们党从成立那天起,便将红色定为党的旗帜色。百年征程中,在党旗的指引下,中华民族不断续写可歌可泣的红色篇章,凝结成代代相传的强大红色基因。

一个时代的色彩总是与这个时代的社会、政治、经济、文化等相联系。今天的中国是多彩的中国。国家政治稳定、经济发展、科技进步、文化繁荣、人民安居乐业,对外开展共建"一带一路",促进国际交流与合作,实现全球共赢。设计团队通过多种方案的分析研究,最终决定由暖色基调统御红、橙、黄、绿、蓝五种颜色来构建广场的色彩系统,让大会体现出"时代的色彩,色彩的时代"的色彩旋律。

在广场的整体色彩设计上,将红色作为广场色彩系统设计中的主线和主基调。由天安门起,经五座金水桥,跨过长安街用红毯铺设至人民英雄纪念碑,中轴线起到骨干稳定作用。凌空横跨中轴线,托举党徽、年号的彩虹长桥采用党旗红,广场两侧各50面红旗。从以上设计的重要点位上来共同确立红色在广场色彩系统中的核心地位和特殊意义,更增添了党庆活动的仪式感。在红色基调的基础上，广场座椅分区采用黄、橙、绿、浅蓝、深蓝诸色，由座席区中心向外围分布。奔腾的海浪花图案，以盛开的红、黄色花卉和绿草构成，象征小康社会中国的绿色生态发展、蓝色海洋强国和金黄色经济繁荣。鲜活亮丽的花卉色彩，与身着浅蓝、粉绿时装的献词、合唱团4000名青少年，共同呈现出"日出花艳，春江水湛"般的审美意象。

第三部分，我给大家简要介绍一下冬奥会设计方面的情况。北京2022年冬奥会完美落幕，令所有人印象深刻，回味无穷。开幕式以独特的创意理念、巧妙的艺术构思、写意的表现手法和现代的数字科技，充分展现了奥林匹克精神和中国文化气象，为世界奉献了一场极具东方审美意境而又极其现代唯美的视听交响。

第一，简约自然的空灵之美。北京2022年冬奥会办成了一届"简约、安全、精彩"的体育盛会。"简约"具有简洁、抽象、明快、张扬、时尚的国际化特征。"简约"既是现代绿色生态思想下的一种设计理念，也是中国传统文化中一个重要的美学命题。此次盛会所诠释的，正是基于中国文化的精神实质，将传统尚简、澄澈的自然之美与现代、国际的简约之美有机融合、互化、共生。在本届冬奥会的一系列设计中，导演和艺术家们以最精简的艺术表现手法，突出空灵意境，寄寓深遥，令现场观众陶醉其中。

开幕式仪式简约、节目表演形式简约、奥运主席台设计简约、服装服饰设计简约、节目手册设计简约、一系列设计要素简约，就连开幕式重要的点火仪式也是那样的简约，将最后一棒火炬放在由91朵"小雪花"汇聚成的一朵"大雪花"主火炬台上，创造性地完成了点火仪式，以简洁、纯粹、澄澈的冰雪语言象征着团结、友谊、和平的奥运精神，传达出"你、我、他"共建美好家园的心愿，以及当今人类社会可持续发展的低碳环保理念。

冬奥会开幕式上一系列"简约"的设计，却又是那样的不简单。开幕式的雪花，完全不同于以往的雪花设计形态。设计师遵照张艺谋总导演的创意意图，历经近3年，从采集自然界雪花图案，到搜集各国不同的雪花设计样式，从中加以梳理、分析，重新设计出300多稿，最终用简约的线条，曲直、穿插、交织，在疏密有致间设计出空灵、唯美、浪漫的雪花图案。雪花设计融入了"中国结"元素，凸显中国传统纹样的特征，在简洁、空灵、现代的造型中透出东方的审美韵味。正如设计者李旻所说："将中国式的浪漫与美呈现在世界人民的面前。"

冰雪运动留下的线条痕迹，在视觉上会产生一种审美意象。开幕式节目手册设计团队以此为设计灵感，将具有简约、现代、时尚感的抽象动感线条，形成自外向内聚集的律动组合，诠释"更快、更高、更强——更团结"的奥林匹克格言，展现运动、起伏、变化的现代设计形式美感。整体设计上既凸显了冬奥会冰雪竞技运动中"形""意"的律动之美、"虚""实"的绰约之美，又营造了瑞雪纷飞与冰天浪漫的空灵意境。设计秉持现代设计的理念，蕴含"有无相生""虚实互化"的中国传统美学思想，力求运用典雅和谐、灵动如诗的艺术语言，折射出融古烁今、气象万千的设计之美，呈现出冬奥会开幕式精彩的内容与流程。正如设计团队主创夏小奇所说："在手册设计之中要充分表达奥运精神、中国风格、国际时尚，尽显冬奥会开幕式的礼仪之美、中国传统艺术的意蕴之美、中国哲学观念的思想之美、中国文化自信的创新之美。"

第二，数字科技的奇幻之美。开幕式艺术与数字科技的结合，创生出一系列视觉奇观，惊艳了世界。通过 AI 实时互动、裸眼 3D、AR 增强现实、影像动画等数字科技手段的多维艺术呈现，让观众在虚拟现实中获得跨越时空的审美感受，在沉浸体验中尽享数字科技带来的奇幻之美。

如何突破以往重大表演活动中，采取"人海战术"的办法表现宏大场景的思维定式，是冬奥会开幕式设计创意的重点。总导演张艺谋以数字科技为支撑载体，以传统与创新相融为核心立意，结合冰雪的物理属性、LED 的发光特性和裸眼 3D 的透视效果，实现观众现场沉浸式互动体验的艺术创意，成为开幕式设计的最大亮点。

在画面图像处理上，首次实现了全 LED 影像，4.2 万多块约 1 万平方米的 LED 屏铺满鸟巢中心场地，作为开幕式表演背景的地屏冰面，一切的图像信息由此演绎展现。画质空前的 16K、50 帧 / 秒的技术难度，突破奥运历史成为首创。创作团队运用裸眼 3D 技术将三维影像投射到表演区域，通过 AI 技术，营造了流光溢彩的数字影像、璀璨斑斓的实体情景、浪漫如诗的东方意境，形成了视觉与人的交互、视觉与装置的交互，达到了观看沉浸式体验的效果。

在开幕式"冰雪五环"章节中，以数字科技助力艺术创意，一滴墨从天而降，逐渐幻化为黄河之水，奔流开来，铺满大地，逐渐凝结成一块晶莹剔透的"冰立方"缓缓升起。高妍玫教授带领设计团队采用三维彩墨动画、裸眼全息彩墨动画、数字书法动画方法，观意取象、气韵相生，以一幅幅中国彩墨人物动画的独特表现方式，承载着中国传统绘画意趣和现代艺术唯美相融的视觉特效，演绎了冬奥历程，向历届冬奥会致敬。随后 24 道激光在巨大的"冰立方"上雕刻出的五环破冰而出、冉冉升起，晶莹璀璨、如真似幻，必将成为冬奥会历史上永恒的经典记忆。采用三维彩墨动画的手法表现冰雪运动，使冰雪场景与彩墨语言相呼应，形成超然、潇洒、律动的视觉风格，传递出以中国艺术观念诠释和表达冬季奥林匹克运动的独特方式，展现出中华文化的深邃博大和新时代中国的风采魅力。

从导视、仪式、表演直至大雪花圣火点燃的高光时刻，在雪花的设计中，充分运用程序计算和数字可视化技术，为了让每朵小雪花都能独立发光，整朵大雪花每一秒都富于变化，凸显出雪花晶莹浪漫的艺术特质，创作团队采用实时捕捉、交互呈现等多项技术的融合，让场上演员脚下"盛开"出的一朵朵晶莹洁白的雪花零延时地"如影随形"，营造出浪漫、抒情、奇幻的视觉效果。

开幕式上，由人工智能动作捕捉、实时渲染创作的春草涌动，绿色光影蔓延至整个舞台，象征着春意萌动、万物复苏，在璀璨夺目的数字视效中，春草逐渐幻化成一棵蒲公英，旋即被一个剪影式的小男孩吹散飘荡，寓意着种子撒满人间，将立春的讯息向世界传播开来，期盼来年人类共同的美好收获。如此之大规模的场地使用人工智能动作捕捉，是世界技术上的首创，更是艺术创意和数字科技的交融协奏与完美演绎。正如开幕式视效总监王志鸥所说:"每个节目、每个画面的艺术创意,虽然是用数字科技去展现,但实际上都蕴含着深厚的中国文化底蕴,主要目的还是在现代奇幻的视觉光影内容中,传递中国独特的美学观念和文化的自信。"

第三,传统文化的创新之美。文化兴则国家兴,文化强则民族强。文化,凝聚了一个民族的精神命脉,铸就了一个民族的精神气质。将中华文化价值和艺术创造力、中华美学精神和当代审美追求结合起来,在本届冬奥会开幕式上得到了充分体现。

冬奥会开幕式上播放中国传统的二十四节气视频短片,串起倒计时数字,视角独特,创意新颖。相关二十四节气的十四首古诗词"随风潜入夜,润物细无声""露从今夜白,月是故乡明""春风如贵客,一到便繁华。来扫千山雪,归留万国花"等与充满生机的当代中国影像融为一体,画境清新,诗意悠扬。影像创意人员通过写实主义、象征主义、解构主义手法,将中国传统文化加以现代性的表现,创作出具有时代特征和民族气派的新的艺术语言形式,古典优雅与现代炫酷并存,镜像韵味感十足,情致高雅脱俗,令人耳目一新。让世界目睹中国传统文化的深厚意蕴和勃勃生机的时代气息,也洞察到人类文化多样性并存的价值和意义。

在开幕式运动员入场仪式中,气势恢宏的"中华之门"和寓意美好的"吉祥之窗",从内容定位、概念升华到形式创新、艺术凝练,汇集了诸多中国传统艺术的图案与样式,并注入了意蕴深远、生动丰富的优秀文化基因。《淮南子·氾论训》:"夫户牖者,风气之所从往来",在光影建构的门楣和窗棂中,艺术家和设计师们将青铜器、玉雕、漆器、陶瓷、金银器、景泰蓝、玉雕、刺绣、印染、木版年画、家具、建筑雕刻等传统造型图案进行创造性现代视觉语义转化,运用最新的科技手段和适合的数字艺术形式再现了中国纹饰的冰雪之美,达到了形式创意的兼容并蓄,情感阐释得准确到位,多维艺术的跨界融合,正是透过这样独到的视角、匠心的构想筑就了全新的文化语境,搭建起过去与未来、中国与世界、奥林匹克精神与人类文化的跨越式桥梁，展现出多姿多彩的民间艺术、恢宏博大的文化气象、融贯古今的精神底蕴。不仅如此，传统典雅的门楣和窗棂图案创新与晶莹璀璨的地面冰雕结合，来自不同种族、不同语言、不同国度的运动员代表穿门而过，从艺术层面深刻诠释出人类命运共同体的价值取向，传递出中国自古以来"有朋自远方来，不亦乐乎"的待客之道，在和谐共生、团结互助、世界互联的理念下，向世界发出"一起向未来"的邀约，展现出中国格局、中国担当、中国气度。

开幕式上的虎头帽、由红变蓝的护旗手服装、虚实写意的水墨画旗袍礼服以及"瑞雪祥云"的设计，将厚重的东方文化底蕴与国际化的现代风格融为一体，既体现传统文化的气质，又顺应时代发展的潮流，运用现代简约的设计手法，既勾勒出冰雪运动的速度与激情，又描绘出意蕴悠远的中国韵味。

在开幕式手册设计中，采用蝴蝶装的中国传统书籍装帧形式来呈现现代设计的精彩内容，注重中国传统造型的现代转化，创造出富有时代气息的设计样式。其中，内页中牡丹花图形借鉴了盛唐瓷器上的纹样，强化了无比丰富的中国传统装饰艺术的造型理念与结构法则，在花形、构图与色彩上进行了简约、提纯转化，不是再现性地模拟自然，也不是抽象的点线面的构成，而是在对自然物象静观默察、交融互化、迁想妙得中，创生出让人神游其中的灵境。其意象造型设计既概括精简，却又逸趣横生，勃发出大自然的无限生机。牡丹花的装饰图形与色彩相融合，寓意着盛世与吉祥，体现出中国特有的文化内涵与表达方式。这些都与西方造型设计理念具有体系性的不同。手册能得到大家的喜爱，关键在于：中国文化元素的创造性运用。进而证明，现代艺术必须不断深耕传统文化，重新审视传统艺术观念和造物精神的当代价值。孔子曰："温故而知新"，让中国传统文化艺术为现代艺术设计插上腾飞的翅膀，这既是文化传承的迫切需要，也是助力时代创新发展、令东方古老文明大放异彩的新路径。北京2022年冬奥会的成功举办，让世界人民在欣赏和享受冰雪运动所带来的喜悦、快乐、浪漫的同时，也能强烈感受到中国文化的巨大魅力。

没有文化的滋养与浸润，体育是黯然失色的。每一届奥运会都不仅是一场体育的盛会，也是一场文化的盛会。有了文化内涵的赋予，体育才能飞得更远，有了体育精神的传递，文化才能诠释出更丰富的价值意义。本届冬奥会正值全球新冠疫情蔓延，让来自全世界的冰雪运动员在竞赛中感受到一种爱和温暖，看到共克时艰和战胜疫情的希望，以及"一起向未来"的美好祝福。

美育的社会意义

高建平，深圳大学特聘教授，美学与文艺批评研究院院长，中华美学学会会长，中国中外文艺理论学会会长

今天讲美育和社会的关系。我是研究美学的，我认为美学归根结底是要落实到美育之上，美学要对社会起作用，就要与美育联系起来。美学研究重视美育，有一个发展过程。王朝闻主编的《美学概论》，其中还没有"美育"一章，后来杨辛、甘霖写《美学原理》时，在书的最后加上了"美育"一章，然而只强调了其重要性，没有进一步讲应如何实施美育。今天为什么重视美育？美育应如何实施？这是当代很多美育学家正在研究的命题。

美育和艺术教育之间有着密切的关系。艺术教育是美育的一个抓手，以艺术教育推动美育，但是美育又不仅限于艺术教育。美育是一个现代概念，德国诗人席勒写了《审美教育书简》一书，标志着现代美育的开端。

席勒之所以提倡美育，实际上是他对当时德国的社会很不满意。在欧洲"三十年战争"（1618—1648年）以后，德国分为30多个诸侯国，比起英国和法国，整个社会非常落后。德国人曾自嘲："英国人走向了海洋，法国人走向了大陆，德国人走向了内心。"在这种状况下，德国人开始思考如何改造社会，出现了各种各样的解决方案，席勒所提方案就是倡导美育。

刚才说到，美育是一个现代概念，但古代也不是没有美育思想和美育实践的萌芽。在古代，美育在社会中起着很重要的作用。古代理论是现代理论的对应物，其实很多学科都是这样，现代理论建立后，人们据此回溯，找到相应的古代理论的源头。

朱光潜说美学是18世纪从鲍姆加登开始的，但是他又说古代也有美学思想。他写了一本《西方美学史》，从古希腊写起。那么，他是如何既解释美学从鲍姆加登开始，又认为古希腊时期就有美学的呢？其实，几乎所有的美学史都这么写，像鲍桑葵的《美学史》、吉尔伯特和库恩的《美学史》，还有门罗·比厄斯利的《美学史：从古希腊到当代》，都是从古希腊写起，同时又都认为从18世纪起才有现代意义上的美学出现。

怎么解释美学的现代与古代之分？朱光潜认为，此前只有"美学思想"，英文是aesthetic ideas，从18世纪起，才有了"美学"（aesthetics），即只有到了这时，美学才作为一个学科实现。现代学科体制在那时候逐渐形成，美学形成后，再为它追溯历史，梳理出其在古代的发展脉络。在古代，没有美学这个名称，柏拉图从来没说过他提出的某种思想、观念和理论是美学，这是后人加给他的。所以朱光潜给了一个名称，说这些古代的思想叫aesthetic ideas，是指只有一些思想，却不成体系。在那时，出现了一些后来被归结为美学的观念，这些思想发展到现代才形成体系。

其实，在各种人文学科中，都存在着类似的根据现代学科的观念在古代寻找对应物的现象。古代没有一个被称为"美育"的学科，但是古代人通过艺术来调整社会和人际关系的现象非常普遍。原始社会就有歌谣，但不像绘画、雕塑这些造型艺术那样能以有形的方式留存下来。在一些原始民族中，音乐在生活中扮演着非常重要的角色。声音无法保存，时过境迁就消失了，我们可以通过保存下来的文字和造型艺术去看那时的艺术状况。古代希腊有史诗、悲剧、喜剧、雕塑、瓶画，马克思说希腊的艺术具有"永久的魅力"。但在古希腊，并不存在着"为艺术而艺术"，艺术的目的是教育，是和当时人的信仰和对社群意识的培养联系在一起的。对于希腊人来说，艺术是社会的黏合剂。

古希腊有很多城邦，在希腊本土、爱琴海上的众多小岛，以及小亚细亚地区，希腊城邦星罗棋布，各自独立，互相没有行政隶属关系。那么多互不相属的城邦可被统称为希腊人，并有共同的文化认同感，原因就在于他们信奉同样的一组神，即奥林帕斯山上的众神，他们也参加相似的一些祭神仪式，特别是在那时具有祭神性质的古代奥林匹克运动会。也就是说，他们被称为希腊人的原因,并不是由于血统,而是由于文化。很有可能,希腊人原本就是由不同种族的人组成的,通过文化实现了融合,希腊本来也不是一个国家,而是一个文化上的组合。正是由于这种文化上的认同,当波斯人进攻希腊时,他们要团结起来,捍卫共同的传统和政治体制。

　　古代的诗和艺术的传播跟现在有很大区别。今天,我们可以随时到图书馆借一本《荷马史诗》读一读,但古代不是采用这种方式。那个时候诗和艺术吟唱是生活中的一部分,《荷马史诗》的作者荷马也并不是今天意义上的作为私人写作者的作家、小说家和诗人,而是构成了一种被称为行吟诗人的职业。希腊城邦发展,越来越多的人从乡间聚居到城邦之中,就开始有了戏剧,戏剧是城邦文化发达时代的史诗。戏剧也起着公民的文化启蒙的作用,集休闲和教育于一体,通过看戏使公民形成城邦的意识、民族的意识,逐渐形成整体的社会概念。希腊人是希腊的诗和艺术教育出来的,通过这种教育,希腊人成为文化上的整体,这其实就是美育。美育对古希腊人来说很重要,它不是类似今天周末去趟博物馆或剧院的休闲活动,更不是电影、歌舞这一类的娱乐业,而是公民教育的组成部分。古希腊人如果缺失这些教育,就不是希腊人了,是文化造就了希腊人。

　　刚才谈的是希腊,现在说中国。中国古代有没有美育?有。美育在中国古代社会非常重要。从周朝说起,西周初年的周公旦是非常了不起的人物,孔夫子说他最崇拜的人就是周公,他甚至由于一段时间没梦见周公而悲伤,觉得自己要死了。这是为什么?周武王推翻商朝,统一天下后不久就死了,由周公旦辅政。周天子分封了许多诸侯,有些是同姓王,如鲁国、晋国等,也有些是异姓王,如齐国、楚国和秦国等。诸侯再把自己所拥有的土地的一部分分给大夫。于是,就有了天子、诸侯、大夫的三级统治模式。

　　在西周时代,要在整个中华大地实现直接的统治是很艰难的。交通很不发达,从一个地方到另一个地方要走几个月,政令也无法实现上下通达,在这种分封制度下,地方各自为政。

　　在分封制下,就出现了这样的问题:第一,分封后各诸侯都有自己的军队,那周天子的地位何在?第二,诸侯所拥有邦国的周边有着众多在文明上未开化的民族,面对他们,如何实现统治并保持政治上的优势?面对这双重的问题,周公最伟大的贡献就是制礼作乐,用诗、乐、舞把整个巨大的帝国联合到一起。

当时有严格的等级制度,各种祭祀活动象征着不同权力,不能僭越。但是,到了春秋战国时期,礼乐制度开始维持不住了,下面的人开始越权。周天子只是统领一块很小的地方,势力很弱。开始时,大家也还认可周天子的地位,但是做点犯上作乱的事,周天子完全没办法。这个时候出现了春秋五霸,这些霸主的做法就是一方面维护周天子,另一方面以周天子的名义来挟制各个诸侯。

在那个时代,诗教和乐教起的是文明教化的作用,维护政治秩序。孔夫子说过:"八佾舞于庭,是可忍也,孰不可忍也。"(《论语·八佾》)这句话大家应该都很熟悉。讲的是鲁国一个有权有势的大夫季氏在家里让人舞蹈时舞八佾,即横八个、竖八个舞者,规模比较大。孔夫子说天子才舞八佾,诸侯四佾,大夫二佾,你季氏怎么就能舞八佾了?他对这件事情很计较,说如果这件事都能忍的话,还有什么不能忍的?这件事涉及文明的秩序,如果失去了秩序,就会天下大乱。

《左传》中讲过一个有名的季札观乐的故事。故事说的是到南方长江下游的吴国公子季札出使最能集中体现周礼的鲁国,鲁国人给他表演各诸侯国的音乐,季札很好地根据音乐判断这些诸侯国的政治治理情况。我年轻时就读过这个故事,当时就产生了一个疑问:吴国原本是一个离中原比较远、开化比较晚的邦国,该国公子的教养居然能有如此之高。这说明了当时的诸邦国对中央文明的向往,也说明了通过文化位差来保持当时统治秩序的有效性。

在当时,还存在着这样一种具有理想主义的政治观念:远人不服怎么办,要以文化之。当时有夷夏之防,要夏化夷,不能化于夷。文明是本位,不要取"非我族类,其心必异"的态度,只要认同我们的文明,就可取接纳的态度。

诗歌有着各种各样的功能，比如孔夫子论诗："诗可以兴，可以观，可以群，可以怨"，有兴、观、群、怨的功能。诗教的目的就是"温柔敦厚"，这都体现对诗的社会意义的强调。另外，孔夫子还提到"专对"，意思是诗不是背熟了就行，要会用。要避免"使于四方，不能专对"，学完以后，要有能力充当官员或使者，参与政治活动。所以说诗歌和艺术的教育，是一种人才培养的手段。这不是指教单一的具体学科，而是一个较为普遍的能力提高，通过学习，智力得到开化，各种能力也就上来了。

诗歌使人"温柔敦厚"，乐教使人"广博易良"。中国自古乐和礼就是结合在一起的，但各自作用不同。礼是教人行礼法，懂规矩，有等级概念。我们不能以现代的自由平等观念去看待礼乐制度。古代要上下有别，长幼有序，如果没有这些规定，社会就大乱了，百姓只会苦不堪言。"乐和同，礼别异"，礼制等级森严，必须照规矩办，但人的心却需要相通，不能离心离德，这时就需要乐，通过乐来沟通人心。

这其中有很多学问，思想非常丰富。《礼记·乐记》中有"以类相动"思想，认为音乐、社会治理状况、人心三者具有对应的关系。好的世道产生善良的人心，也产生相应的好的音乐；相反，坏的世道产生淫乱的人心，也产生不好的音乐。好的音乐会对社会起改进的作用，从而"移风易俗"。于是，"功成作乐，治定制礼"，并以这种礼乐作为政治治理的工具，实现对社会的改造。

上面是讲欧洲和中国的上古社会，它们有一个共同的特点，政治实体较小，在政治实体之间和政治实体之内，艺术都起着重要的作用。在文明初建的时期，艺术对文明秩序的确立起到了重要的作用。在此后，庞大帝国的兴起，却剥夺了普通人的艺术享受，出现艺术饥渴的状态。

古希腊城邦分立的时代结束以后，经过几百年的希腊化时期，再到罗马帝国时期，形成了强大的中央王权。罗马帝国的兴起，罗马社会的上层人和下层人就有很大区别了。帝国的诗歌和艺术，要求一种帝国的气象，用华丽的词藻，歌颂战争中的英雄和罗马皇帝的伟大功绩。

在欧洲南部各国和土耳其旅游，你会看到许多原本希腊化时代的剧场，到了罗马时代就改造成了斗兽场，这种变化具有重要意味。希腊人的剧场是用来演悲剧和喜剧的，致力于公民教育，但到了罗马，变成贵族欣赏刺激和血腥格斗的场所，同时罗马又建起了规模宏大的作为社交场所的浴池。从剧场改成斗兽场，并且兴建浴池，再加上庆祝战争胜利的凯旋门，作为公民教育的美育让位给了贵族的尚武精神和休闲精神。这时，下层人的美育被忽视了，只有上层人的精神需求得到满足。

然而，民众的美育需求仍在，如果统治者不给提供，就自然会自己寻找出路，这时，宗教活动填补了平民阶层的美育需求。基督教是在罗马帝国时期兴起的，它发源于两河流域及其周边地区，在罗马帝国广大范围内传播，最终形成一种世界宗教。宗教传教的过程是伴随着音乐、绘画、雕塑、建筑各个方面在一起的集体活动，音乐也不是单纯听音乐，而是一个实践性的活动，让人们通过活动融入其中。人们的共同参与和多次重复形成一种传统，这种传统实际上在特定的时期满足了人们的精神需求。

中国也是这样，在秦汉以后，中国出现了庞大的帝国，也同样出现了上层和下层的区分。原有的艺术群体性被上层艺术与下层艺术的分离所取代。以汉赋及汉代皇家建筑和雕塑为代表的宫廷艺术，体现出皇权的辉煌盛大。但是老百姓并不能看懂汉赋，宫廷的艺术与普通人距离遥远，在巨大的帝国中，上层与下层开始分离，上层社会有着自己高雅的趣味，而下层社会处于审美饥渴的状态，这时所出现的空间，同样被宗教所填补。种种民间的宗教，以及汉代陆续传到中国的种种宗教，特别是佛教，开始在民间流行，后来才对上层社会产生影响。

宗教起着沟通社会上层和下层的作用，这种宗教艺术具有明确的传教目的，背后的动机也是明确的。宗教里面也讲究等级秩序，但是宗教毕竟还是有着不一样的意味，比如在神的面前，人和人之间具有某种平等，这种感受对于下层人来说是一种很重要的安慰。古罗马诗人贺拉斯在《诗艺》中提出

"寓教于乐"。这个词我们用得很广,但也容易引起误解。"寓教于乐"如果只是将某种要宣讲或灌输的意义转化成艺术形象,用人们较易接受的方式进行说教,那所起的作用还是很有限的。艺术所起的作用,是使人们形成一种思想上和情感上的结合。刚才提到的"乐和同",这种"和同"的作用比"寓教于乐"的作用要更大、更深入。在古代社会,"寓教于乐"有时候只是统治者的一厢情愿,而共同的艺术活动所形成的情感联结才是最重要的。

由此可见,在欧洲从罗马帝国后期到中世纪,在中国从汉到清的历朝历代,民间都实现着宗教与艺术的结合,起着马克思所说的"无情世界的感情"的作用。可以说这些都是"美育",但它们又不是现代意义上的"美育",是"美育"出现前的"美育"。

说到这儿,我想讨论一下当下许多人讨论过的一个问题:美育是用美学来进行教育吗?美学是一个体系,现在很多大学都开设美学课,但指望听完一门美学课以后你的美育水平就能提高,这是很不现实的。自20世纪80年代以来,美学的教材慢慢地都有了关于美育的一章,但那只是对美育概念的一般性介绍,而美育是感性的,知道了什么是美育,不等于美育水平就提高了。

然而,现代美学作为一个学科建立以后,所带来的是一种审美观念的变化,其中包括对自然、社会和艺术的观念,以及对它们的本质和功能的认知。如果编写一本美学教材要求作者心中要有一个美育的目的,那这对美学教材的编写要求也太高了,可能做不到。美学的基本知识,包括关于什么是美的本质,什么是美感,什么是审美心理学等,这些都是理论性的知识,学完以后不一定就能达到美育的目的。但现代美学带来的审美观念的变化跟现代美育是有关系的。美学作为一种现代现象,它所包括的一些核心理念成为美育的追求,这时的美育就是一种自觉运用美和艺术进行的教育。

现代人对美育的理解是什么?先以席勒为例,席勒写了《审美教育书简》,这本书的主要思想来源于康德。康德的《判断力批判》刚出版没几年,席勒就开始运用康德的思想进行美育理论研究。从这个意义上讲,席勒的

《审美教育书简》是康德《判断力批判》的美育篇。当然，席勒虽然接受了康德的基本理论模式，其美学观与康德并不相同。康德认为美是主观的，席勒认为美是客观的。席勒在康德美学思想的启发下写了这本书，但是他不是用美学进行教育，而是在美学理论的基础上发展出了一种美育的思想。席勒要对人进行感性教育，通过一种感性的活动，克服理性的思考和感性的欲望间的冲突，具体说来，他要寻找第三种冲动，即游戏冲动。纯粹的理性思考不切实际，而普通民众所追求的是感性直觉和感官刺激，一个健康的社会需要感性和理性的结合，这就是第三种冲动，既不是理性的形式冲动，也不是感性的欲望冲动，而是结合了两者的游戏冲动。

游戏冲动一方面源于过剩的精力，是一种自觉自愿的、发自内在冲动的活动，另一方面也要遵守规则、受理性的制约。游戏的过程实际上是让人习惯规则、遵守规则，这也是一种教育，这种教育使人知道发挥内在的冲动，又守着外在的规则。实际上人的活动背后都有这样一种游戏的性质，而这种游戏精神的获得，本身就是一种人性的教育。人适应社会，要有内在的主动性和积极性，所以这时候不适宜用抽象美学的条文知识进行教育，不是反复背诵美的本质是什么，美感是什么，美有哪些范畴。这些知识需要掌握，但美育不是背概念，而是掌握了这一切以后的一种自觉自愿的行动。

除了席勒以外，再举个例子。杜威是美学家、哲学家，早年是教育家和心理学家。他的心理学有一个特点，不是费希纳式以及后的其他德国人那种纯粹走向实验性的心理学，他主张所谓"机能主义"的心理学。他提出"艺术存在于人与人之间"，这一点跟刚才分析的在古代社会艺术的作用在于调节人与人的关系、不同阶层的关系、城邦间的关系的思想是一致的。艺术的本质就在于人与人之间的沟通，因此，也起着美育的作用。杜威认为，艺术的意义并不在于申明一个传统不变的价值观，而是在于功利性的人的活动使人们形成新的经验时，使这种经验与人的更为广泛更为深层的经验相协调。

人们平常做的事情都是有功利性的，工作不可避免地使我们烦恼和单调，而艺术起着调节的作用。杜威所生活的时代是什么时代呢？是卓别林的

"摩登时代"。卓别林通过喜剧的表达方式展示了社会的异化，功利性的活动使人片面化，变成了齿轮和螺丝钉。在这种情况下，艺术向我们揭示，人的需求不能被限制于某一点，现代人有着更广泛的需求，艺术实际上要使人获得更广泛和深层的经验。现代社会使得人们把工作和休闲对立起来，上班拼命干，下班拼命玩。人们不得不上班，因为要获取生活资料，但上班就得忍受单调、枯燥的经验，所以期待着下班能好好玩。于是，这就形成了工作和休闲之间的对立。换个角度看，工作本身也可以让人愉快和兴奋，人们把这件事情做好，通过劳动实现自己的人生价值，也可以是很愉快的事情，现在上班却变成了是要忍受的、被迫的。杜威认为，艺术是一种拯救，能让我们枯燥的生活变得有味道，有助于人的全面发展和改善人性分裂的状态。

接着讲有关美育的几对关系。

第一，美育与艺术教育。美院是以艺术教育为主，也要重视美育，这是拓展原有视野的做法，不要把艺术教育纯粹技术化，而要进行精神上的提升。现在都讲要创新艺术教育，艺术教育的"新"，就是要把美育渗透进去。学会乐器，学会画画，学会唱歌跳舞，掌握这些艺术技能并不等于提高了美育水平。艺术教育有技术的一面，也有审美的一面，这两者会相辅相成，也会有不同的取向。

我们的生活中到处都有功利性追求和技术性追求，这些追求也重要，但一定要将对美的追求渗透其中。艺术教育成为美育的抓手，就在于艺教的过程中，把美育的精神放进去，空谈美育不谈艺术，美育的目的达不到。"抓手"的意思就是，美育应该更广泛地渗透到生活各个方面中，从而有益于人的全面发展。美育通过共同的艺术活动，实现着人的社群结合。孔夫子说，诗可以兴，兴发意志；可以观，观风俗之盛衰；可以群，群居相切磋，大家在一起分享，人和人之间待在一起唱一首歌，这实际上就是一个群体共同进行的艺术活动，大家在分享相似的趣味，凝聚共同的感情。

美育还可以影响整个社会，具有民族动员的能力。我们熟悉的好多歌曲都是在抗日战争时期形成的，《义勇军进行曲》《黄河大合唱》《松花江上》等，这些歌在战争时期实现了民族动员。艺术是有功绩的，它不是指具体做成了什么事，而是使人们团结起来，以昂扬的精神共同去做事。

美育与艺术教育有这样一些区别：艺术教育让你学会艺术，学会唱歌跳舞，学会使用乐器、学会画画，提高这方面的能力，艺术院校做的就是这样一些事情。掌握艺术技能很难，没有专科的学校、没有专门的老师来教肯定不行。很多艺术学院都有附小、附中，因为有些东西要从娃娃抓起，这是一方面；另一方面，在艺术教育过程中要充分考虑人的身心发展、社群的发展、社会的发展，这就关乎美育的参与。

第二，美育与教育。现代教育的普遍特点是分科教育。大学或者说高等教育，英文是 university，本来是 universal，是普遍性的意思，有让学生全面发展的理想，但实际上，大学的教学又是分科的。一个好的大学就是要学科齐全，各学科都有好的教师，在教学和科研上有自己的建树。有一种说法，称某人是"科班出身"，即进入大学，要进一个专业学习，接受专业训练，成为"科班出身"。现代社会的特点，就是要进行分工，分工是进步的表现，只有专门化，才能研究得精深。古代社会有全才，在各个学科都有建树。在现代社会，如果说一个人什么都懂，那等于说他什么都不懂。现代人只能懂一个专业，并在这个专业有深入的钻研。这种情况是历史的必然，不分工，社会就没法进步。一个人的能力和生命是有限的，所能做的事情也是很有限的。

在这种情况下，美育应该成为人文教育的一部分。人能从事专门的学科，钻研得很精细，但假如一个人永远在做一个事情，就无法避免精神因片面化而空虚。所以要克服分科带来的精神的片面化，实现人的全面发展，实现经验的平衡，使人能够成为有弹性的、健全的人，而不是被限制在一个知识点上的异化的人。美育在这方面起着很重要的作用。看画展、欣赏音乐，参与这些艺术活动不但会促进智力的发展，也许还会带来种种意想不到的收获。真正的科学发现和发明都不是预期的，它们常常呈现为非预见性的灵感迸发，也许艺术就会帮助人们激发这些潜能。

第三，美育与宗教。这方面刚才已经讲了很多，在历史上，无论是在欧洲还是在中国，艺术都曾在宗教组织的支持下得到了发展。通过艺术，宗教扩大了社群影响，有着对民众进行动员的力量。于是在深入人心、致力于形成情感共同体方面，宗教的仪式及其对艺术的采用，与美育有相似的地方。但是，宗教艺术有明显服务于宗教的目的，马克思说宗教是"无情世界的感情"，在特定的社会环境中的确需要这种感情，因此也就形成了一个时代、一个社会的独特需要。现代社会所追求的"以美育代宗教"，是要实现艺术独立，使艺术不再服从于宗教的目的，不让宗教制约其发展，这就是现代美育和古代美育的根本区别。古代的美育服从于政治和宗教的需要，而现代的美育要克服这些，它要通过人的全面发展，实现人的情感的结合。马克思说，每一个人的自由发展是一切人自由发展的条件，也就是说人的解放、人的全面发展是建立理想社会的条件。在理解"以美育代宗教"时，不能简单地解读为破迷信、讲科学，重要的是通过艺术的手段促进人的全面而自由的发展，实现人的情感的结合。

第四，美育与科学。科学倡导一种现代的理性精神。关于科学有很多的概念，英语世界里的 science 比较严谨，它基本上是指带有数学性的、实验性的研究。这是一个狭义的概念，一般来说是指自然科学，比如某一个数学的规律，牛顿的万有引力、爱因斯坦的相对论等，它要化为一个数学的公式。所谓的社会科学，也是指运用数学和统计的手段所进行的社会方面的研究。科学不仅具有理性精神，而且具有现实的功利性。科学不只是简单地归结为探讨某种规律，而是要解决现实所出现的一些问题。实践向人提出问题，科学要去解决这些问题。由此可以说，科学研究是在理性指导下的活动。与此相反，美育则是感性教育。人本身就是感性的，不能只是从事着各种各样的理性活动。人充满感性精神，享受着感性乐趣，生活在感性之中。如果一个人或者一个社会中只有科学，那就会失衡，需要用感性来补充。

第五，广义和狭义的美育。将美育分为狭义与广义，有可能会引起一些误读。这里有一个用词的困扰，aesthetic education 在西方也常常指艺术教育，特别是在中小学的课程中，有 aesthetic education 课，教孩子们弹琴、唱歌、吹小号、画画、剪纸等，这是以艺术教育的手段培养孩子的审美能力。这些孩子将来不一定要成为艺术家，但从小学一点艺术，对他们的审美能力的培养，有很大的好处，这就是我在前面一再重复的让艺术教育成为美育的抓手的意思。从这个意义上讲，这种中小学的美育，既是狭义的美育，也是广义的美育。当然，美育仍有着一些超越艺术教育的内容，就是完善人的经验，促进人性的完整和完善，最终让人成为完整的人。

现在，回到美育在社会改造中的作用这个问题上来。席勒的《审美教育书简》一书中谈到了个人和社会环境的问题，环境造就人，人形成环境，人和环境的循环，个人和社会的循环，教育者和受教育的循环，有什么样的老师就有什么样的学生，有什么样的学生决定将来有什么样的老师，于是一直在循环。这个循环怎么打破？席勒在《审美教育书简》中说了这么一个想法："一个仁慈的神及时地把婴儿从他母亲的怀里夺走，用更好时代的乳汁来喂养他，让他在远方希腊的天空下长大成人。"18世纪和19世纪的德国人对古希腊特别崇拜，如歌德逃往希腊的故事。黑格尔认为，最美的艺术是古典型艺术，而这种古典型艺术以希腊艺术为代表。尼采也在讲酒神精神和日神精神。这说明，在这些德国人心目中，普遍存在着将希腊理想化的倾向。席勒接着上面的那段话又说："当他变成成人之后，他——一个陌生的人——又回到他的世纪，不过，不是过了以他的出现来取悦他的世纪，而是要像阿伽门农的儿子那样，令人战栗地把他的世纪清扫干净。他虽然取材于现在，但形式却取自更高贵的时代，甚至超越一切时代，取自他本性的绝对不可改变的一体性。这里，从他那超自然天性的净洁的太空，向下淌出了美的泉流；虽然下面的几代人和几个时代在混浊的漩涡里翻滚，但这美的泉流并没有被它们的腐败玷污。"席勒认为，当时的德国就是一片垃圾，需要一个来自希腊的巨人把它们全部清洗干净，这才能改造德国，建设理想社会。这个人从哪来？要到远方的古希腊引来美的泉流。这是一个充满了理想、诗情画意的说法。

这样现实吗？马克思就觉得，这种理想说得那么漂亮，其实是有问题的。在《给拉萨尔的信》里，马克思就批评拉萨尔，说他作品中的人物变成席勒式的时代精神的传声筒，这就提出了莎士比亚化和席勒式的对立。莎士比亚表现现实生活中的人，展示其丰富性，而席勒式就是将一些观点通过人物之口直接说出来。马克思还批评席勒说，他把人分成了两半，一半是天使，一半是动物，或者说把社会分成了两半，一半是教育者，一半是受教育者。

马克思在《费尔巴哈的提纲》中说，"有一种唯物主义学说，认为人是环境和教育的产物，因而认为改变了的人是另外一种环境和改变了的教育的产物"。这就批判了席勒那种让婴儿"在远方希腊的天空下长大成人"，再来改造社会的说法。

马克思接着说："这种学说忘记了：环境正是由人来改变的，而教育者本人一定是受教育的。因此，这种学说必然会把社会分成两部分，其中一部分凌驾于社会之上（例如，在罗伯特·欧文那里就是如此）。"环境和人、教育者和受教育者是相互依存的关系，而这种所谓"唯物主义"的学说实际上是把社会分成两部分，社会需要改变，于是要迎来一批救世主，他们是高于普通人的人，由他们来改造社会。那么，谁是救世主？谁在扮演救世主的角色？这种理论是有问题的。

马克思认为环境的改变和人的活动的一致，只能被看作并合理地理解为革命的实践，这是马克思的实践论思想。环境的改变和人的活动是互动的，是共同的，而不是只有通过"超人"才能改造环境。马克思敏锐地看到了席勒所提观点的问题，认为这种解答只是一种诗人式的、幻想性的解答，是不可能实现的。

最后我想谈谈品位建设与社会建设的关系。近些年来，经济的迅速发展带来了社会的失衡。以前讲"文化搭台，经济唱戏"，唱戏的人去搭台去，搞经济的人去唱戏，这是不是弄反了？我们都经历过这种状况。我做美学研究也有几十年了，经历过20世纪80年代初的美学热，又经历了90年代美学的萧条。我很幸运在美学萧条的那段时间里，在国外留学8年，接受国外美学的系统训练。回来时，中国正好进入新世纪，美学也开始重新繁荣。经济发展到一定的程度，人们发现了社会的失衡以后就会进行补救，所以这些年美学、美育蓬勃发展的原因也正是如此。

美学萧条时，我们这些从事美学的人曾经被人嘲笑过，好像做了一种过时的学问，被社会拍到了沙滩上。现在情况又不一样了，美育又变得非常重要。其实，这是社会发展的必然。

现在，品位建设成为当务之急。人先要有温饱，温饱解决了以后要有尊严，有了尊严下一步也许就是品位，要有善恶美丑之辨，不仅要建成一个富强的国家，还要建成一个美丽的国家，建设美丽乡村、美丽城市、美丽世界，让大家都成为懂美爱美的人。这时，社会需要美学，也需要美育。

美育的特定目标与途径

杜卫，杭州师范大学教授、博士生导师，教育部首届全国高校美育教学指导委员会副主任委员，中国高等教育学会美育专业委员会理事长

进入新时代，党和政府对美育工作更加重视，美育工作迎来了真正的春天。2018年，正值中央美术学院百年校庆之际，习近平总书记在给中央美院8位老教授的回信中，对美育工作提出要求："做好美育工作，要坚持立德树人，扎根时代生活，遵循美育特点，弘扬中华美育精神，让祖国青年一代身心都健康成长。"这段话既突出了立德树人的总目标，又指出了遵循美育特点的方法论，并把美育的时代性和弘扬优秀传统结合起来，是当前做好我国美育工作的指南。

美育是一个传统的新事业，说它"传统"是因为从大教育家孔子开始，"诗教""乐教"就已被置于育人的重要地位。王国维评价说，孔子教人"始于美育，终于美育"。《论语·泰伯》中讲："兴于诗，立于礼，成于乐。""兴于诗"即"始于美育"，造就完整的道德人格"成于美育"，即"成于乐"，故中国是一个有着悠久美育传统的国家；说它"新"是由于前些年对美育的重视程度不够，故美育的理论研究和实践探索还不足，从事美育教学研究的人才也不多。所以，对于美育的特点、规律以及目标任务和学习评价的认识还不够全面深入，需要加强研究和实践探索。

立德树人是教育的总目标，而美育有其特定的目标。美育的目标构成了总体的促进人的全面发展，让祖国青年一代身心都健康成长的教育目标。"五育并举"（德育、智育、体育、美育、劳育），每一育都有其特点，既要服从于人的全面发展，又要突出自身的教育形态、教育目标、教育任务和教育方法，这样才是健康、全面的教育，是新时代需要的教育。

所以我想具体地谈一谈"以美育人",究竟是育什么?怎么育?"以美育人"的实质是审美育人,通过学生审美活动,积累审美经验,促进学生全面发展。"以美育人"是审美育人的通俗化说法。美育的本义是审美教育、感性教育,偏重于通过感知、想象、体验的审美活动来培养学生偏于感性的素养,使知觉更有构型力,想象更具创造性,情感体验更深刻。

席勒提出"审美育人"所针对的第一个问题,是当时社会工业化的弊端,即人性的理想在现实中被破坏,理性压抑了感性,造成了人性分裂,因此需要美育来恢复人性的和谐。席勒指出美育的重点是恢复感性,消除启蒙理性的片面和专制,由此克服人性的分裂。席勒奠定了美育概念的基本含义是感性教育,基本的教育内容是艺术,实现途径是艺术教育。席勒将美育同德育、智育和体育相并列,确立了美育在教育大格局中的重要地位,这是席勒关于美育作为感性教育的逻辑阐述。更重要的是,席勒通过对理性片面性的批判,创立了审美的现代性意义:一种与理性现代性相分离的人本主义现代性,这一理论的提出在美学史上具有划时代的意义。

席勒提出"审美育人"所针对的第二个问题,是国民素养低下。要使一个人成为道德的人,首先要使他成为审美的人,即成为感性与理性平衡的人。席勒认为人性的概念就是感性与理性的和谐,人性的概念就是美的理想,两者是一致的。席勒的理想是造就道德的人,他认为:"要使感性的人成为理性的人,除了先使他成为审美的人,没有其他途径。""道德的人只能从审美的人发展而来,不能由自然状态中产生。"野蛮的人首先应成为审美的人,才能是道德的人,美是通向道德的桥梁。

我们对于美育的另一大含义的重视还不够,即美育作为感性教育,是发展人的创造性最理想的途径。要使青少年儿童的创造性能够持续地得到保护和发展,其最佳途径就是艺术教育。英美两国的艺术教育的课程大纲或者课程标准里都将发展学生的创造性作为主要目标。近20年,中国也开始重视学生创造性发展的问题。2020年,中共中央办公厅、国务院办公厅《关于全面加强和改进新时代学校美育工作的意见》指出:"美育是审美教育、情操教育、心灵教育，也是丰富想象力和培养创新意识的教育，能提升审美素养、陶冶情操、温润心灵、激发创新创造活力。"

现在谈美育很少讲创造，这是一个极大的问题。习近平总书记在党的二十大报告中强调，必须坚持科技是第一生产力，人才是第一资源，创新是第一动力。这三句话和教育、科技、艺术有直接的关系。美育、艺术教育不仅要承担培养道德人格、提升民众人文素养的作用，同样重要的是，要发展人的创新意识和创造能力。教师应该将培养学生的个性和创造性作为艺术教育的重要目标。新时代的美育，应该是创造教育。2006 年，联合国教科文组织主导的世界艺术教育大会把主题设定为"构建 21 世纪的创造能力"（Building Creative Capacities for the 21st Century），中国参与了这个会议并签署了文件，会议制定了《艺术教育路线图》。

从美育的三种性质，即感性教育、人格教育和创造教育转化为美育的任务，就是审美和人文素养的培养。美育的特定目标是"提高学生审美和人文素养"。什么是学生的"审美和人文素养"？对学生而言，审美素养主要包括对经典艺术的兴趣、欣赏和理解经典艺术品的审美能力以及较高水平的审美趣味。而审美能力本身就是一种创造力，应该加强对审美能力的培养。原本整个教育界都是以知识教育为主，素质教育提出后则要更加注重培养人的能力，学校的公共艺术课程、美育课程，要注重提高学生的审美能力。审美能力主要包括知觉构型能力、想象创造能力、情感体验能力，这是欣赏和理解经典艺术品和自然景观的必备能力。

目前，培养审美能力的任务在大学的公共艺术教育里完成得很好，但仍有不足。中小学并没有按照课程标准完成美育课，现在讲美育进中考，不能把它变成一种完全技能或知识的考试。审美能力是感知理解审美对象所必需的能力，没有审美能力就谈不上审美的感染和熏陶，部分美育活动应该反思对学生真正的提高有多少。作为教师，应该关心通过教育教学活动能够帮助学生提高哪些能力和素养？这是最关键的。如果学生的审美能力得不到一定的提高，美育就是空谈，因为所有审美的学习都基于审美经验的获得，而审美经验的获得就要有一定的审美能力。因此美育要把培养学生审美能力放在十分突出的位置。高校老师们的课程设计可以偏重知觉构型力、想象创造力、情感体验能力这三方面中任何一个。

以知觉构型力为例，西方油画通常注重故事性的画面构图，而中国画则强调以景物为主的散点、透视构图方式。比如黄山的摄影图，中国人看山比较喜欢云雾缭绕，西方的油画在这方面表现就比较少，这与中国的神仙道化有关系。让学生观察、欣赏一幅照片或绘画，应该让他们先有一个知觉的构型。音乐同样如此，学生通过欣赏音乐这类训练记忆力的过程，使他的知觉构成一个完整的东西。

知觉构型能力就是将一些构成审美对象的要素整合起来，形成一个整体，寻求其中的意味，这才是审美的起点。我们看到的不是一个实体，而是用知觉建构起来的一个对象。所以应该让学生欣赏大量经典作品，使他们慢慢地学会将零碎的材料组合成一个整体。古代文人讲究绘画追求形似，而非神似，这种构型不是构成一种审美的形式，视觉的直观体验只是形式的表现，与孩童的审美无异。因此，知觉构型能力、想象创造能力、情感体验能力需要更加深入的研究以及大量心理学和美学的知识来帮助理解，针对不同艺术门类的知觉构型能力如音乐、雕塑、书法等，应该分类具体研究。

在走访高校和中小学的过程中发现，一个非常突出的问题是教育没有激发学生对经典艺术的兴趣。一些高校里面的公共艺术课的教师接受的是专业教育，进入教师行业后，面对的却是零起点的学生。特别是在一些双一流高校，学生艺术起点比较低，授课就会有困难，为了激发其学习兴趣就用流行艺术，比如流行音乐、校园星光大道等形式，这样的方式有待商榷。

培养学生审美能力，第一是激发学生对经典艺术的兴趣；第二是选取经典艺术来教学；第三是用艺术语言教育教艺术；第四是让学生初步掌握一门艺术的技能。教师培养学生的兴趣应使学生喜爱这门课程，乐于接受课程的知识，特别是艺术课程。艺术的兴趣和人的生命形式、个性倾向直接相关。兴趣是一种反复从事与某一内容相联系的活动的心理状态或心理倾向，能使人反复、长期、深入地做一件事。

比如有的人兴趣是钓鱼，有的人兴趣是攀岩、听古典音乐。如果没有兴趣，一个人讨厌做这个事情，就会很被动。因为兴趣是一种自发的冲动，尤其是艺术的兴趣，是一种源于人的需要和本能的习惯。美国哲学家、教育家杜威认为："自我发起的活动是兴趣行为的核心组成部分。"不是靠努力和逼迫，相应的监督虽然也很有必要，但是如果有自发的兴趣，学习状态将完全不同，正所谓"兴趣是最好的老师"。吴洪艳在《浅谈学习兴趣及其培养对策》中说："兴趣学习与出于责任、义务或外界压力下的努力学习根本不同之处在于，它是积极主动的、自发的探索求知的认识过程。"这里讲的是认知，艺术也是一样的，如果你对艺术感兴趣，自己就会去实践，对于学习艺术就更重视，因为艺术更具自发性。

那么，如何培养或者保护儿童对艺术的兴趣，特别是对经典艺术的兴趣？

第一，经典艺术的时代比较久远，内容厚重。在选择经典艺术时要注意，艺术学习内容要和学生身心发展水平相适应。比如教师从专业艺术院校毕业或者从专业的艺术学院、师范大学毕业，在课堂上给学生讲一些很高深的知识，学生容易听不懂且无法吸收。专业教育模式是一个体系，比如西方美术史是从西班牙阿尔塔米拉岩洞壁画《受伤的野牛》讲起，西方的音乐从巴赫讲起，但这些内容都不容易理解。西班牙阿尔塔米拉岩洞里的壁画不是绘画的典型形态，巴赫的音乐在音乐中是难以企及的一个高峰。因此，作为起步阶段的学习，公共艺术课程采用专业教材的编法是值得研究的。西方美术史应该从文艺复兴开始，从达芬奇、米开朗基罗、拉斐尔这三位艺术家开始讲起。如果觉得学生理解还是有难度，可以继续向后推。音乐可以从浪漫主义讲起，从浪漫主义的小品讲起，慢慢地由浅入深，这样符合学习的规律，能够有效保护和逐步激发学生的兴趣。

第二，让艺术课堂成为学生主动探索与发现的场所，让艺术教学成为学生主动感知、获得情感体验的过程。新鲜感和学生个性化表达能够激发学生对艺术的兴趣。应该尊重儿童的感知，允许学生在大框架内对艺术作品的理解作个性化的表达。

第三，多给学生自由探索的机会，充分保护学生个性化的艺术理解和表达。艺术课就是多让学生自由探索，使其个性得到抒发，创造力才有可能发展，避免整齐划一。我几次在中小学里调研发现，学生对于音乐课和美术课的兴趣都排在后面，绝大部分都把数学课程排在第一，数学变成了一门有探索过程的学科。功利目的也是引起兴趣的一个因素，而美育的教学研究是非常薄弱的。因此，要保护和激发学生的兴趣，非常重要的是让课堂变成学生主动探索、发现的场所，多给予学生自由探索的机会，充分保护学生个性化的艺术理解和表达，把艺术课程设计成为学生身心参与的学习过程。

要重视经典。首先，作为育人材料的艺术作品必须经过严格甄选，应该以经典艺术和未被商业化的民间艺术等优秀艺术作品为主。校园娱乐活动是为了提高学生的审美和人文素养，但是只有经典艺术代表着艺术的范型，流行歌曲在未来或许会成为音乐作品的某一部分的范型，但不是现在。经典艺术品是经过时间的检验和历史的积淀，它的意义、审美和人文内涵是非常厚重的，这是选择经典作品很重要的原因。其次，要明确什么是教育？就是把人类最好的文化成果传递给下一代，而不是现在社会上所流行的，能流行的一定不是最好的。今天一些艺术产业的发展不谈艺术价值，不讲它的人文价值，只讲商品价值或者市场价值，所以更应该坚持以经典艺术为主导的美育。

作为美育的艺术教育为什么要重视经典艺术？因为经典艺术是审美的范例，并富含人文价值。由于艺术品被创作出来以后并不是孤立、静态的存在，而是在历史发展过程中被不断赋予人文价值。例如中国第一部诗歌总集《诗经》，诞生于公元前6世纪前后，在其流传的过程中不断有注解、阐释和评论，这些都影响到后人对《诗经》人文意义的理解和价值判断。因此，一部作品的意义不仅仅在其文本本身，而且还产生于后人对作品的阐释，二者合起来决定了这部经典的人文价值。经典艺术作品是经过长时间检验而成为

"经典"的，其文本一定经历了历史演进的阐释，其意义不是静止的，而是流动的。《诗经》的人文价值就是这条长河积淀的产物，它因此而厚重，而且，这条河还要继续流向远方！它的审美含义非常厚重。

音乐经典也是如此。贝多芬的《第五交响曲》起初是一份乐谱，然而经过历代指挥大师和优秀乐团的演绎，经过音乐版本学、音乐史、音乐美学、音乐评论等多角度的不断考证、修订、注解、阐释和评论，其内涵越来越丰富，其人文价值早已超出原初乐谱本身。而当下的艺术品，数字时代以来产生的各种各样丰富的新艺术形式，多数属于娱乐产品，人文价值稀缺。时代不同，现在人们谈论《第五交响曲》是对今天人们的意义。所谓意义不是一个客观的性质，是它对我们的价值。绘画同样如此，比如丢勒的作品《祈祷的手》，作品形成了某些审美的规范和艺术的规范以及人文的内涵，它也会有变化，甚至艺术规范可以被突破。绝大部分人都是遵守艺术规范的，直到天才的出现，打破旧的规范形成新的艺术规范。比如从丢勒的作品到现代派的绘画，突破旧有的范型，形成创新。

作为美育的艺术教育实际上是先让学生掌握范型，只有掌握范型才能看懂作品，这就是为什么要选取经典艺术最重要的含义。当人们面对一部经典艺术品的时候，实际上是在和一部文明史对话，而不仅仅是看一幅画，这个意义就不一样了。

艺术的育人价值在于它的审美和人文价值，并不是和艺术有关系就是美育。现在社会的倾向，一些学校活动换一个名字就叫作美育，艺术考级也如此。简单地取消艺术考级没必要，但是艺术考级要丰富。第一，艺术考级对于艺术的普及是有一定作用的，还有可能从中发现个别孩子具有艺术潜能，不能完全否定艺术考级，而应该将提高人的审美和人文素养作为考级的目标。第二，艺术考级不应该变成一门生意，艺术考级应该带有一定的公益性。艺术考级如果变成一门生意，美育就很难存在。第三，对艺术考级的考官要严格审查，应该吸收一大批志愿者，如在校的本科生、硕士生、博士生，对他们进行培训。各种艺术类的比赛或者类似比赛的展示活动多起来了，这本身是一件好事。学生艺术展示活动不仅可以检验美育教学成果，还可以调动学生学习艺术的积极性，培养学生对艺术的兴趣，培养学生文艺骨干。但是参加这些活动的学生毕竟是少数，能获奖的更是凤毛麟角，而且各级学校的一些拔尖的文艺骨干并不是单靠学校的艺术课程可以培养的。一些学校热衷于艺术比赛获奖，忽略艺术课程的教学，甚至艺术课程还不能开齐开足，这种倾向值得关注。

2020年，中共中央办公厅、国务院办公厅《关于全面加强和改进新时代学校美育工作的意见》指出，我们的主要目标是："到2022年，学校美育取得突破性进展，美育课程全面开足开齐。"现阶段，全国有50%的高校可以开足开齐或者更少，很多高职院校还没有美育课程，本科也有许多没有美育课程的学校。有的学校美育课程没有开足开齐可能是因为两个学分没有得到保障或者教育部规定的八门课程没有开全等。因此，不要用考级比赛来替代课程教学，课程是核心，美育真正落实就是课程。课程确定后就需要合格的、优秀的老师来从事教学，美育才能得到落实。

特别是要用艺术的语言教艺术。学校应该遵循艺术的特点，现在的问题是，公共艺术教育教师和学生都缺乏进入作品的路径和方法。例如，音乐鉴赏应该从音乐的音响语言入手，而不是脱离音响讲画面或思想的内容。舞蹈鉴赏应该从舞蹈的肢体语言入手，而不是脱离肢体运动讲故事或道德内涵。什么是艺术语言？艺术语言是创建艺术作品意义的手段和方法，不同媒介的艺术用相应的艺术语言来构建艺术品，使之具有一定的审美和人文意义。借用叙事学的术语，任何艺术作品都是在"叙事"。艺术语言就是作品叙事所采用的语言。"叙事"是个比喻的说法，不一定讲故事，而是采用独特的方法在说。以书法为例，蒙古族有蒙文的书法，藏族有藏文的书法。汉字书法的审美和人文意义主要在谋篇布局和书写当中，但也需要和汉字本身相关。一些大书法家所选古诗词都非常好，这些都影响到他写书法时创作的心理状态。因为人是个有机体，基于所用媒介的不同，每一种艺术都有自己独特的语言，比如说电影里的蒙太奇、长镜头，都是独特的语言。一定要教会学生先要读懂这些语言，然后掌握这些语言，并且同一种艺术在不同的阶段它的语言也是不一样的。比如，现代舞和芭蕾不同，需要赤脚表现自由，芭蕾舞则较为程式化，和中国的戏曲比较相像。而现代舞、街舞这些舞蹈也是美的，所以不同类别的舞蹈都有各自的美。从这个意义上讲，艺术作品具有表情达意的功能，而表情达意的手段和方法就是艺术语言。

掌握一门艺术最常见的语言有利于人们掌握这门艺术的基本技法，有利于进入这门艺术的具体作品，从而理解作品的意义。掌握一门艺术特定的艺术语言是学习这门艺术的关键，也是从中得到审美和滋养、熏陶的关键。比如，吴琼的一篇论文《油画艺术中色彩的情感表现》讲道："以罗中立的作品《父亲》为例，画面中'父亲'面部为古铜色，在阳光下勉强睁开眼的'父亲'眼部色彩较暗，在体现光影变化的同时也更为细致地刻画了'父亲'的形象。'父亲'佩戴的白色头巾起到优化画面布局的作用，以头巾的白色体现出'父亲'面部色彩的有限夸张，面部纵横交织的沟壑体现出'父亲'生活的艰难与顽强不屈的精神。整幅作品以黄色为背景，与'父亲'面部色彩产生了强烈的对比，也赋予'父亲'这一主体目标以立体感，色彩上的层次感，在色彩情感表现上真挚且打动人心。"这便是艺术的语言、油画的语言。

画中"父亲"的头上架支圆珠笔可能有其他的含义。"父亲"的胡子、手指的横纹、手中碗上的鱼纹使我想到"父亲"所代表的农耕文化，这里有无穷无尽的联想，这是画家自己的语言。这段话是我的感触："黄色的背景还具有象征意义，那就是收获，是养育我们的食粮。父亲的肤色则代表了辛劳和生命的衰老。这种强烈的对比具有情感表达的力度。"中国写父亲的典型，一个是朱自清的《背影》，另一个就是这幅画，但这幅画更有深度和历史感，确实是20世纪油画的经典作品之一。

学习艺术语言也是在学习传统文化，一门艺术的艺术语言是历史发展的产物。在一定历史时期，一门艺术的艺术语言相对稳定，从而成为一种范型。中西方有不同的艺术范型。例如潘天寿的绘画代表了中国画的一种范型，英国著名的风景画家康斯坦布尔的风景画则代表另一种范型。文艺复兴之后，透视法的诞生意味着主体的确立。"我思故我在"是把人和神分离，而西方用了透视法以后才开始将人跟神分离。丢勒所说的透视法有三个要素：对象、主体和媒介。这其实是一种关于主体性诞生的哲学观念，所以西方开始远离自然。由于主体性的诞生，西方开始出现文艺复兴、启蒙运动、工业化的进程及现代化的进程，造就了人类历史的辉煌。中国没有这么一个历史阶段，所以中国的科学不是很发达，中国看自然从来都被赋予人文色彩。中国的文人画，人都在自然里，自然是一个可以倾诉、对谈、寄托情志的"朋友"，它是混合性的，这样一种传统的艺术范型造就了中国画的哲学思维。这里的哲学观念就是"天人合一"，人与自然的融合，这和西方主体的诞生处于两种完全不同的状态。

掌握了艺术语言就掌握了艺术范型，而掌握了艺术范型就能够比较深入地去理解艺术品；反过来，接受艺术范型，也就接受对知觉的塑造。前面讲过中国人拍山喜欢云雾缭绕，也是受神话传说、神仙道化的影响。

例如，一个中国学生如果受过中国画鉴赏教育，那么他在欣赏山水时所看到的往往是按照中国山水画的笔墨和构图"裁剪"过的景色。同一个月亮，在中国人和欧洲人的眼里是不一样的，这是由于中西方不同的文化传统所致。在中国的传说中，第一，月亮是冷的，"高处不胜寒"；第二，月亮是伤感的，"床前明月光，疑是地上霜""长安一片月，万户捣衣声"都是表达思念的；第三，月亮是"悲"的，因为是秋天的月亮，万物开始萧条。这是因为中国神话和古代诗词所铸就的感知方式作用的结果，古代的戏曲造就了这么一种知觉范型。因此艺术理念就是美育，是最深刻的美育。真正的爱国主义教育就是塑造每一个孩子对中国传统艺术的热爱，无论身处哪里，你都是中国人，因为心是中国的。但是这个过程很长也很辛苦，需要一节课一节课认真地做，想要立竿见影马上出成绩是不行的。教育就像"种植"，一个孩子从幼儿园开始一直到大学，慢慢地把他培养成人。

培养学生的审美能力还有一个方面是艺术技能，要让学生学会一门技能。清华大学已经开始做这方面的实践了。他们的舞蹈课程《舞蹈认知与体验》一共有 32 个学时,一半是舞蹈鉴赏,一半是舞蹈创编。学生分成多个小组,根据老师所教舞蹈的一些基本要素自己编舞。据清华大学张伟老师说,有些同学的创意让他很惊喜,他们当中肯定有几个人是有艺术天赋的,只不过没有表现出来,而且这些孩子聪明好学,一起编舞又非常有意思。

今天这个问题主要是针对做理论研究的老师来探讨的,一门艺术的技术直接影响到你能不能对这门艺术有最贴近身心的体验环节。比如说我学过小提琴,我听小提琴曲可以听得非常具体,琴弓是怎么用的,演奏时手指是怎么走的。小提琴的弓和弦上是如何演奏的,是可以听出来,有时候要远离一点,让这个声音听起来稍微轻一点,用低把位还是用高把位,都是有讲究的,讲究就是艺术。钢琴曲就不是很了解,这方面就差很多,听单簧管、双簧管,那我更加不懂了,就不可能有很具体的体验。如果没有一点技能是很难进入这个艺术里面去的,因此,在中小学里面能掌握一点艺术的技能是非常好的。不一定就要培养艺术家,也不要用专业的眼光去要求,就是让学生去了解,艺术从来都是身心参与的活动,所以身体有投入一定对学习是有帮助的。

最后,美育要培养人文素养。什么是人文?在中国古代,人文是跟天文相对的,在古代叫文明。今天所指的人文有两个含义:一是人性,二是人文精神。人文的实质是以人为本,尊重人性,崇尚高贵的灵魂和高雅的精神气质,追求人格完善、人的全面发展。这些都集中体现为一种独特的价值观、人生态度和精神追求,可以统称为人文精神。这种人文精神也是人文教育的核心价值。

人文素养具体就是对艺术有一定的文化理解能力。也是能够通过作品,理解作品里人性的内涵。第一,要有一定的文化理解力,能够通过这些经典作品感受人性理想;第二,要具备高雅的生活情趣;第三,要有超越私欲的宽阔胸怀和超越世俗的精神气质。第三个方面跟道德非常近,但它是一种精神气质。提高人的生活情趣、塑造人的精神气质,是缓慢的过程,是通过熏陶而来的。这种通过学习高雅艺术养成的人文素养,实际上是学生道德成长道路上坚实而真诚的情意基础。所以美育本质上是一种价值观教育，作为美育的艺术教育实质上是一种人文教育，但是我国的艺术教育离人文教育还有距离。

什么是人文教育？人文教育是培养"理想的人"，人文学科的主要作用是培养理想的人性。人文学科还有一部分是社会科学，在人文教育体系中，艺术（包含文学）占据着重要的地位。在欧洲，人文教育是一些贵族提出来的，为的是养成高贵的气质。中国古代讲人文，是以"礼乐教化"为主体来培养理想人格。20世纪以后，王国维、蔡元培等前辈学人通过对中国传统人格教育思想的阐发，重新激活了中国的人文教育传统，使之进入现代语境之中，比较突出的就是美育。

在今天，特别是工科院校里面，美育教师承担着人文通识教育的重任，其他的人文通识课程较少，而美育成为必修课。专业艺术教育本来就是人文教育，但是目前我国专业艺术教育却与人文教育有较大差距。主要有四个方面的原因：

第一，学生文化课学习成绩不够高。因为大学生大部分都是零起点，新入职的老师恰恰技能比较强，处在这个阶段非常迷茫。所以要从改造专业艺术教育开始，把专业艺术教育变成人文教育，现在倡导的艺术人文教育，是以艺术经验为基础的人文教育。

第二，由于文化课成绩不够高，知识理解能力和理论思维能力普遍较弱，史论课程不受重视，不读书、不爱读书、不会读书的现象在专业艺术院校比较普遍。

第三，专业艺术教育过于偏重学生技能训练，对学生艺术人文素养的培养不够重视。艺术生的专业技能训练十分重要，这是毋庸置疑的，但是，技能训练不能替代对艺术理论和艺术史的学习和研究，后者能有效提高学生的人文涵养，增强艺术和人文的领悟力和表现力。

第四，专业院校对理论学科建设和学术研究重视不够。现在的专业艺术人才读书很少，人文素养不够，美育工作关键是要开好艺术理论课程，加大人文通识教育的力度，这才是真正的美育。

做好艺术的人文教育或是提高学生的人文素养，要培养学生作为人的自我意识，认识人的历史，认识人性，认识人的主体性，使其意识到自己做人的责任和使命，从而建立起正确的人生观和价值观。学习艺术还可以学习本民族的历史和文化，增强对本民族历史文化的认同。同时，艺术史论的教学还应该注意培养批判性思维和质疑的态度，助力创造性的发展。

中央美术学院将徐悲鸿先生倡导的"尽精微，致广大"作为校训，这句话出自《中庸》，指君子的修身之道，用作艺术院校的校训体现了修身与习艺高度统一的艺术教育追求。校训落到实处就是要加强史论的课程建设，充分发挥艺术人文学院的作用。中央美术学院拥有非常优秀的师资，要充分发挥教师的引领作用。艺术人文教育旨在培养纯正的审美观念，通过艺术理论和中外经典艺术的教学，培养学生高雅的艺术品位和格调，拒绝平庸。

学校美育培养学生的艺术人文素养需要注意以下两点：第一，美育培养学生的人文素养是通过审美的情感体验，在每个学生内心体验的过程中，把人类优秀的人文基因深植于心。学校的美育始终要基于情感体验的人文素养，那才是深植于人的。特别要注意的是，不是抽象地讲人文素养，而是让学生去体验、去体会，所以艺术课的教学一定要有感。中国儒家育人的传统，是"感化""潜移默化"，而不是耳提面命。美育的育人就像中医一样，见效慢但是效果非常持久。第二，艺术有高低深浅之分，一定要用经典的优秀艺术，避免庸俗、低俗的艺术产品。

古人云："取法乎上，得其中；取法乎中，得其下；取法乎下，得其下下。"作为人文教育的艺术教学要选取适合学生接受能力的经典艺术或是未受商业化影响的民间艺术。通过接受优秀经典艺术，培养学生较高的艺术品位和生活情趣。美育能够使民族高雅起来，使国民生活更有品位，从创造力的角度来讲就是使国家更有创新活力。

现代中国美学旅行与当前美育

王一川，北京师范大学文艺学研究中心教授、博士生导师，中国文艺评论家协会副主席，北京文艺评论家协会主席，中华美学学会副会长，中国文艺理论学会副会长

无论是讲美学和美育课程的老师还是青年学子，可能都必须面对这样一个问题：美学本来是一门西学，在当前中国不仅已成为一门独立的二级学科，而且还成为几乎所有学科专业的学子都需要修习的人文艺术通识教育课程之一。为什么一门外来显学来到中国以后就这么厉害？美学真的是一门专门研究美育的学科吗？美育真的主要培养人的审美爱好吗？对这些问题，需要继续来追问。尤其是在中国式现代化过程中，美学和美育应当起到什么样的作用？我们走的道路是中国式现代化，学习西方的美学和美育是否还有必要？这类问题都是应该来追问的。

今天打算交流这样五个问题：第一，美学质疑与回应；第二，现代中国的美学热忱及旅行；第三，美学研究的当代问题；第四，当前美育问题；第五，新时代大学美育。这五个问题在讲的过程中，有一些观点主要依据我主编的《美学原理》（中国人民大学出版社第二版）和《大学美育》（北京师范大学出版社）两本书，同时也根据需要作一些增补调整。

一、美学质疑与回应

黑格尔在《美学》中罗列了反对美学的言论："纵使美的艺术可以供一般的哲学思考，却仍不是真正科学研究的适宜对象。"其次是德国早期浪漫派主将弗里德里希·冯·施莱格尔在《批评断片集》中质疑道："审美的一

词,在德国发明并在德国得以成立,在这个词这个意蕴中,泄露了这个词完全不了解它所描绘的事物以及用来描绘事物的语言。"海德格尔也对美学提出了质疑,他在《尼采》一书中写道:"最近几十年里,我们常常听到人们抱怨,说关于艺术和美的无数美学考察和研究无所作为,无助于我们对艺术的理解,尤其是无助于艺术创作和一种可靠的艺术教育。这种抱怨无疑是正确的,特别适合以今日还借'美学'名义到处流行的东西。"对美学最严峻的质疑可能来自分析哲学,比如后期维特根斯坦在美学讲演开端就说:"这个题目(美学)太大了,而且据我所知是完全被误解了",又说:"审美力可能令人向往,但却不能把握。"

这些话应该怎么看待?中国美学家李泽厚先生在《美学四讲》里也引用了这样表达质疑意见的观点。他说:"从很早起到目前止,一直有一种看法、意见或倾向,认为不存在什么美学。美或审美不可能也不应该成为学科,因为在这个领域,没有认识真理之类的知识问题或科学问题,也没有普遍必然的有效法则或客观规律。"李泽厚先生对有关美学的质疑意见作出了这样的归纳:"……尽管一直有各种怀疑和反对,迄今为止,并没有一种理论能够严格证实传统意义上的美学不能成立或不存在。分析美学也未能真正取消任何一个传统美学问题。……人们还是需要和要求这种探讨,希望了解什么是美,希望了解审美经验和艺术创作、欣赏的概括性的问题或因素。"尽管美学遭到了各种各样的怀疑和反对,但是没有一种理论真正说美学没必要,或者说美学是一个伪学科。特别有意思的是,一批分析哲学家用维特根斯坦和分析哲学的观点来批判美学、质疑艺术理论,结果不仅没有把美学批倒,反倒经过这些批判后,他们的批判性观点还扩展成了一个新的美学流派,这个流派就是分析美学。所以从黑格尔到现在,人们都在质疑美学但美学没有被质疑掉,这也成了人们从新的角度思考美学的起点。美学虽然还不是一门严谨的学科,但美学这门学科要继续研究是必然的。这基于一个最直白的道理,如果人类社会生活还需要美,那我们对美学的渴望就无法停止,人们渴望生活更美好,这是一个基本的、带有本能性的社会关系逻辑。人来到世界上总是会面临现实生活的缺陷和艺术的理想之间的对立。身在人世，无论如何我们都感到不满足，为什么？一个最大的不满足就是海德格尔说的人总要面对一个问题：死亡。这个问题可能就是美学的一个根本问题的由来，将人们希望的理想的生活，这些看起来不可能实现的理想放到艺术圣殿里，放到审美活动中去，供人们加以对照和享受。所以正是在这个意义上，美学再怎么被质疑还要继续存在。

为什么美学这门连在西方也难免遭遇质疑的近代科学或学科，到现代和当代中国却变成显学，更是成为中国人文艺术类专业学子的一门必修课程？也成为几乎所有大学生都需要修习的通识素养课程？同样，这也成了今天在现场的各位老师所在的学校需要开设的课程？甚至今天，全国从小学、中学到大学都要求美育课程全覆盖，为什么都要来做这件事情？这个问题，可能需要站在我们中国人的立场上来回应，尤其是站在中国式现代化角度去思考，中国式现代化过程中需要美学和美育的最关键原因是什么？这就需要我们带着问题来思考，通过一番简要的中国现代美学学科体制化建设过程的回顾，去重新发现其中隐伏的当前问题和启示。

二、现代中国的美学热忱及旅行

美学作为一门西学来到中国以后，在旅行过程中也会产生变化。如何思考现在中国的美学旅行？在美学来到之前，中国传统文人把个体安身立命的期冀投寄到由儒家、道家和禅宗等所代表的心学传统上。心学传统要求在做任何一件事情之前，都要把焦点凝聚到个体德行修养上。先有诚意、正心、修身，然后才可以治国平天下。这个道理概括起来都是心学传统。西方最早出现的希腊哲学家主要就是一批自然哲学家，他们关心的首要问题不是人怎么样，而是人所面对的对象、世界怎么样？世界、宇宙是由什么构成的？是永恒的活火，还是数的和谐？希腊哲学到苏格拉底才终于出现人学转向。

中国一开始就是心学传统。儒家讲仁爱之心，仁、义、礼、智、信；道家讲"心斋""坐忘",庄子提出"乘物"与"游心",倡导到自然间去逍遥游；禅宗讲"明心见性""即心是佛"等。十多年前我去武当山,看到武当山的很多东西就感觉儒、道、禅三者都有,它们之间其实是相互借鉴、相互渗透的,你中有我、我中有你。由此,它们都可以用王阳明的一句话来说,这就是"在心上用功"五个字。它们都是把"在心上用功"作为个体的必修法门。这是中国传统文人为自己找的精神家园。但是面对鸦片战争以来裂岸涌来的"西学"或"现代学",这种传统格局遭遇空前的危机。中国人应该怎么面对必然会到来的现代或者中国式现代化,中国人应该把自己的精神家园放在哪里？因为以"在心上用功"为代表的心学传统权威事实上被毁坏了。现代中国靠什么来建构现代中国人的精神教育,靠什么来建构现代中国心？问题就提出来了。

王韬在《代上苏抚李宫保书》里说:"合地球东西南朔九万里之遥,胥聚于我中国之中,此古今之创事,天地之变局。"他当时想得很乐观,觉得西方列强从世界各地来到中国是好事,但是当时中国面临列强的瓜分,民族危机越来越严峻,国际环境十分恶劣。所以1874年,北洋大臣李鸿章在《筹议海防折》中就留下了更著名的话:"实为数千年来未有之变局","又为数千年来未有之强敌。"1901年,梁启超在文章里谈到有三个中国:"中国之中国""亚洲之中国""世界之中国"。先是有"中国之中国"时代以及"亚洲之中国"时代,现在则已经是"世界之中国"时代了。现在中国该如何做？

1922年,还是青年大学生的朱光潜发表了一篇文章《怎样改造学术界》,里面有一段话:"记得在某书里看见一个故事说明万历中有位进士起初非常笨钝,后来遇见一个神人,把他的心换了一个,他从此就灵敏异常了。我们也要换个心才好。"他发出了"我们也要换个心才好"的呼唤,呼唤把破碎的、灾难深重的、病入膏肓的古典中国心换成现代中国心。无独有偶,1933年,瑞士心理学家荣格在《寻求灵魂的现代人》这本书中同样要为丧魂落魄的西方现代人探寻心灵拯救之道。朱光潜要"换心",荣格要"找魂",合起来看,他们都要为现代人的灵魂着想,为现代人找到精神家园。进入20世纪,无论中国还是西方都面临新的困境，需要寻找自己的心灵或精神家园。

正是在这个意义上，民国初年蔡元培担任教育总长，他大力推进了美育体制化。虽然他没有写下成体系的美学论著或美育教材，但是为美育进入中国现代教育体制作出了不可磨灭的、开拓性的、奠基性的贡献。这主要有三条：第一，蔡元培引入了西方美学及美育并在现代国民教育体制中实施，包含大、中、小学教育及社会教育等；第二，蔡元培在北大开拓美学、艺术学及美育，主张"美育代宗教"；第三，蔡元培留下了"思想自由，兼容并包"的"世界大学通例"传统。他为现代中国美学学科的拓展，为现代美育的制度化建设，都作出了开创性、奠基性的贡献。

蔡元培认为："美育为近代教育之骨干，美育之实施，直以艺术为教育，培养美的创造及鉴赏的知识，而普及于社会。……美育之目的，在陶冶活泼敏锐之性灵，养成高尚纯洁之人格，故为达到美育实施之艺术教育，除适当课程外，尤应注意学校的环境，以引起学者清醇之兴趣，高尚之精神。"

蔡元培的思想在今天推进美育的过程中还应要坚持贯彻不动摇，抓住根本，美育才会做得好。但是蔡元培先生留下了一道难题：一方面，以美育手段把美感植入现代国民危机，以起到宗教式心灵皈依作用，安抚动荡不安的现代中国心；但另一方面，对缺少宗教信仰传统的中国人，美育又如何可以像在西方那样扮演宗教的拯救心灵角色？如果是美育去替代心学传统，这样可能就对了。但是蔡元培所处的时代太复杂了，就像鲁迅在《热风·随感录》中说的，近代中国简直是将几个世纪缩在一起。所以蔡元培留下了一个自相矛盾的教训，虽然已经制定积极的美育制度措施，但只有美育外壳，终究无法解决中国人的深层次心灵安置问题。

接下来，1932年，朱光潜出版了《谈美》一书，在这本书里他倡导"人生的艺术化"。他的逻辑即中国社会的主要问题是"人心变坏"，该怎么办？出路不是社会革命而是"人心净化"，想要"人心净化"就要"人心美化"。人生本来就是艺术品，要让它回归其原初的本性。正是在这个意义上，他提出了"人生的艺术化"的途径。首先要懂美感，美感是没有功利，这里引用的是康德的审美无功利说。比如对一棵古松的三种态度：植物学家探究它的科学研究价值，商人追求它的商业价值，只有画家欣赏古松，掏出画笔把它画下来，这才是美感。朱光潜先生倡导人生要有美感，他引用了布洛的心理距离说，要跟对象保持恰到好处的距离，有心理距离就有美感。同时他用了移情论的美学观，认为对象之所以美不是因为对象本身美，是我们把自己关于美的情感悄悄地、无意识地移到了对象身上，以为对象美。其次还要有情趣化、人生要严肃等观点，在这个意义上他强调人心要美化。同时基于时代背景，提出人心美化进程如何与"危急存亡"时代的社会群体的"社会革命"行为相协调？他认为还是在于人心美化，要讲美感。

与朱光潜同龄的宗白华也有相近的观点，只不过他标举的是"中国艺术意境"，他赞美"晋人之美"，强调以"中国艺术心灵"建构现代中国精神世界。他提出的问题和朱光潜一样，个体心灵美化与社会群体行为的关系应该如何协调？社会是在不断变化的，可个体还要追求心灵美化，今天谈论以个体心灵美化去面对社会的种种问题，正是时候。

毛泽东以政治家的风范在《在延安文艺座谈会上的讲话》中对艺术美与社会生活以及生活美的关系作了一个深刻的回答。他说："人类的社会生活虽是文学艺术的唯一源泉，虽是较之后者有不可比拟的生动丰富的内容，但是人民还是不满足于前者而要求后者。这是为什么呢？因为虽然两者都是美，但是文艺作品中反映出来的生活却可以而且应该比普通的实际生活更高，更强烈，更有集中性，更典型，更理想，因此就更带普遍性。"艺术美和社会美比起来说有六个"更"。毛泽东辩证地揭示了艺术美跟社会生活美的关系。艺术美源于社会生活美但又高于社会生活美。

20世纪50年代后期展开美学讨论，讨论的开始是朱光潜先生被要求写文章检讨自己的唯心主义美学。检讨结果就引发了美学大讨论。蔡仪先生写文章说朱光潜的观点还是唯心主义的，朱光潜为了辩护，又写文章说主张主客观统一。蔡仪主张美是客观的。那个时候李泽厚先生还没有什么名气，他也来写文章，既批评朱光潜又批评蔡仪，还批评吕荧和高尔泰。他认为美不仅是客观的还是社会的，一下子就成了美的客观论和社会论的主张者，赢得了很多人的认可，作为一家之言脱颖而出。这些思考为后来美学的延续和发展埋下了伏笔。

新时期美学热的导火线，被认为是诗人、文艺理论家何其芳的《毛泽东之歌》中记录的毛泽东论"共同美"的话："各个阶级有各个阶级的美，各个阶级也有共同的美。'口之于味，有同嗜焉。'"这样的话语在《人民文学》杂志1977年第九期发表，马上就引发了很多美学家的共鸣。美与共同人性、人性美等陆续成为全社会热烈关注的新问题。今天回头来看为什么要改革开放？回到改革开放的初心，就是因为当年我们的人性基本被肢解了，只有阶级性而没有共同的人性了。而毛泽东的非正式谈话被首次公开发表，就拉开了改革开放初期的美学热的序幕。

进入改革开放时代，掀起了新的美学探索、艺术革新和美育浪潮，艺术家重新反思人生、理想和未来。比如1979年画家王大同画的一幅油画《雨过天晴》，画中的青年女性在实验室里，可以看出她是一位爱科学也爱美的女性，穿上了连衣裙在清晨擦玻璃板。朦胧的、美丽的身影当时带给了很多人美的感动，这才是真正的自然的人性的美好。又如一幅油画作品叫《春》，描绘的是一名知识青年在乡下还没有回城，她的右手拿着一把梳子在梳头发，盼望着春天的到来，可以看出这位女青年也是爱美、爱生活的。在春燕回归的季节，盼望真正的春天的到来。再如著名画家杨之光在1972年画的《矿山新兵》。画中的女青年刚刚顶替丈夫到矿山当了一名新矿工。这位煤矿工人刚刚上班不久，正在系安全帽，热爱劳动，热情洋溢。可是把这三幅画放在一起比较，就可以看到一种审美观念的转变，对于人性美的自主追求的时代到来了。第三幅画中的女性，体现劳动妇女的健康体魄才是美的观念，体现工人改天换地的作用。这是那个年代流行的主流审美观，不能有其他不同的女性美的审美观。比较起来，第一、二幅画就是突破了当时流行的主流审美观，让观众可以静静地欣赏苗条、修长的女性人体美本身，这在审美上带来一种新型的思想解放效果。正是借助于这两幅新的女性人体美绘画（还有当时的其他一些绘画作品），一种共同人性观、共同美观念在人们心中更加牢固地树立起来了。

进入改革开放时代，李泽厚先生总结中国美学有四大支柱。他在《美学散步·序》里这样写道："'天行健，君子以自强不息'的儒家精神"，这是第一根支柱；第二，"以对待人生的审美态度为特色的庄子哲学"；第三，"并不摒弃生命的中国佛学——禅宗"。他认为这三大支柱都由宗白华先生说了，他自己说要加上第四大支柱，即以屈原的《离骚》为代表的楚辞传统"屈骚"。但是过了几年后在《中国古代思想史论》里，他又认为融合各家各说的儒家美学才是中国美学的主要支柱。他的观点转变了，原来说中国美学四大支柱，现在又退到儒家去了。经历过批林批孔以后再来看现在儒家美学怎么会被列为主要支柱？当然，以今天的眼光看就变得可以理解了。以儒家为代表的中华优秀传统文化现在受到全社会的高度重视，是走向未来的一种宝贵资源。所以可见李泽厚先生在当时的论述具有一种超前性。

经历过十来年的美学热，20世纪90年代，美学自身分化：一是转化为实际生活中的美化过程，美学变为实学，美学生活化、美学实用化、美学商品化，它以舍弃精神世界的探求为代价，把美学的东西变成实际生活中的东西了；二是被纳入学科体制化的进程，成了现代学科体制的一部分，在学科化中冷落了精神化；三是被内化为个体精神过程，成为个人修为的一部分，精神提升暂时被现实世界遗忘了。

进入21世纪以来，这种分化就更透彻地表现为物质富裕和精神贫困之间的矛盾。一边是经济指数增长，GDP不断增高，另一边是精神贫困与它呈现为巨大的落差。一边是物质富裕但另一边精神提升跟不上。

还有就是现代性、普遍性和民族传统性等之间的脱节，个性和群体性之间的分离等问题。一边是互联网时代、全媒体时代、融媒体时代、人工智能时代，现在讲元宇宙时代等，这些不同的词语都说明今天媒介技术平台越来越发达，但是个人与个人、个人与群体之间的分离不仅没有消除、减退，反而加大了。这些问题都是美学和美育应该关心的核心问题。

现代中国充满热情地从欧洲"拿来"美学学科，并让它经过了丰富复杂的演变过程，其核心缘由在于为现代中国人解决悬而未决的灵魂归宿问题，也就是一百年前青年朱光潜提出的"我们也要换个心才好"。这样一个问题对于今天的中国人来说还是需要解决、探讨的问题。

1984年春节联欢晚会有一首影响很大的歌曲《我的中国心》，曾经在20世纪80年代中期响彻中国大地。中国心应当心归何处？我们的中国心应该是怎样的？"洋装虽然穿在身，我心依然是中国心。"这个问题在今天还要继续来追问。

民族魂、中国魂、中国心这样的关键词回荡在过去100多年现代中国的美学热忱和旅行之中，并且成了它的一个焦点性的问题。由此可以归结起来说，美学来到中国是要协助中国人持续地探讨、追究和重构我们必须要解决的民族魂、中国魂、中国心这样的大问题。我觉得这才是美学来到中国成了一门显学背后的深层次的大问题。美学在深层次里是被当作一门专门研究现代中华民族灵魂归宿的学科，换句话说，是专门研究现代中华民族心灵家园或者精神家园归宿的学科。

三、美学研究的当代问题

美学在现代中国经历了自身的盛衰演变，有过风光，经历黯淡，正肩负新的使命，如何理解美学研究的当代问题？百年前朱光潜提出的换"心"使命尚未完成，随着中国式现代化向前推进，我们的中国心要换成民族的、现代的又是传统的中国心，还要继续努力，继续朝着2035、2049的目标去努力。

美学研究的当代问题有这样几个方面需要考虑。第一，参酌他者。我们还要继续开放，继续以西方或其他外来他者为包容对象，加以师法和跨越。第二，激活传统。像宗炳的《画山水序》所讲："余眷恋庐、衡，契阔荆、巫，不知老之将至。""况乎身所盘桓，目所绸缪。以形写形，以色貌色也。""畅神而已"。《历代名画记》记载宗炳喜琴书好山水，到处游历，"老病俱至，名山恐难遍游，唯澄怀观道，卧以游之。"卧游成了中国旅游学的一个重要传统，躺在床上也"游"，这就为山水画的创作提供了一个重要的依据。明代沈周就有著名的《卧游图册》，其中一幅画的就是秋天。树叶都变黄了，一个松枝歪斜着，在松树下面有一位老者坐在那念书。题诗为："高木西风落叶时，一襟萧爽坐迟迟。闲披秋水未终卷，心与天游谁得知。"庄子里面有一个重要的篇章《秋水篇》，揭示了庄子热爱自然山水、回到自然山水去逍遥游的精神，所以后世的很多文人墨客都把"秋水精神"作为一种重要的人生美学精神来践行。这幅画可以说是以庄子为代表的"秋水精神"的视觉呈现，把它用在《卧游图册》中非常恰当。由此可见，中国古典的美学传统、艺术精神、艺术心灵还值得我们今天来吸取。第三，探寻身感心赏之道。美学在当代要继续处理现代中国悬而未决的问题：中国人的身体感觉与心灵鉴赏如何完美融合？美学应该是一门身感心赏之学，是关于身体感觉与心灵鉴赏融合的学科。美学归根到底就是要研究身体感觉和心灵鉴赏如何协调，然而当前全媒体时代和互联网时代为满足人的身体感觉提供了越来越充分的技术条件，致使人们无节制地冒险持续开发并放纵自己的身体感觉的满足。但是心灵鉴赏是真正重要的，人们诚然必须依靠身体感觉去证明自己，但更需要从身体感觉层面升华到心灵鉴赏层面，直到回归于心灵的宁静，在这个意义上说，美学是身感心灵鉴赏之学。

美学研究的当代问题：人们需要通过美学去探究身体感觉与心灵鉴赏的协调之道，也即透过身体感觉而实现心灵归于宁静的途径。

四、当前美育问题

美学问题和美育问题其实是连在一起的。美育考虑的就是人的心灵如何安置的问题。中华人民共和国成立以来，美育大概经历了五个阶段。一是1952年，教育部《小学暂行规程》和《中学暂行规程》要求实施德育、智育、体育、美育等全面发展的教育，但是当时条件有限做不到。二是1986年改革开放初期，全国人大六届四次会议通过的《关于第七个五年计划的发展报告》首次将美育列入了国家教育方针，这也是一个渐进的过程，很多学校开不出美育课程，没有教师也没有教材。三是1999年，《中共中央关于深化教育改革全面推进素质教育的决定》提出实施素质教育，把德智体美有机统一在教育活动各个环节中。美育作为素质教育真正地得到了重视，好多学校、好多教师在这方面迈出了改革的步伐，大学美育教材纷纷编写出来，这是很重要的一个阶段。四是2013年，党的十八届三中全会通过的《中共中央关于全面深化改革若干重大问题的决定》提出"改进美育教学，提高学生审美和人文素养"，中央文件首次部署了美育改革。五是2015年，《国务院办公厅关于全面加强和改进学校美育工作的意见》颁布。2020年《关于全面加强和改进新时代学校美育工作的意见》全面落实习近平总书记关于美学美育问题的重要讲话指示精神："弘扬中华美育精神，以美育人，以美化人，以美培元，把美育纳入各级各类学校人才培养全过程，贯穿学校教育各学段，培养德智体美劳全面发展的社会主义建设者和接班人。"主要目标是："2022年，学校美育取得突破性进展，美育课程全面开齐开足，学生审美和人文素养明显提升。""到2035年，基本形成全覆盖、多样化、高质量的具有中国特色的现代化学校美育体系。"

这份新的文件体现了新的精神。第一，教育理念：以美育人，以美化人，以美培养；第二，制度设计：通识教育课程系列；第三，课程模块：跨媒体、跨门类美育课程；第四，学科专业归属：整合美学、艺术学和教育学；第五，教材体系。

五、新时代大学美育

新时代大学美育课程怎么上？中央美术学院走在最前面，有很多经验值得我们学习。如何上好新时代大学美育课，编好美育教材，各高校见仁见智、师生各尽其能。我在自己主编的《大学美育》里提出美育的目标是"文心涵濡",既反思了现代中国美学旅行,也提出了马克思主义同中华优秀传统文化,外来的西方美学美育同中国传统的文教、诗教传统相结合。现代美学美育传统我们要继承,但是中国自己的美育传统我们也要弘扬。结合这些我造了一个词:"文心涵濡",即具有中国式"文心"素养传统的美好心灵的养成,这应该成为大学美育的目标、属性或实质。

1. 新时代大学美育课程的目标

新时代大学美育课程的目标是大学生人格的养成。为什么大学生人格养成在大学阶段这么重要?心理学家埃里克森曾经说过个体人格发展总共有八个阶段,其中第五、六阶段恰好就是在大学阶段,"青春期同一性对角色的混乱","成年早期亲密对孤独"。所以一个人的认同时期在大学特别关键。如果定型阶段认同问题处理得不好,可能一辈子都会受到影响。美育不能单独从根本上解决大学生的人格定型问题,但美育可以协助人格定型。美育的作用发挥好了,可以协助大学生涵养自己的人格,在这一点上大学美育大有可为。大学生阶段是个体人格发展至关重要的"同一性""亲密性"定型关键期。任务在于使渐进中的人格趋于定型,确立基本人格范型。从大学生人格定型途径看,大学美育课程的目标在于美好心灵的养成,用中国话来说就是"文心涵濡"。

2. 新时代大学美育课程的属性

美育的属性问题历来充满争议:美育是美学的分支学科,美育是艺术学的分支学科,美育是教育学的分支学科、独立学科、交叉学科等。这些主张都有学者和学校所属的不同的背景。作为一个交叉学科有更多的合理性,但是要坚持它是独立学科也有道理。从大学美育课程的属性来说,应该是大学生人格定型中感性形象涵濡的过程。以感性形象涵濡的方式,为大学生人格定型提供活生生的形象范式,其核心就在于人格的感性形象涵濡。借用中国古典文化传统"文"的概念,"文心涵濡"是中国思想和社会的基础层面的东西,而"尚文"构成了周代以来中国文化传统的核心精神。

"文"在甲骨文里像一个人站立着,带有象形的特点,金文里有从心、文声,位于其核心的心形图案似有指向人类心灵的意思。"文"代表心之形象,由此确立文为心之形象、心乃文之内核的基本意思。"文"有丰富的含义,如彩色交错的图形、纹理、花纹、文字、文章、文辞、文才等。"文"的含义可分为四个层面:一是自然之文,二是人文,三是文艺作品,四是文人。"文心"是要涵养的,"涵"是浸润,"濡"是沾湿,"涵濡"的基本意思是雨水对事物的包涵和滋润状态,从而带有包涵和滋润的意思,以及更持久的深入的濡染、熏陶或熏染之意。按照中国传统,美育的属性就是"文心涵濡",即善于感受天、地、人三者的客观纹理特征和规律并将其内化为个体言行准则的心灵的养成。能够将"天文""地文""人文"交汇的正是"文心"。美育在现代中国承担的任务正是中国传统之"文心"的现代涵濡使命。

"文心涵濡"可以从三个方面去理解。第一,大学美育具有感性符号形象性;第二,大学美育具有心灵性;第三,大学美育具有涵濡性。"文心涵濡"具体是指个体心灵对于天文、地文和人文之变迁规律的直觉式领悟和持续浸润以及相应的知行统一人格的涵养过程。

这样的"文心"可以有几个方面的含义。第一,"文心"应该是一颗纯真之心,即淳朴、率真、真诚之人格,就像李白说的"清水出芙蓉,天然去雕饰",西施之美在于"秀色掩古今,荷花羞玉颜。"第二,"文心"应该是一颗良善之心,即善良、友爱、乐于助人等人格。第三,"文心"应该是一颗尚文之心,即懂得借助于感性符号形式而想象地把握人生与世界的意义的人格范型。第四,"文心"应该是一颗信仰之心,即对人生、世界、宇宙有着明确而坚定的信念并付诸行动的人格范型。我曾经写过一篇文章,叫《美育树信仰——互联网时代大学美育的目标》,是说美育最核心的不是教会我们爱真、爱善、爱美,而是要有一种人生信仰、人生信念。总之,"文心"应该是纯真之心、良善之心、尚美之心和信仰之心相互交融的人格构成,也就是拥有真、善、美、信等多重人格之心灵，这才可以称为文心。现在人们习惯于把喜欢文学艺术的青年叫"文青"，没有人把他们叫"艺青"，可见"文青"实际上也是传承了中国古代以来的"文心"传统。所以古人虽然爱美但更爱文、尚文，这是更基本的。

3. 新时代大学美育的课程构架

大学美育课程怎么教还正在探索中。大学美育的课程构架，第一章是大学美育的目标属性和功能；第二章是中国美育传统、境界和模型；第三至十章是重点，按照美的形态展开审美形态美育，比如自然美育、社会美育、科技美育、艺术美育，相比之下艺术美育最重要。我主编的这本书几乎一半的篇幅是讲艺术美育。艺术美育分成三个板块来讲：一是中国古典型艺术美育，如李泽厚在《美的历程》里阐述的"气韵""感性""古雅"。二是中国现代型艺术美育，这是李泽厚在《美的历程》里没有来得及说的，也是这些年我在探讨的：比如说典型、流兴、流溯。三是外来型艺术美育，比如悲剧、喜剧、崇高、滑稽等，还有古希腊艺术美、浪漫主义艺术美、现实主义艺术美、现代主义艺术美、后现代主义艺术美等。还有艺术门类美育，可以不作为重点讲。最后还加一章网络艺术美育，比如跨界融合美、开放互动美、趣缘分赏美、沉浸体验美等。第十一章是论述教师角色与美育。比如有的师范院校的学生要去考教师资格证，当中小学的美育教师要有美育准备。整个课程可以多位教师合作讲授，也可以是一位教师讲授总论，几位教师分别讲授其余部分。

艺术美之所以在所有的形态中最高，源于生活又高于生活，关键是黑格尔说的具有以符号形式诉诸人类感觉并指向心灵的特性。"一切心灵性的东西都要高于自然产品。""只有心灵才是真实的。""艺术作品应该揭示心灵和意志的更高远的旨趣，本身是人道的有力量的东西，内心的真正的深处。"

最后还想分享一下前不久观看根据小说改编的电视剧《人世间》的一点体会。这部剧在年初的时候获得了很高的收视率，产生了破圈的效益，全国有将近四亿的受众都在看。电视剧讲述的是东北普通工人家庭近半个世纪的人世间的苦乐生活,中间最有启示的就是它其实也在传授一种"文心涵濡"。东北工人周志刚夫妻的家庭及其儿孙的命运唤起了亿万观众的高度共鸣。《人世间》最后落脚在"想想就美"这句话。我觉得特别好也特别符合今天讨论的主题。美学、美育还是要让每一个普通人在人生中过下去,无论是多么顺利、多么幸福还是多么艰辛、多么困顿,但是想一想就是美的。我觉得这就是"文心涵濡"所要达成的一种境界。

现代中国美学旅行的根本缘由是为古典心学传统断裂的现代中国人寻找新的生存之魂。所以当前美学热和文化传统热的目标是相通的,要从身体感觉中获取心灵鉴赏的门径。大学美育的目标就是通过"文心涵濡"而培育自觉传承中国式天文、地文和人文精神的高素养的文化公民。在这点上结合徐悲鸿的两幅画有深刻意义。一幅是《六骏图》中的六匹奔马,它们的活泼、欢快、奋勇、坚韧代表中国式现代化道路上的中国人民。另一幅《巴人戏水图》中在重庆一带的山路陡峭,城市中也是爬坡下坎,则体现了在人生的爬坡过程中,人们以顽强的斗志坚守下来的苦中作乐,这也是一种"文心涵濡"的力量在激励着人们。

新时代文艺理论的创新与中华美育精神的传承

周由强，中国文联理论研究室主任

围绕党的十八大以来我国文艺理论的创新发展，特别是习近平总书记关于文艺工作重要论述精神，重点和大家交流三个问题。

一、当代文艺的价值与中华美育精神的内在关系

我们都是中国特色社会主义新时代的见证者和参与者。这十年，我自己感受最深的是党和国家的理论思维发生了重大变化，是引导我们各项事业发生根本性、全局性变化的最深层的原因。习近平总书记在 2018 年 5 月 4 日纪念马克思诞辰 200 周年的时候，引用了恩格斯的经典论述后指出："中华民族要实现伟大复兴，也同样一刻不能没有理论思维。"理论思维本身是很抽象的，但它的核心要素其实是哲学思维。哲学思维的对象虽然也很抽象，但概括起来，就是探索人与人的内心、人与社会、人与自然、人与他人之间的关系问题。这些"关系"的内在意义和马克思主义哲学常说的"人的本质就是一切社会关系的总和"中的"关系"是一致的。这里所说的理论思维，它的基本属性主要包括真理性和价值性，通俗一点说，就是所研究的理论问题有没有价值，是不是真问题，对自己、对他人、对社会是不是有实质性价值。理论思维体现在日常生活中就是我们的思维方式和价值观。

中央美院百年校庆的时候，习近平总书记在给美院 8 位老教授的回信里着重指出"弘扬中华美育精神"。那么到底什么是中华美育精神？它和中华美学精神是什么关系？对此，学术界有很多的探讨，也需要继续仔细进行学

理性探究。

　　学习宣传贯彻党的二十大精神是当前和今后一个时期各行各业的首要政治任务。党的二十大报告中第二、五、八这三个部分是应当重点关注的内容，也是我今天和大家一起探讨的中心内容。其中第八部分谈到文艺时强调指出，要坚持以人民为中心的创作导向，推出更多增强人民精神力量的优秀作品，培育造就大批德艺双馨的文学艺术家和规模宏大的文化文艺队伍，到2035年建成文化强国。这几句话的信息量非常大，言简意丰。

　　2020年12月，国家教育部举行新闻发布会，向全社会公开解读中办、国办印发的《关于全面加强和改进新时代学校体育工作的意见》和《关于全面加强和改进新时代学校美育工作的意见》两个指导性文件。召开新闻发布会的时候，时任中央美院院长范迪安受邀专门对美育如何开展作了生动的阐述。什么是美育？每一个人的理解都不一样。我们讲的美育，核心的意义和价值就是培养学生深层次的综合审美素养和人文素养，这些内容是培养一个全面发展的人所必需的要素。美育主要是一个内修的东西，这个内修需要组织化地进行体现，或者通过党和国家的政策进行启发式引导和相关公共资源的配套支持，但最终还在于个人修为。简单来说，美育就是审美教育，是以艺术审美为主的审美教育、情操教育、心灵教育，它培养的是人的想象力和创新意识。依照习近平总书记在全国教育大会上的重要讲话精神和国家教育方针，立德树人是所有教育的根本，核心是在各层级教育中培育和弘扬社会主义核心价值观，以提高学生的审美和人文素养为目标，重视以美育人、以美化人、以美培元，把美育纳入各级各类学校的培养全过程。在日常教育中，虽然也讲德智体美劳全面发展，但美育与德、智、体、劳其他四个方面相比，还是比较弱的，并且美育师资严重不足。中央美院美育研究院坚持举办美育研修班，为学校和学会培养更多更加优秀的美育教师，体现了学院敢于担当、善于作为的社会责任感和教育理想。

　　美育的核心是"美"。那么审美教育的美的具体内容是什么呢？我们党和国家的文件其实讲得十分清楚，那就是心灵美、礼乐美、语言美、行为美、科学美、秩序美、健康美、劳动美、艺术美。这里说的艺术美主要是指具体的艺术门类内在的规律性审美。党和国家的几个文件里面对艺术课程的设置也提得比较具体，主要包括音乐、舞蹈、书法、美术、戏剧、影视等。文件对美育课程在各个学历阶段都进行了安排，每一个阶段的目标是不一样的。总体来说，不管如何设置课标，所有的美育教材在征求意见过程中都形成了一个基本共识，那就是一定要体现我们国家和民族的主流价值观，而且要凸显中华美育精神，体现中国人审美的思想性、民族性、创新性和实践性。

这就不得不说到文艺的价值和作用了。大家平时能感受到文艺确实在生活中处处存在，但是它在我们整个国家和社会生活，特别是党的治国理政中处于什么地位、发挥什么作用呢？关于这个问题，习近平总书记在多次重要讲话中给出了明确答案，其中最有代表性的就是在文艺工作座谈会上的讲话中指出的："文艺是时代前进的号角，最能代表一个时代的风貌，最能引领一个时代的风气"，"文艺深深融入人民生活，事业和生活、顺境和逆境、梦想和期望、爱和恨、存在和死亡，人类生活的一切方面，都可以在文艺作品中找到启迪"。他又语重心长地指出："文运同国运相牵，文脉同国脉相连"，"追求真善美是文艺的永恒价值"。这个判断十分科学、十分有力量。古今中外，留传下来受到大家敬仰的文艺作品，真善美都是它们的核心价值追求。总书记还强调："文艺创作的目的是引导人们找到思想的源泉、力量的源泉、快乐的源泉。"他进一步指出："艺术的最高境界就是让人动心，让人们的灵魂经受洗礼，让人们发现自然的美、生活的美、心灵的美。"发现美、感受美，其实就是审美的一个过程。文艺是时代前进的号角，但是文艺只有向上向善才能成为时代的号角。止于至善，方能臻于至美。所以至善至美是我们优秀传统文艺的价值追求。文艺工作者要倡导健康文化风尚，摒弃畸形审美倾向，用思想深刻、清新质朴、刚健有力的优秀作品滋养人民的审美价值观。

正因为文艺工作如此重要，新时代以来习近平总书记在几次重要讲话中反复强调文艺的独特价值。在 2014 年召开的文艺工作座谈会上，总书记指出，"文艺事业是党和人民的重要事业，文艺战线是党和人民的重要战线。"在 2016 年召开的中国文联十大、中国作协九大开幕式上，总书记又强调了这个观点。在 2019 年全国政协联组会上，总书记在接见哲学社会科学界和文艺界的代表时又在"重要事业""重要战线"前面加了"十分"二字。在 2021 年召开的中国文联十一大、中国作协十大开幕式上，当总书记再次讲到"文艺事业是党和人民的重要事业，文艺战线是党和人民的重要战线"后深情地指出，"党和人民需要你们、信赖你们，感谢你们！"时，全场长时间响起热烈的掌声。

二、习近平总书记文艺工作重要论述中的价值观、创作观、历史观与美育工作的开展

习近平总书记文艺工作重要论述观点鲜明、内容丰富、体系完善，对丰富和发展当代马克思主义文艺理论作出了很多原创性贡献。新时代以来，总书记关于文艺工作的重要论述十分丰富和深刻，主要有五次重要讲话和六封书信，其中包括给中央美术学院 8 位老教授的回信。具体来讲，五次重要讲话包括 2014 年在文艺工作座谈会上的讲话，2016 年在中国文联十大、中国作协九大开幕式上的讲话，2019 年在全国政协联组会上会见哲学社科界和文艺界代表时的讲话，2020 年在教育文化卫生体育领域专家代表座谈会上的讲话，2021 年在中国文联十一大、中国作协十大开幕式上的讲话。关于六封书信的具体情况就不在此赘述了。从这些重要讲话和书信来看，总书记反复强调五个主要问题，那就是文艺创作者的文化自信、人民立场、创新创造、德艺双馨和党领导文艺的问题。

在中国文联十一大、中国作协十大开幕式上的讲话中，习近平总书记十分精辟地总结了我们党领导文艺工作的百年历程："一百年来，党领导文艺战线不断探索、实践，走出了一条以马克思主义为指导、符合中国国情和文

化传统、高扬人民性的文艺发展道路，为我国文艺繁荣发展指明了前进方向。"这为我们理解现当代百年中国文艺提供了清晰的线索和脉络。讨论百年来的中国文艺，不能离开党和国家每一个历史阶段的中心任务和当时社会的主要矛盾。文艺工作者作为党的宣传文化战线的一个组成部分，工作除符合党的宣传思想文化战线工作的所有要求以外，还要重点考虑政治方向、价值取向和舆论导向三个问题。这是谈论和衡量一个文艺作品或者一个文艺活动的基本考察点。对文艺创作者来说，转化过来就是理想信念、价值理念和道德观念三个方面。这里重点和大家一起学习领会总书记关于文艺工作的三个重要问题的重要论述，即价值观、创作观、历史观问题，并试图探讨这些问题对开展美育工作的意义。

首先，谈谈文艺的价值观问题。对文艺来说，价值观问题是一个最基础，也是最要害的问题。这也是习近平总书记文艺工作重要论述关注的重中之重的问题。新时代以来，总书记在多个场合反复强调文化自信与价值观问题。他指出："一个国家、一个民族不能没有灵魂，作为精神事业，文化文艺、哲学社会科学当然就是一个灵魂的创作，一是不能没有，一是不能混乱。"在文艺工作座谈会上，总书记一针见血地指出："我国社会正处在思想大活跃、观念大碰撞、文化大交融的时代，出现了不少问题。其中比较突出的一个问题就是一些人价值观缺失，观念没有善恶，行为没有底线，什么违反党纪国法的事情都敢干，什么缺德的勾当都敢做，没有国家观念、集体观念、家庭观念，不讲对错，不问是非，不知美丑，不辨香臭，浑浑噩噩，穷奢极欲。现在社会上出现的种种问题病根都在这里。这方面的问题如果得不到有效解决，改革开放和社会主义现代化建设就难以顺利推进。"正是从这个角度讲，总书记明确指出："文化文艺不接地气不行，要解释现实的社会问题，开什么处方治什么病，首先要把是什么病搞清楚……号脉都号不清楚，那治什么病？"

那么2014年习近平总书记在文艺工作座谈会上讲话前后，文艺界最大的问题，也就是最重的病是什么呢？总书记在讲话中十分明确地指出："我同几位艺术家交谈过,问当前文艺最突出的问题是什么,他们不约而同地说了两个字:浮躁。一些人觉得,为一部作品反复打磨,不能及时兑换成实用价值,或者说不能及时兑换成人民币,不值得,也不划算。这样的态度,不仅会误导创作,而且会使低俗作品大行其道,造成劣币驱逐良币现象。"浮躁就是当时文艺界最重的病症,根本原因在于价值观的混乱和扭曲,体现在创作上,就是总书记描述的那样:"在文艺创作方面,也存在着有数量缺质量、有'高原'缺'高峰'的现象,存在着抄袭模仿、千篇一律的问题,存在着机械化生产、快餐式消费的问题。在有些作品中,有的调侃崇高、扭曲经典、颠覆历史,丑化人民群众和英雄人物;有的是非不分、善恶不辨、以丑为美,过度渲染社会阴暗面;有的搜奇猎艳、一味媚俗、低级趣味,把作品当作追逐利益的'摇钱树',当作感官刺激的'摇头丸';有的胡编乱写、粗制滥造、牵强附会,制造了一些文化'垃圾';有的追求奢华、过度包装、炫富摆阔,形式大于内容;还有的热衷于所谓'为艺术而艺术',只写一己悲欢、杯水风波,脱离大众、脱离现实。凡此种种都警示我们,文艺不能在市场经济大潮中迷失方向,不能在为什么人的问题上发生偏差,否则文艺就没有生命力。"透过现象看本质,总书记的讲话如此生动而深刻,既看到了文艺界当时存在的病相,也看到了存在病相的内在原因,就是实用主义、金钱至上等不良价值观的驱动所致。

如何解决浮躁这一顽瘴痼疾呢?习近平总书记也开出了"药方",告诫广大文艺工作者:"虽然创作不能没有艺术素养和技巧,但最终决定作品分量的是创作者的态度。""文艺创作是艰苦的创造性劳动,来不得半点虚假。那些叫得响、传得开、留得住的文艺精品,都是远离浮躁、不求功利得来的,都是呕心沥血铸就的。"总书记要求广大文艺工作者要有"板凳坐得十年冷"的艺术定力,有"语不惊人死不休"的执着追求,才能拿出扛鼎之作、传世之作、不朽之作。要遵循言为士则、行为世范,牢记文化责任和社会担当,正确把握艺术个性和社会道德的关系,始终把社会效益放在首位,严肃认真考虑作品的社会效果。要珍惜自己的社会形象,在市场经济大潮面前耐得住寂寞、稳得住心神，不为一时之利而动摇、不为一时之誉而急躁，不当市场的奴隶。

在开"药方"的同时，习近平总书记也给我们指出了正确的方法："一切艺术创作都是人的主观世界和客观世界的互动，都是以艺术的形式反映生活的本质、提炼生活蕴含的真善美，从而给人以审美的享受、思想的启迪、心灵的震撼。"关于什么是真善美，每个人内心的理解不完全一样。"真"就是要反映真实，表现真情，追求真理，认识客观事物的本质，认识世界发展的规律；"善"就是要在为了人类的光明未来而追求真理的过程中，与人为善，尊重人，理解人，关心人，爱护人；"美"就是要在真和善相统一的基础上，满足人们对美的追求和需要，给人以精神上的愉悦。

"提炼生活蕴含的真善美"就是我们常说的弘扬主旋律。但是，长时间以来，我们文艺界对主旋律的理解存在偏差和误解。误把主旋律当作一种题材的问题，在学界、文艺界和媒体界都还大量存在，这个问题值得搞美育工作的同志们高度重视。其实，现在讲的"主旋律"概念，其内涵是弘扬爱国主义、集体主义、社会主义，倡导推进改革开放、现代化、民族团结、社会进步、人民幸福的思想和精神。当然，正是从这个角度来看，弘扬主旋律、提倡多样化是完全高度内在统一的，而不是一些人一讲弘扬主旋律，就认为是对多样化的艺术表达的否定。主旋律是多样化的价值追求，多样化是弘扬和壮大主旋律的必然要求和方式。

谈到文艺的价值观问题，还有一个如何对待"外来"的问题是不可能回避的。不可讳言，一段时间以来，特别是20世纪80年代以来，国门打开以后，西方文艺思潮，包括创作思潮、评论思潮，都大量涌进我国，一时间，"外国月亮比中国圆"等崇洋媚外的思想和心态四处弥漫，"以洋为尊""以洋为美""唯洋是从"，把作品在国外获奖作为最高追求，跟在别人后面亦步亦趋、东施效颦，严重侵蚀了我国文艺发展的理论根基，让我们的文艺发展走了不少弯路。当然，反对食洋不化，并非盲目排外、拒绝先进。习近平总书记教导我们："只有坚持洋为中用、开拓创新，做到中西合璧、融会贯通，我国文艺才能更好发展繁荣起来。"这就要求我们文艺工作者既要脚踩大地，又要仰望星空，既要面对我们自己的精神大厦建设的难题，也要打开眼睛看世界，把握世界前进的趋势。正如总书记教导我们的那样："只有眼睛向着人类最先进的方面注目，同时真诚直面当下中国人的生存现实，我们才能为人类提供中国经验，我们的文艺才能为世界贡献特殊的声响和色彩。"

其次，谈谈文艺的创作观问题。习近平总书记在讲话中针对文艺创作提出了很多饱含原创性的精彩论述，需要我们认真品读。谈到创作问题，首先必须谈创作立场问题，就是我们常说的文艺创作为什么人的问题，这是创作的根本问题。对这个问题，总书记的几次重要讲话十分明确，那就是要坚持以人民为中心的创作导向。为什么要坚持以人民为中心的创作导向呢？总书记告诫我们："人民的需要是文艺存在的根本价值所在。能不能搞出优秀作品，最根本的决定于是否能为人民抒写、为人民抒情、为人民抒怀。一切轰动当时、传之后世的文艺作品，反映的都是时代要求和人民心声。"什么叫以人民为中心呢？总书记指出，以人民为中心，文艺要反映好人民心声，就要坚持为人民服务、为社会主义服务这个根本方向。这是党对文艺战线提出的一项基本要求，也是决定我国文艺事业前途命运的关键。要把满足人民精神文化需求作为文艺和文艺工作的出发点和落脚点，把人民作为文艺表现的主体，把人民作为文艺审美的鉴赏家和评判者，把为人民服务作为文艺工作者的天职。关于"人民"的范畴，总书记在文艺工作座谈会上有一个经典的表述，那就是"人民不是抽象的符号，而是一个一个具体的人，有血有肉，有情感，有爱恨，有梦想，也有内心的冲突和挣扎"。这对文艺创作者理解"人民"的内涵帮助极大。后来，总书记在讲话中，又多次论及"人民"，指出"生活就是人民，人民就是生活"。人民是真实、现实、朴实的，不能用虚构的形象虚构人民，不能用调侃的态度调侃人民，更不能用丑化的笔触丑化人民。

关于创作的主题选择问题，这也是文艺创作的基础问题。习近平总书记多次强调，文艺创作要体现时代性，把准历史方位。他指出："新时代新征程是当代中国文艺的历史方位。"总书记希望广大文艺工作者心系民族复兴伟业，热忱描绘新时代新征程的恢宏气象。广大文艺工作者要与时代同步伐，从时代的脉搏中感受艺术的脉动，把艺术创造向着亿万人民的伟大奋斗敞开，向着丰富多彩的社会生活敞开，从时代之变、中国之境、人民之呼中提炼主题、萃取题材，展现中华历史之美、山河之美、文化之美，书写中国人民奋斗之志、创造之力、发展之果，全方位全景式地展现新时代的精神气象。

关于文艺创作方法，习近平总书记有十分生动精彩的论述。他指出："艺术可以放飞想象的翅膀，但一定要脚踩坚实的大地。文艺创作方法有一百条、一千条，但最根本、最关键、最牢靠的办法是扎根人民、扎根生活。""双扎"理论讲得十分形象，也十分透彻。我们的文艺创作是一个观念和手段相结合，内容和形式相融合的深度创新，是各种艺术要素和技术要素的集成，是胸怀和创意的对接。总书记希望文艺工作者用现实主义精神和浪漫主义情怀观照现实生活，用光明驱散黑暗，用美善战胜丑恶，让人们看到美好、看到希望、看到梦想就在前方。现实主义与浪漫主义作为文学创作方法之两翼，从来是密切相关、相辅相成的。现实主义需要我们脚踩大地，从现实出发；浪漫主义需要我们怀揣理想，让艺术发出光芒，照亮人们的精神世界，增强前进的力量。

关于创作中的创新问题，是习近平总书记讲话中十分关注且深刻阐述过的基本问题。他强调，创新是文艺的生命。要把创新精神贯穿文艺创作生产全过程，增强文艺原创能力。要坚持百花齐放、百家争鸣的方针，发扬学术民主、艺术民主，营造积极健康、宽松和谐的氛围，提倡不同观点和学派充分讨论，提倡体裁、题材、形式、手段充分发展，推动观念、内容、风格、流派切磋互鉴。文艺创新不是简单的标新立异或者简单的外来移植，而是一定要扎根自己民族文化的沃土，把艺术的创造力与中华文化的价值融合起来，把中华美学精神和当代的审美追求结合起来，激活中华文化的生命力。

艺术创新也离不开科技,科技对艺术的影响有时候甚至是颠覆性的。但总书记告诫我们,要明白一个道理,一切创作技巧和手段都是为内容服务的,是为了更鲜明、更独特、更透彻地说人说事说理。背离了这个原则,技巧和手段就毫无价值了,甚至还会产生负面影响。科技发展、技术革新可以带来新的艺术表达和渲染方式,但艺术的丰盈始终有赖于生活。这些年不少大众艺术作品能够受到老百姓的欢迎,最大的一个特点,就是有赖于丰盈的现实生活作为底色。

最后,谈谈文艺的历史观问题。关于历史观问题,是这些年文艺创作的一大重点和难题,习近平总书记讲得十分透彻。他语重心长地指出,历史是一面镜子,我们能通过历史更好地看清世界、参透生活、认识自己,也能够认识过去、把握当下、面向未来。文艺家没有历史感,就很难有丰富的灵感和深刻的思想。文艺家要结合史料进行艺术的再现,必须有史识、史才、史德。针对文艺创作中的历史虚无主义,总书记告诫文艺工作者,任何一个时代的文艺,只有同国家和民族紧紧维系、休戚与共,才能发出振聋发聩的声音。文学家、艺术家不能用无端的想象去描写历史,更不能使历史虚无化。同时,总书记也十分理解文艺家在历史问题上的困惑,指出:"文学家、艺术家不可能完全还原历史的真实,但有责任告诉人们真实的历史,告诉人们历史中最有价值的东西。"这两年上上下下都关注和喜爱的电视剧《觉醒年代》,就是一个很好地处理历史真实和艺术真实的范例。《觉醒年代》没有也不可能全景式还原我们党建立初期的社会历史,但是作品讲当时南陈北李建党的社会原因和内在动机,也是这段历史和人物最有价值,对当代人最有启发意义的东西,都讲清楚了,避免因某个人的毁誉淹没了一段有价值的历史,所以《觉醒年代》获得了老中青少的追捧和好评。再比如,获得广泛好评的电视剧《人世间》,它既尊重了历史的真实,同时也艺术化地呈现了历史,在描摹真实生活的同时抽离出来普通人生活中面临的一种共情共鸣的精神特质,来源于生活又超越了生活,让人们感受到作品的艺术感染力,从而获得温暖的心灵滋养。

三、中华审美精神与中华美育精神的弘扬与传承

习近平总书记十分重视培育和树立正确的审美观问题,对中华美学精神的内涵有精辟的论述,"中华美学精神"和"中华美育精神"两个概念在内涵上是一致的。总书记在文艺工作座谈会上的讲话十分清晰地论述了中华美学的内在特点:中华美学讲求托物言志、寓理于情;讲求言简意赅,凝练节制;讲求形神兼备,意境深远;强调知、情、意、行相统一。"三讲求一强调",前面三句话很容易理解,后面讲知、情、意、行相统一中的"行"是中华美学特有的价值追求。西方的艺术理论也讲知、情、意,但不讲"行",很多情况下西方艺术评价是把做人和从艺相分离的,认为艺术家的个人品行和艺术本身的价值和审美追求没有必然联系。但中华美学或者中华审美的特色是一以贯之的,追求天人合一,讲究言行一致,倡导德艺双馨。

讲到审美观,歌颂或者批判是不能回避的问题。习近平总书记指出,生活中并非到处都是莺歌燕舞、花团锦簇,社会上还有许多不如人意之处、还存在一些丑恶现象。对这些现象不是不要反映,而是要解决好如何反映的问题。古人云:"乐而不淫,哀而不伤","发乎情,止乎礼义"。文艺创作如果只是单纯记述现状、原始展示丑恶,而没有对光明的歌颂、对理想的抒发、对道德的引导,就不能鼓舞人民前进。广大文艺工作者要提高阅读生活的能力,善于在幽微处发现美善、在阴影中看到光明,不做徘徊边缘的观望者、讥诮社会的抱怨者、无病呻吟的悲观者,不能沉溺于鲁迅所批评的"不免咀嚼着身边的小小的悲欢,而且就看这小悲欢为全世界"。总书记这些重要论述告诉我们,文艺不是不能写负面的东西,但是写负面的目的不是仅仅为了展示负面东西的负能量,而是要从负面的不足不好之处看到美好和正能量的更大价值和意义。

讲到审美观,"三俗"问题是文艺领域的一个敏感问题。习近平总书记的重要讲话态度十分明确:文艺要通俗,但决不能庸俗、低俗、媚俗。低俗

不是通俗，欲望不代表希望，单纯感官娱乐不等于精神快乐。要自觉抵制不分是非、颠倒黑白的错误倾向，自觉摒弃低俗、庸俗、媚俗的低级趣味，自觉反对拜金主义、享乐主义、极端个人主义的腐朽思想。正是从这个意义上，总书记强调要弘扬中华美学精神和中华美育精神，要发扬中国文艺追求向上向善的优良传统，把社会主义核心价值观生动活泼体现在文艺创作之中，把有筋骨、有道德、有温度的东西表现出来，倡导健康文化风尚，摒弃畸形审美倾向，用思想深刻、清新质朴、刚健有力的优秀作品滋养人民的审美观价值观，使人民在精神生活上更加充盈起来。

说到中华审美的特色和生命力，这两年火爆出圈的舞剧《永不消逝的电波》《只此青绿》和舞蹈综艺《唐宫夜宴》等，都能让人们从作品中感受到中华美学在当代社会焕发出的勃勃生机。这些作品创作成功的一大秘诀，就是挖掘中华优秀传统文化审美因子，进行了现代方式的展示。

关于审美观问题，习近平总书记还多次告诫我们，不能套用西方理论来剪裁中国人的审美，如果"以洋为尊""以洋为美""唯洋是从"，把作品在国外获奖作为最高追求，跟在别人后面亦步亦趋、东施效颦，热衷于"去思想化""去价值化""去历史化""去中国化""去主流化"那一套，绝对是没有前途的！那怎么去衡量一个艺术作品的审美价值呢？总书记在文艺工作座谈会上曾用思想高度、文化内涵、艺术价值三个维度去衡量，在中国文联十一大、中国作协十大开幕式讲话中，总书记又指出，考察一个作品，要从精神能量、文化内涵、艺术价值几个方面着手。两次论述的字面虽有所变化，但本质上都是一样的，那就是思想含量、文化含量、艺术含量。同时，总书记从文艺评论的角度，也给出了艺术审美的三个理论源泉和四个维度，那就是要以马克思主义文艺理论为指导，继承创新中国古代文艺批评理论优秀遗产，批判借鉴现代西方文艺理论，打磨好批评这把"利器"，把好文艺批评的方向盘，运用历史的、人民的、艺术的、美学的观点评判和鉴赏作品。

总之，走在新时代新征程上，中华民族伟大复兴已经成为人们情感结构中的强烈驱动力,以艺术为主要方式的美育工作,将成为改造和丰富我们的物质世界和精神世界的强大力量。认真研究新时代文艺理论创新和中华美育精神传承的内在关系及其实现有效链接的方法途径,是今后文艺理论和美育工作的重要命题,还需要进一步全面深入探讨。

美育作为趣味教育

彭锋，北京大学艺术学院院长，国务院艺术学学科评议组召集人，教育部高等学校艺术学理论教学指导委员会秘书长，国际美学协会副会长，中华美学学会副会长，中国文艺评论家协会理事，中国美术家协会理事

"什么是美育，怎样从事美育？"2018年，我在《光明日报》上发表了一篇文章，题目为《美育应聚焦于态度教育》，将教育分成三种：知识教育、能力教育和态度教育，认为美育可能更偏重于态度教育。后又在《人民日报》上发表了一篇文章，题目为《美育重在熏陶与化育（美育）——谈美育实施的方法》，强调美育更多是一种熏陶。最近，我写了一篇题目为《艺术教育的四副面孔》的文章，指出艺术教育有四副面孔，其中一副面孔和美育有关。艺术教育可以分为四种形式：艺术学术教育、艺术专业教育、艺术素质教育和教育艺术教育。艺术学术教育侧重的是知识教育，培养艺术研究者。艺术专业教育，侧重能力教育，目标不是培养研究人才而是创作人才、艺术家。艺术学术教育和艺术专业教育之间有关系，但是侧重点不太一样。艺术专业教育需要学术教育，艺术家也需要相关的知识，但艺术学术教育是否也需要专业教育呢？美术史研究者是否也需要学习绘画呢？这还没有定论。艺术研究者能够懂得艺术创作技巧固然好，但也有艺术研究者不是很懂艺术技巧却能做好研究。艺术素质教育，侧重态度教育，目标既不是培养研究者也不是培养艺术家，而是培养全面发展的人格。

《艺术教育的四副面孔》这篇文章是在《东北师大学报（哲学社会科学版）》上发表的，所以还考虑了师范大学侧重教师培养的特殊情况，就加了第四点，即教育艺术教育，类似于将美育融入教学法之中，来培养教师的教学能力。各师范大学里面都有教学法，比如数学有数学的教学法，哲学有哲

学的教学法，教学法解决的问题是如何使自己的课堂更生动、更有吸引力，学生更爱听，我把它称作教育艺术教育。

艺术学术教育、艺术专业教育和艺术素质教育这种区分，在教育部最近的学科目录调整里也得到了体现。学科目录调整之前，艺术学门类里有五个学术学位的一级学科：艺术学理论、音乐与舞蹈学、戏剧与影视学、美术学和设计学，还有一个专业学位的学科即艺术，包括广播电视、电影、戏剧、戏曲、音乐、舞蹈、美术、设计等。艺术学理论相当于学术教育，艺术相当于专业教育或者能力教育。音乐与舞蹈学、戏剧与影视学、美术学和设计学这些学科，既包含学术教育也包含专业教育，既有史论研究也有具体实践。于是，在这些学科里存在一种争议，究竟是参照学术标准还是参照能力标准？总而言之，这方面的争议始终存在。

学科目录调整后就变成整个艺术学里面只有一个学术学位一级学科，叫艺术学，剩下的都是专业学位，除了在交叉学科里保留了设计学之外。这次学科目录调整说明在艺术教育领域里，学术教育和专业教育是可以分开的。

美育可以作为知识教育，今天的美学和艺术学大部分都是知识教育。哲学—美学基本上是由三个部分组成：美学原理、中国美学史和西方美学史。艺术学包括艺术理论、美术史、音乐学、电影研究、戏剧研究、舞蹈研究等，是由一般艺术学和门类艺术学构成的。一般艺术学是涵盖各个门类艺术的学问，门类艺术学比如美术史专门针对美术研究，音乐学专门针对音乐研究。总之，艺术学的目的是培养美学和艺术研究的人才。显然，美育不完全是知识教育。要普及美育，但不需要那么多美学和艺术研究的人才。

美育不是艺术知识教育，也不是艺术能力教育。作为能力教育，它的目的是培养各门类艺术实践的艺术家。尽管美育与艺术知识教育和艺术能力教育有关，但美育的核心不是知识教育和能力教育，而是素质教育。它的目标既不是培养从事艺术研究的学者，也不是培养艺术家，而是让每个人都过上美好生活。作为素质教育的美育也需要相关知识教育和能力教育，没有一种专门的素质教育可以脱离知识教育和能力教育，但是教育内容和方式有所不同。

作为素质教育的美育侧重通识教育。例如，在北京大学开展音乐教育，它的教学内容和方式与中央音乐学院的可能有所不同。北京大学的音乐教育属于美育，中央音乐学院的音乐教育属于专业教育。中央音乐学院的音乐教育侧重专论，北京大学侧重通论。作为美育的音乐教育，在教学内容上可能更接近音乐本体，但不太涉及专门的领域如民族音乐学的某些领域，教学方式更加侧重理论与作品、知识和鉴赏的联系。这方面我有一些经验，我在北大开过两门美学课，一是在哲学系面向本科生开设的专业基础课，这门课程的教材《美学导论》于2011年由复旦大学出版社出版；二是面向全校的美学通选课，这门课程的教材《美学的意蕴》于2000年由中国人民大学出版社出版。这两门课的侧重点明显不同，面向哲学系本科生的课程专业性更强，面向全校的美学通选课专业性相对弱一些，但是它覆盖的范围更广。一个是作为专业课的美学课，一个是作为美育课的美学课，它们之间的内容和讲法是可以区别开来的。

作为素质教育的美育也需要相关的技能训练，但和专业的训练还是不同的，多半以业余为主。还是以北京大学为例，从蔡元培时代开始一直到现在，北大从来没招收过艺术生。北大的传统是艺术和美学作为素质教育，而不培养艺术家。1918年成立的北京大学画法研究会和在此基础上成立的画法研究所、造型美术研究所等，尽管有陈师曾、徐悲鸿等名家教学，但学生多半来自北大各院系，他们有自己主修的科目，绘画只是辅修或业余爱好。在这种学生里面也有可能出现好画家，但是按照蔡元培当时的设想，作为素质教育的绘画教育，并不以培养画家为目的。后来蔡元培成立了其他的艺术学院，比如今天的南京艺术学院、中国美术学院、上海音乐学院等，这些院校都把蔡元培当作校长，这些学校是培养艺术家的。蔡元培在北大设置的艺术教育，类似于今天的美育而不是专业的艺术教育。当然，他那个时代，我国的现代艺术教育才刚刚开始，不同类型的艺术教育之间的区分还不是那么明显和严格。

美育的主要内容是态度教育，怎么理解态度教育呢？我先讲一个例子，最后以这个例子来分析一下什么是态度。朱光潜在《谈美》一书中有一章写得脍炙人口，这章的标题叫"我们对一棵松树的三种态度"。他写道："假如你是一位木商，我是一位植物学家，另外一位朋友是画家，三人同时来看这棵古松。我们三人可以说同时都'知觉'到这一棵树，可是三人所'知觉'到的却是三种不同的东西。你脱离不了你的木商的心习，你所知觉到的只是一棵做某事用值几多钱的木料。我也脱离不了我的植物学家的心习，我所知觉到的只是一棵叶为针状、果为球状、四季常青的显花植物。我们的朋友——画家——什么事都不管，只管审美，他所知觉到的只是一棵苍翠挺拔的古树。我们三人的反应态度也不一致。你心里盘算它是宜于架屋或是制器，思量怎样去买它、砍它、运它。我把它归到某类某科里去，注意它和其他松树的异点，思量它何以活得这样老。我们的朋友却不这样东想西想，他只是聚精会神地观赏他的苍翠的颜色，它的盘屈如龙蛇的线纹以及它的昂然高举、不受屈挠的气概。"

美育侧重的是态度教育，要培养像画家一样的态度，聚精会神地观赏松树本身，而不像木材商人和植物学家那样，都看到松树的某个方面。在美学上画家的这种态度被称为无利害的态度。所以，如果美育是态度教育，它培养的就是这种无利害的态度。审美态度是现代美学的核心，这已经得到许多美学史家的认可。不过，也有人不同意这个看法，认为根本就不存在"审美态度"。分析美学家迪基就是持这种看法。在《审美态度的神话》一文中，迪基对"审美态度"理论展开了彻底的批判。为了更好地批判审美态度，迪基总结了审美态度的三个特征：第一个特征是"超然"，第二个特征是"距离"，第三个特征是"无利害性"。尽管迪基批判审美态度，但是他对审美态度的特征概括是准确的，因此我经常用迪基的概括。尽管无利害的态度好像不涉及知识和能力，按理来讲是很容易采取的态度，但是要保持无利害的态度却不是一件容易的事情，甚至需要某种程度的训练或修养才能保持无利害的态度。有利害的态度，比如科学或者实用的态度，则不需要训练或者修养，因为人们很自然会用求知、求利的态度看待事物，但是保持超然的、无利害的态度还是有困难的。无利害的态度需要熏陶、教养，这属于美育的一个重要组成部分。

审美态度的特点是无利害性，如果借用康德的术语来说，无利害的态度就是不用功利、目的、概念的眼光来看事物，不对事物的存在感兴趣，不占有和消耗事物的存在。比如，真苹果吃完就没有了，这叫占有和消耗事物的存在。但是，画作上的苹果，却只可看、不能吃。如果我们只是欣赏画作上的苹果，不想吃掉它，也不想将画作据为己有，这种态度就是无利害的态度。

美育的一个很重要的目标就是培养这种态度。这种态度的培养比较困难，可以通过趣味教育最后达到审美态度。刚才讲了朱光潜先生举的例子，人们对一棵松树的三种态度，三种态度的代表分别是木材商人、植物学家、画家。用画家的态度来代表审美态度有一定道理，但不是特别准确，因为从美学上来讲，无利害的态度不是艺术家的态度而是艺术鉴赏者的态度。

这里需要简单考察一下艺术概念的起源。今天的艺术概念与欧洲18世纪以前的艺术概念和中国传统的艺术概念都不一样。中国古代很多方技都可以归到艺术里面去，如医术、相面术等都叫艺术。欧洲也是如此，如数学、几何、天文都是艺术。转折点发生在18世纪的欧洲，现代美学概念和今天的美学学科都是在18世纪确立起来的。当18世纪美学家讲无利害的态度时，主要不是针对艺术家而是针对鉴赏家——有教养的业余爱好者。克里斯特勒《艺术的现代系统》一文对美学学科诞生的背景作了一个比较详细的梳理，是一篇很好的美学史论文。其中讲到美学领域里面的业余传统。为什么说业余爱好者推动了美学的发展、推动了今天艺术概念的诞生呢？在18世纪之前，已经有了绘画、雕塑、建筑、音乐、舞蹈、戏剧等，但是那个时候没有一个"艺术"将它们归在一起。从18世纪中期开始，一些美学家们或思想家们发明了一个新的概念，即"美的艺术"，简称为"美术"，也即今天的"艺术"。汉语最早也是用"美术"来指称全部艺术门类，后来"美术"专门用来指称造型艺术,于是就用"艺术"来指称全部艺术门类。艺术概念将已有的艺术门类归在一起,那么是什么人把不同的艺术门类归在一起呢?肯定不是艺术家,艺术家只管好自己从事的艺术门类就可以了。画家只管绘画,音乐家只管音乐,如此等等。但是,业余爱好者不同,他既可以喜欢绘画,也可以喜欢音乐,他对不同门类的艺术之间的关系有兴趣,发现了它们之间的共性,于是就将绘画、音乐等归入艺术之中。

业余爱好者是在18世纪随着西方资本主义的发展而出现的一个阶层,用今天的话来说,这个阶层的人"有钱有闲"。业余爱好者可以既喜欢绘画,又喜欢音乐,还喜欢戏剧,可以出入不同的艺术门类之间。这种经验让他们能够发现不同的艺术门类存在某些共性,然后再把它们归结到一起。业余爱好者因为有不同艺术门类的欣赏经验,可以出入不同的艺术门类,能够发现它们之间的共性,最后根据这些共性,把不同的艺术门类归到一起。当时发现的共性有两个:第一个是美,第二个是模仿。法国美学家杜博斯强调,对艺术的鉴赏,有教养的公众比职业艺术家更重要,作出的判断更准确。

明末清初文学家、戏剧家、美学家李渔关于态度的一篇文章写得特别精彩,他对于态度的理解和我们今天理解的态度有点不一样,文章讲的是美和态度的关系,态度是让美变得更美的一种元素,但是无法将它描述清楚。李渔说:"媚态之在人身,犹火之有焰,灯之有光,珠贝金银之有宝色,是无形之物,非有形之物也。惟其是物而非物,无形似有形,是以名为尤物。尤物者,怪物也,不可解说之事也。"李渔的文章是讲怎么样去挑选戏曲演员的,他讲了长相、肤色等,最后讲的是态度。

尽管态度不是美,但态度与美关系密切。在李渔看来,"态度"或"态"不仅指人的一种状态,而且指人对事物采取的立场和看法。一个人对事物采取什么立场和看法与这个人呈现什么状态是有关系的。作为立场和看法的态度是不争的心态,作为外观的态度是美。一个人有不争的心态呈现出来的样貌就是美的。不争的心态(无利害性)可以养成优雅的美,优雅的美可以导致不争的心态,美与无利害性呈现出互为因果关系。

态度是不可言说的，从上引李渔的这段话里可以分析出几个要点：第一，态度可感不可说，美也有这方面的特征。第二，态度具有不可造作性，作态不仅于事无补，而且适得其反。李渔说："自观者视之，其初之不动，似以郑重而养态；其后之故动，是以徜徉而生态。然彼岂能必天复雨，先储其才以俟用乎？其养也出之无心，其生也亦非有意，皆天机之自起自伏耳。"李渔讲的态度，最终要变成一种内在的修养，不是有意为之而是自然流露。李渔这段话的意思是：有一天下雨，大家都挤在一个小亭子躲雨，但有一位年纪稍大一点的女子，不跟大家挤进亭子里，而就在外淋着雨；一会雨停了，其他人都从亭子出来，这个妇女才到亭子里面去，没想到过一会又下雨了，那群人又着急跑回亭子里面躲雨；这一切发生的事情、天气的变化，妇女都没有预料到，但她的行为是自然而然的，所作所为特别从容，这就是态度的不可造作性。第三，态度可学不可教。李渔总结态度说："学则可学，教则不能。"态度只能熏陶："使无态之人与有态者同居，朝夕薰陶，或能为其所化；如蓬生麻中，不扶自直，鹰变成鸠，形为气感，是则可矣。若欲耳提而面命之，则一部《廿一史》，当从何处说起？还怕愈说愈增其木强，奈何！"李渔说的态度指的是人的美，这种美不是形状，而是气场。如果把态度看作美，而美无法教授，那怎么来开展美育？将无利害性的态度和美联系在一起，美育如何开展呢？这些都是今天需要思考的问题。

李渔所说的"态度"，从某种角度来说，类似于西方美学中所说的"趣味"。尽管"趣味"也有天生的一面，但从总体上来说，"趣味"是可以教化的。如果说态度可学不可教，趣味可学也可教，或许通过趣味教育就可以达到态度教育的目的。

趣味作为现代美学概念也是在18世纪欧洲产生的，现代美学跟古典美学最大的区别是，古典美学强调规则，比如戏剧有三一律，诗歌、绘画都有自己的规则，古典主义用的颜色、形状、人物姿势都有严格讲究，但是现代美学是反规则的。《美学经典选读》的作者汤森德认为，趣味是现代美学的标志。他说："在现代美学家看来，审美感官的典范不像在古典世界当中的通常情形那样是眼睛，而是舌头。趣味转变成了一个美学术语；这种转变的诸多原因中最重要的原因是，趣味类似于艺术和美产生的经验的多样性、私密性和即刻性。当我品味某种东西时，我无须思考它就能经验那种味道。这是我的味觉，它在某种程度上是不能否定的。如果某种东西给我咸味，没有人能够使我相信他不给我咸味。不过，别人可以有不同的经验。一个人发现愉快的味道可能不能令另一个人感到愉快，而且我不能说或做任何事情来改变这种情况，对于许多早期现代哲学家和批评家来说，艺术和美的经验恰好就像这种味觉。"味觉"慢慢就演变成了一个美学概念，这就是"趣味"。宗白华没有把"味觉"翻译成"趣味"，而是翻译成"鉴赏"，我觉得是有道理的。

从态度转到趣味上，需要一些过渡环节。18世纪两个非常重要的思想家休谟和康德，他们从不同的方面给现代美学奠定基调，汤森德讲的这一段话基本上是依据休谟和康德的理论。根据康德，艺术创作是没有规则的，只要有规则就不是艺术，有规则就是工匠做的事情，不是艺术家尤其是天才艺术家做的事情。如果艺术创作一定要有规则的话，天才就是艺术创作的规则。换句话说，天才的创作不能分解成为抽象的规则，按照抽象规则创造出好的作品，这是不可行的。不过，我国有《芥子园画谱》之类的书，为绘画制定出各种各样的规则。如果根据康德的看法，据规则来学习绘画，就不是培养艺术家而是培养匠人。

康德认为创作没有规则，天才替创作定规则。休谟认为趣味没有规则，理想批评家替趣味定规则。比如说一个时代每个人喜欢的东西不一样，但是为什么会有趋同的趋势？为什么慢慢会形成共识？这并不是说趣味里面有共同的东西，而是因为我们都模仿理想批评家的趣味，就像艺术家都模仿天才的创作一样。当大家都模仿艺术批评家的趣味的时候，趣味就有了共识。所以规则不是抽象的而是对典范的模仿的结果。康德认为艺术的规则不是抽象的，是我们对于天才的模仿，大家都模仿天才的时候规则就体现出来了。审美欣赏同样如此，当人们都模仿理想批评家的时候趣味就体现出了规则，这是18世纪美学、美育诞生时所面临的状况。美学开始由规则转向趣味，用个体艺术家来代替抽象的、普遍的规则，这是18世纪美学留下来的遗产。

趣味教育成了形成共识的渠道，通过教育来提高我们的趣味，就是需要我们追随天才，模仿经典。康德认为天才是规则，要追随天才。休谟强调经典，模仿经典就会形成共同的审美偏好。例如现在很多孩子从小通读《红楼梦》，这本书的篇章节选还进入了中学课本。如果课堂上老师告诉学生《红楼梦》特别好，学生慢慢也会觉得这本书很好，于是在对文学的看法上形成了共识。这种共识就是教育、教化的结果。《荷马史诗》也是如此一代代的教育和传承使它变成了经典。

18世纪美育的核心内容是什么？这个问题很少有人去追问。我们知道，18世纪西方资本主义有了较大的发展，出现了资本主义意识形态。资本主义意识形态崇尚自由，但是自由并不等于什么都可以做。整个18世纪欧洲意识形态的核心，是自由地认同权威。既要形成共识又倡导自由，就需要美育。在艺术领域里人们会崇拜天才、崇拜理想的批评家，这种崇拜是发自内心的，是自由的，即使人们充分自由的时候也会崇拜他们。这样在艺术领域、在审美领域就出现了自由地认同权威的现象。如果将艺术和审美领域自由认同权威的现象扩展到社会上，资本主义自由认同权威的意识形态就能够确立起来了，因此美育或者美学在18世纪的诞生与资本主义意识形态的确立是有关系的。到了18世纪之后，宗教信仰已经受到了巨大的挑战，出现了各种自然科学，人们也开始觉醒，不再相信那些规则，而是相信人类里面最优秀的人，相信天才，相信理想批评家。在艺术领域里，人们既自由又容易崇拜权威，当人们把这个习惯从艺术领域带到社会现实中，就真的能做到既自由又崇拜权威。

18世纪欧洲美育的主要目的是帮助人们在自由当中形成共识，趣味教育在当时就是引导人们去追随天才、模仿经典，通过对天才的追随、对经典的模仿形成共识，这个共识并不妨碍人的自由，相反，它建立在自由的基础上。趣味教育是引导、帮助人们去追随天才、模仿经典，这是自然、自由的一种行为。

从这里可以看出，趣味教育里包含了自然和文化的张力。《自然与文化的张力——从席勒看审美教育的实质》是 2005 年我发表在《文史哲》杂志上的一篇文章，分析了席勒审美教育的实质，将它概括为三个方面：第一，18 世纪欧洲的审美教育作为现代资产阶级启蒙教育方案的核心，服务于资产阶级意识形态的确立；第二，审美教育是以不确定性批判确定性，对意识形态具有解构作用；第三，审美教育是一种多元教育，这使席勒的审美教育思想具有一定程度的后现代特征。

后现代的趣味教育强调趣味没有高低，只有不同。芝加哥大学哲学系教授科恩对此作了明确的阐释。在他看来，趣味只是事关个人享受的问题，一个人可以选择这种趣味，也可以选择那种趣味，只要他能够在自己感兴趣的东西当中获得快乐就行，由此就没有理由说某种趣味更高级，更不能说某种高级趣味是唯一合法的趣味。因为在科恩看来，审美趣味不是道德要求。科恩认为，在没有发现其他理由之前，人们在提高或改变趣味问题上花费大量的时间和精力至少是一件十分可疑的事情。

为了阐述自己的观点，科恩举例子说："设想在某个时期，作为一个年轻人，你的音乐趣味趋向于像柴可夫斯基（Tchaikovsky）的《1812 序曲》（1812 Overture）、拉威尔（Ravel）的《博莱罗舞曲》（Bolero）、格罗斐的《大峡谷组曲》（Grand Canyon Suite），以及类似的管弦乐作品。你对巴赫（Bach）的赋格曲、贝多芬（Beethoven）的后期四重唱，或贝尔格（Berg）的《抒情组曲》（Lyric Suite）几乎无动于衷。不管出于何种原因，你着手提升你的音乐趣味。（也许我们不应该如此急于改变你的趣味，而应该谨慎地满足于说你将改变你的趣味。）后来的某个时间，你真的从巴赫、贝多芬、莫扎特（Mozart）、海顿（Haydn）、贝尔格、勋伯格等人那里获得极大的享受的。但是，你不太喜欢《1812》中的炮声和教堂钟声，你对拉威尔的实验也很厌倦。你肯定失去了某些东西，失去了你生命中一个快乐的源泉。而且我认为你可能还会失去得更多。你不可能一夜之间学会听巴赫，你需要花很多时间用于没有多少乐趣的聆听,并且或许还得花时间于阅读关于巴赫音乐的书籍,甚至你或许还要得到别人的指教。在这些时间里你可以做些什么别的事情?新得到的音乐快感抵得上包括那些曾经属于你的音乐快感在内的你所失去的东西吗?显然,这是一个没有定论的问题。"

我举个例子帮助大家理解他的思想。比如每个人一天可能只有一个小时自由的时间听音乐。以前一个小时我是从柴可夫斯基的音乐里面获得了快乐,现在我变成了从巴赫的音乐里面获得快乐,这两种快乐是一样的,都是一个小时的快乐。而且我现在有了对巴赫的音乐的快乐之后,我就不再对柴可夫斯基的音乐感到快乐了。由此可见,我得到的快乐建立在失去的快乐基础上,经过长时间训练我终于可以听懂巴赫了,但也只是一个小时的快乐而已,跟没经过训练之前从柴可夫斯基的音乐里获得一个小时的快乐一样。

2013年,我在美国参加全美的美学年会,当时和科恩教授一起合影留念。我和我的学生一起翻译了《美学指南》,在这本书里我最喜欢的一篇文章就是科恩写的讨论趣味的,他的文章篇幅最短但是观点最清楚。当时还有《美学指南》的主编基维在场,我们也一起合影了。如今这两位美学家都去世了,他们的一些思考对于推动美学的发展具有重要作用。

不过,我对趣味的看法与科恩不同。如果说我对趣味理论研究有点贡献的话,这个贡献是建立在我对科恩趣味理论的批评的基础上,科恩的趣味理论又是建立在对休谟趣味理论的批评的基础上。这并不意味着我回到了休谟。休谟的趣味理论可以解释巴赫的音乐一定比柴可夫斯基的音乐好听,应该通过训练、学习、教养,总之通过美育改变我们的趣味,提高我们的趣味,让我们能够从柴可夫斯基转向巴赫。但是,科恩反对这种观点,他强调从一种趣味转移到另外一种趣味时,会因为得到新趣味而失去旧趣味。我认为科恩这个判断是未经检验的,从一种趣味转移到另外一种趣味时,你趣味的范围扩大了,得到新趣味,并不一定会失去旧趣味。一个只能欣赏流行音乐的人,经过努力训练能够欣赏古典音乐,他仍然具备欣赏流行音乐的能力和趣味。于是他的欣赏领域扩大了,他的鉴赏水平提高了。所以趣味教育并不是要放弃以前的趣味去追求新的趣味，即使有了新的趣味或者高的趣味，但过去旧的趣味、低的趣味依然会存在。如果科恩清楚这一点，那么他的趣味理论就会更有说服力。趣味也是教养的结果，因此跟认识有关。尽管趣味像感官一样，是与生俱来的，但是可以对它进行教化，因此，对某物的偏好，不仅基于个人的喜好，也基于对该物的认识。由于认识在发生变化，喜欢的对象也会发生变化。

什么是鉴赏力的提高？什么是趣味的提高？什么是趣味教育？这些问题值得我们思考。我经常用丹托的风格矩阵理论来回答这些问题。在丹托看来，如果你只喜欢一种绘画，那么你对这种绘画的理解就不深。他的意思是，对于艺术界风格了解得越多，对其中任何一个风格的理解越深。丹托做了一个风格矩阵图，在再现和表现被公认为两种基本的艺术手法的艺术界中，至少有四种风格可供选择：再现表现主义，如野兽派；再现非表现主义，如安格尔；非再现表现主义，如抽象表现主义；非再现非表现主义，如硬边抽象。他用这样排列组合的方式来说明这个问题。比如马蒂斯的《音乐》属于再现表现，安格尔的《瓦平松的浴女》属于再现非表现，波洛克的《薰衣草之雾》属于非再现表现主义，蒙德里安的《构成A》属于非再现非表现主义。如果只知道一种风格，对作品的认识就不会深刻，如果知道其他的风格，那么对其中任何一种风格的理解就会更深。

趣味不仅有不同，而且有高低。经典美学认为欣赏古典音乐的趣味比欣赏流行音乐的趣味高，趣味有高低。美育是趣味教育，它不断将我们的趣味从欣赏流行音乐提高到欣赏古典音乐的趣味。后现代美学认为欣赏古典音乐的趣味与欣赏流行音乐的趣味一样高，它们只是不同，没有高低。所以后现代美学没有美育，也没有任何趣味教育。当代美学认为欣赏古典音乐的趣味与欣赏流行音乐的趣味一样高，但是能够欣赏古典音乐和流行音乐的人比只能够欣赏古典音乐或流行音乐的人趣味高。所以当代美学可以有趣味教育，当代美学可以有美育。当代美学会让我们去欣赏更多不同的内容，而不是偏好某一种内容。这是我的观点，但我估计有不少人还主张要从欣赏流行音乐的趣味提高到欣赏古典音乐的趣味,这个也未尝不可。不过,我觉得一个更好、更适合今天这个时代的美育是基于当代美学趣味理论的美育,不断地去扩大我们的欣赏范围。

当代趣味理论与中国传统的趣味理论是有关联的。刚才讲到经典、后现代美学理论,当代趣味理论是在它们的基础上发展出来的一种趣味理论,这种趣味理论除了我自己的观察、亲身体会,也与我对中国古典美学的研究有关系。比如说我做的一些实践,我的艺术实践领域不仅在美术领域,做展览和批评,我还在戏剧领域做编剧,写话剧、写音乐剧以及电影剧本,还和北京舞蹈学院合作编过舞剧,总之我希望能了解不同的艺术类型。每次从一个领域过渡到另外一个领域,对我来说就像打开了一个完全不同的世界,一个全新的世界。王国维把这样一种趣味称为古雅,当一个人知道的东西越多,趣味就会越雅,如果一个人只知道一个东西,无论它多么高级,这个趣味都很粗俗,王国维的这种趣味理论有点奇特,但是特别有意义。

王国维认为古雅并非源于天才,而是源于修养。他对康德是深入研究的,在康德美学基础上发展出了基于中国传统思想的美学。刚才讲到康德强调天才,艺术没有规则,但中国人不强调天才,强调修养。修养来源于教育,天才不需要教育,天才是天生的。所以王国维认为古雅是"形式美之形式美",是第二形式,而非第一形式。通过修养我们不仅可以保证无利害的态度、看见事物的形式,不仅可以看出绘画的形式,也可以将绘画和音乐联合起来去看更抽象的艺术形式,形成更高级的艺术趣味。王国维认为康德的审美趣味理论能够让康德看到第一形式,但是他看不到第二形式,第二形式只有中国有,是在古雅里面所体现出来的趣味。古雅只存在于艺术而不存在于自然,王国维的古雅的培养来源于学问、修养,知道的东西越多,趣味就会越高。这和18世纪西方美学家的观点非常不同。

法国的一个汉学家叫朱利安,他有本书叫《淡之颂》,"淡"就是"平淡",朱利安把平淡看作最高的趣味。如何形成古雅?怎么形成平淡?我的想法是,我们把全部色彩加起来,结果是无色(黑白),把全部味道加起来,结果是无味（平淡），古雅的趣味接近这里的黑白和平淡，这是王国维讲的古雅理论的核心，但是很少有人从这个角度去阐释。怎样走向平淡？了解的越多越淡，越多越好。

"无利害性"类似于中国美学中的"平淡"。不是将"平淡"理解成为风格，而是理解成为态度，如"平常心""淡泊""散怀抱"等。梅尧臣曾说："作诗无古今，唯造平淡难。"作为态度的"平淡"，类似于"为道"。老子说："为学日益，为道日损。"借用冯友兰的术语来说，"为学"用的是"正的方法"，"为道"用的是"负的方法"。达到平淡有两种方法，第一是负的方法即什么都不要，第二是正的方法即什么都要，不能只要一种。按照中国美学的理论，平淡只能够用负的方法才能实现，但是今天可以把达到"平淡"的方法转变成为一种正的方法，那就是尽量去了解更多的风格，用正的方法来达到负的方法的目标。

古典美学强调趣味有高低，比如欣赏古典音乐的趣味高，欣赏流行音乐的趣味低。当代美学强调趣味无高低，欣赏古典音乐与欣赏流行音乐的趣味一样高，我主张趣味有高低，但不是欣赏古典音乐趣味高或者欣赏流行音乐趣味高，而是既欣赏古典音乐又欣赏流行音乐的趣味高，单欣赏古典音乐或单欣赏流行音乐的趣味都不高。作为知识教育的美学教育和作为能力教育的艺术教育培养挑剔，侧重的是"专"；作为态度教育的美育培养宽容，侧重的是"多"。美育如果从知识教育和能力教育来讲，培养的是我们的挑剔，但是美育最后应走向的是趣味，是古雅，是平淡，这只有以"多"为基础才能达成。古典美学的趣味可以说是"挑剔"的趣味，我主张的趣味是宽容的趣味。形成宽容的趣味，就是包容各种各样的东西，让它们形成冲突、形成和解，最后在它们之上形成一种无趣味的趣味，也是最高级的趣味，即一种平淡的趣味。

中国艺术里面追求的趣味，比如王国维所讲的古雅或是朱利安讲的平淡，它是高级的趣味，是将不同风格或者不同的趣味都经历了一遍最后达到貌似没有趣味的趣味。借用禅师的话来说，就是经历"见山是山""见山不是山"这两个环节之后,最后达到"见山还是山"这样一个境界。

经过对趣味的分析,就会发现李渔讲的"态度可学不可教",转变成为态度可学也可以教。"可学"不"可教",体现的是美育的"负的方法";"可学"还"可教",体现的是美育的"正的方法"。"正的方法"和"负的方法"最大的区别是,"负的方法"是什么都不教,"正的方法"是什么都教。作为美育的艺术教育,它涉及的面应该是广而不是专和深,专和深是留给学术教育和能力教育的,但美育是广。开展美育的"正的方法"就是教授不同风格、类型、流派的美学和艺术,正是从这种意义上讲,美育可以采用"正的方法"。不同的风格、类型、流派可以相互冲突、限制与提升,从而以"正的方法"达到"负的效果",从而做到像孔子所说的"毋意,毋必,毋固,毋我",形成宽阔的审美心胸。

美育最后的结果就是宽容,通过美育达成宽容而不是通过美育培养挑剔。我希望将美育作为素质教育的艺术教育,将美育与作为学术教育、作为专业教育的艺术教育区别对待。做学问的时候要找不同,做创作的时候要求创新,但是美育和学术、创作不同,美育的目的是让人形成一个宽阔的心胸。

艺术、艺术史作为美育如何可能

王德胜，首都师范大学艺术学部主任、艺术与美育研究院院长、二级教授、博士生导师，中华美学学会副会长，教育部艺术学理论类专业教学指导委员会委员，中国文艺评论（首都师范大学）基地主任

艺术、艺术史在何种意义上被理解为美育？对这个问题，人们在日常生活中可能鲜有思考。各种有关美育的文件，通常讲美育应是情感教育、创造性教育等，但最后往往落实在诸如学生艺术展演、艺术课程等艺术活动方面，仿佛艺术天然是做美育，而美育就是通过艺术来实现。事实上，所谓艺术、艺术史，并不天然就是美育，当然也不等于美育，这其中实际上存在一个转换的过程。如果实现不了转换，艺术就还是艺术，艺术教育也还是艺术教育，而不是美育。

一、在美育与艺术之间

美育以人为核心，艺术同样也以人为核心。尽管它们之间在"以人为核心"的具体指向方面有所不同，但毕竟都是以人的发展利益为目标，因此相互间就有了"对话"。而且，我在《"以文化人"：现代美育的精神内涵》这篇文章里曾经指出，美育有一个特点，即它的目标是为了"成人"、让人成其为真正意义上的人。何为"成人"或"成其为人"呢？这是指美育能够促使一个人不断地朝着完整意义上的人的方向发展，让人活着越来越像一个身心全面的"人"。因此，美育特别注重培养人的全面发展能力——虽然它并不能直接带来"完整的人"，但却可以促成人的完整性能力的发展。

美育超越了对一般知识的要求，它的重点不在于知识传授本身。当我们通过艺术活动形式从事美育工作的时候，有没有想过这样一个问题：我们是在知识层面上进行讲授，还是在能力培养层面上进行讲授呢？现实的情况是，大多数时候，老师主要还是在艺术的学科知识层面进行讲述——对艺术专业的学生讲得系统一些，对非专业的学生则讲得简化一点。这里面其实就有一个如何超越一般知识能力的要求、着重关注人的全面发展能力的问题。

回到艺术。艺术当然是一种可以通向"成人"教育的功能路径，可以帮助人去实现自己的"成人"。但是，艺术却并不天然地构成为美育。跟艺术相比，艺术史则更具有一种间接性，它是一种历时性的知识体系。所以艺术、艺术史要跟美育发生关系，最根本的还在于，它必须能够超越一般知识构造的要求，跟美育的"成人"目标形成有效对接，并且在实践路径或手段层面体现出美育育人的"化人"成效。而要想实现"化人"的成效，关键在于把"成人"意识牢牢地嵌在艺术、艺术史的具体教学之中，才可能实现由艺术教育通向人的美育的结果。

首先从美育与艺术的关系来看。《礼记·文王世子》中有言："凡三王教世子，必以礼乐。乐，所以修内也；礼，所以修外也。礼乐交错于中，发形于外，是故其成也怿，恭敬而温文。"中国人特别注重礼乐，强调礼乐与修身的关系。这里的"内"和"外"，代表着确立一个真正人的全面形象的两个方面：在内是心灵精神，在外是表现形态。这段话的意思是指，经过礼乐功能的修内与修外两方面的合作，让人能够真正实现完整的人的养成。"礼乐交错于中，发形于外，是故其成也怿"，让人感到快乐，"恭敬而温文"就是文质彬彬，是一个完整的人的形象——文是外部，质是内部，彬彬是两者的有机统一。其中，"礼"是修外的，是规范、规制、规定性，修外的"礼"构成了修内成果的显现形式，所以"礼"是"乐"的外在显现形式。修内的"乐"可以理解为一种审美态度、审美心理，它引导了修外的方向。《礼记》中的这段话，很好地提供了一个认识美育本义的启发——"成人"应该内外相符、文质彬彬。

无论如何认识美育，都离不开一个核心性站位——美育是一种功能性实践。美育主要不是一套理论或知识体系,而是需要去践行的,它致力于实现人的精神发展的现实目标,体现人在当下生存实践当中的内在精神恢复性要求。什么是"人在当下生存实践中的内在恢复性要求"?随着社会的发展、文化变革转型等,人在精神层面上存在一些缺失。美育就是要恢复这样的东西,让被缺失、被遗忘、被丢掉、被遮蔽的东西显现出来,重新恢复它们的功能。比如说"敬",它是对自己、对自然、对外界甚至对他人的一种尊重态度,这种东西现在有缺失,所以会产生许多问题。

对现实生活中的人来说,美育的落脚点,在于它能够通过实际的"审美"或"泛审美"形态和活动等,在审美意义的发生过程中,从心灵意识内部唤起人在现实中的生命自觉,引导人不断走向自我生命意义的深度。这是一个人的现实提升过程。换言之,美育面向了人的发展前景,它所关注的就是人的自我发展的全面实现。

现代社会中,人的全面发展不仅仅跟人的一般知识和知识创造能力相互关联。知识创造当然是必要的,但人的全面发展不仅止于知识接受和知识创造。人的全面发展最根本的核心,在于能够有效地形成一种发展和实现人的"成己"追求、"成人"目标的自我能力。这种"自我能力"也就是所谓的精神努力,它不断促进着人的"成人"努力的养成。

"成其为人"是一个无止境的过程,因而美育就要日复一日地不断向人传导这样一种精神追求,用审美来唤醒、强化人的本性,强化人的心灵力量,以此为基础来培养一种人格精神、人格美。用相对诗意一点的话来说,就是最终构建起一个让人安身立命的人生"乐境",其中精神的发展驾驭着人的整体实现目标。这是完成美育功能、构建美育"成人"价值的根本,也是美育育人的终极目标。

如此,可以看出,美育是引导人朝着"成其为人"方向作精神努力的活动或过程。这其中,美育对人的全面发展能力的核心关注,远远超越了它对人的一般知识接受和创造能力的要求,亦即超越了对一般知识教育的要求。因此,不能将美育简单地理解为一种知识教育。

与此同时，美育又是一个内外双修且不断持续展开的过程。人的全面发展是持续、永恒不断地向前发展的，这就决定了对人的美育一定也是"化"的展开，不可能一蹴而就。"化人"的美育实现着"人化"的生命——美育是个"化人"的过程，其结果则是"人化"，即"成人"。

美育是指向实际生活的，它不只是一种理论，更要落到实际。实际生活中的人，既是承载"化人"过程、"化人"手段的主体，同时也是呈现美育"人化"效果的客体成果。作为主体，人要去做，要承载"化人"过程和"化人"手段；作为客体，是"人化"的成效要在人的身上得到体现。因此，美育总是一种目的存之于对象、客体成果见之于主体自身的功能实现过程。在这个意义上，如果说美育是一种人的情感教育、生命养成教育，其实也就意味着美育从始至终都是一种以人为核心、以人的全面发展为追求而不断实现"成人"发展需要的人的现实活动。美育源于"人之情"的发展需要，是追求实现人的心灵满足的活动。

艺术同样也以"人"为核心，所以艺术可以成为具体落实美育"成人"目标的功能路径之一。但问题在于，在艺术中，这个"人"不仅是作为艺术家的"人"，更主要的是艺术要从艺术家出发且面向艺术家心目当中的"真正的人"——艺术要为所有人提供的"真正的人"。如此，在艺术与美育之间，"人"成了二者相互联系的内在纽带——"人"是艺术和美育共同的实现目标。美育要"成人"，艺术要呈现"人"，这是它们共同的价值追求。所以，艺术同样成了一种通向美育"成人"目标的功能路径。

艺术通向美育"成人"目标的功能路径的起点是什么？就是现实的人和现实的人生。艺术要通过人生现实来表现艺术家心目中的理想。那么，这个功能发展的前景又是什么？就是为人们提供一个"全面的人"的完整价值形象。问题在于，"化人"的路径及"化人"的手段应用，并不等于"人化"的美育目标本身：在通向"人"的美育的功能路径上，"人"联系了艺术和美育，它具有一种必然性；人的不完满的存在现实，构成了艺术实现美育功能的对象。但是，艺术本身的存在旨趣却并不是直接完成人的"成人"目标，而在于能够独立地构造出一个自身完满的创造性存在。换言之，艺术本身并不等于美育。艺术作为美育"化人"的路径和手段，但不等于它就是"人化"的目标。艺术可以通向美育、成就美育，可以承担起"化人"的任务，但并不直接等于"人化"目标本身。

也因此，以艺术的本体性知识建构和传达为内容的一般艺术教育，所完成的并非直接以"人化"为旨归、以"成人"为目标的美育。一般艺术教育还是要以艺术为功能载体，搭建一个朝着"成人"方向过渡的"化人"路径。在艺术、艺术教育和美育之间，还有一个过渡问题——艺术、一般艺术教育"如何过渡"到现实的人的美育？艺术的本体目标，是要创造出一个自身独立圆满的创造性存在，至于能不能"化人"，还要看这个创造本身是否独立圆满。由此可以初步得出一个结论：如果说，艺术本身并不天然地构成人的美育，那么，艺术教育也只是完成了"美育的一半"。在这个意义上，我们反对把艺术教育和美育放在同一个位置上！

二、在艺术史与美育之间

艺术史是一个历时性的阐述体系。用温克尔曼的话说，艺术史的目标是要将艺术的起源、进步、转变和衰落，以及各个民族、时期和艺术家的不同风格展现出来。史密斯在《艺术教育：批评的必要性》里也说过一句话，"艺术史，也就是从时代、传统和风格等方面来研究和探讨艺术作品"，"艺术史的基本目的就是建立和巩固艺术传统"。对艺术史来讲，只有在反复理解、不断揭示艺术品存在、艺术家活动的时代指向，揭示它们之间相同或不同的价值构建意图的过程中，才可能完成对整个人类艺术创造系统的知识谱系的确立。因此，艺术史必定要以澄明艺术本体为核心，"何为艺术""艺术何为"的问题一直是各种艺术史的阐释中心。

所以，艺术以人为核心，但艺术史却不是直接以"人"为具体的客体对象。艺术史的核心问题总是围绕着艺术本身，它所提供的是一套有关"艺术"的阐释性知识话语系统。对于艺术史来说，它的阐释对象是艺术品。怎样将艺术品知识化地呈现出来，这是艺术史要做的事。所有的艺术史，美术史、音乐史也好，建筑史也罢，无一例外地都追求知识化地呈现人类的艺术创造，还要还原艺术家活动的历史语境，而"还原"的真实性决定了艺术史本身的客观性，决定了艺术史知识的真实性。所有的艺术史家都认为艺术史是科学，而完成艺术史"科学身份"的首要目标，就是能够把艺术品知识化地呈现出来。

因此，在一定程度上可以说，艺术史是一种考古式的呈现和发现，要通过对历史现场的发掘、文献引证等，在还原历史轨迹的过程中，建立起一套符合人的历史认知的艺术知识系统。跟艺术相比，在艺术史和人的具体活动、具体存在之间，还存在着艺术理解的主体立场问题。不同的艺术主体对艺术史的理解和把握各有不同，因而可能出现差异。同时也还存在着历史阐释的理论根据及其有效性，以及艺术阐释的空间存在差异、不同阐释间的相互消解等一系列问题。由于一系列中间因素的存在和不确定性，艺术史在体系化建构过程中，或者说在它体系性地把握整个艺术知识系统的过程中，它所对应的首先是艺术事实的存在情境，而不是人的存在情境。

艺术史首先要实现的，是如何为人提供艺术存在的客观性；艺术史家要做的，是思考如何在克服历史不确定性的过程中阐明艺术发展的途径。因此，如果说艺术并不天然地构成为"人"的美育，那么，跟艺术相比，艺术史在实现"成人"目标上，则更具有一种间接性。如果说，在一般艺术和美育之间存在着"过渡"和"如何过渡"的问题，那么，在艺术史和美育之间，这一"过渡"的性质显然更具有一种间接性：作为知识建构的活动，对接艺术本体的艺术史，只有在实现历时性的艺术阐释基础上，才可能经由对人的艺术、人的艺术活动的整体理解，转换生成其特定的美育功能，即：通过艺术并借助艺术阐释实现艺术价值由历史存在向当下现实的转换可能性，激活人在当下现实中的生命感动与存在自觉，指引人们循着艺术历史的光照，进入自我生命的深度体验与现实丰满提升之途。

这里，推荐大家去读一读《艺术中的人文精神》这本书。作者开篇就说得很明确："本教材旨在研究价值观念是如何通过艺术来揭示的，同时始终不忘'艺术是什么'这一重要问题。我们的目的在于提供一个课本，帮助学生结合日常生活，在愉悦之中有针对性地理解、领悟与体验艺术。……这是通向美好生活不可或缺的途径之一。"面向艺术，并且在愉悦中有针对性地理解、领悟和体验艺术，这一点早已超出艺术史作为一个知识系统的价值定位了，因为它追求的不再是知识本身，而是要追求或帮助人们通过艺术的历时性阐释来通向美好的人生——目标发生了转移。这样，《艺术中的人文精神》就已经不再是一部艺术史，而是通过艺术史实现人的审美教育的教材，它的落脚点是引导人们不断"通向美好生活"。

三、作为美育的艺术、艺术史如何可能

通过特定的"审美"或"泛审美"方式和途径，在现实世界里向人持续传导"成其为人"的生命自觉，不断开发和促进面向人的精神发展高度的自我养成实践，体现了美育之于培养人的"全面发展"能力的高度关注。在这个意义上，致力于实现人的精神目标、内在地体现了人在当下世界里的精神恢复性要求的人的美育，无疑构成了极具现实感的人文态度，积极张扬了一种"在场"的人文关怀价值。作为美育的艺术与艺术史，无疑应该能够加入其中，成为这一人文态度和"在场"价值的具体证明。

这就意味着，作为美育的艺术，需要通过艺术家个人创造力的表现，如艺术品、艺术家创造观念和创造活动等，向现实中的人展示一种生命精神的存在意义、生命精神的多样性，传达人的生命自觉的意蕴和人的个体感受的价值呈现。同样的，作为美育的艺术史，需要能够透过人类艺术的展开，包括艺术活动、艺术思潮的历史谱系亦即艺术活动的构成、艺术活动的历史语境变迁等，阐释性地向人们揭示精神性存在的意义维度，以及艺术史作为人的精神创造史，由历史性价值向现实人生价值的转换生成。

基于这一点，作为美育的艺术、艺术史，其实已经在总体上超越了对艺术本体的知识性构造和内化追求，亦即它们不再只是作为一般艺术教育的知识构成内容，或者说，不是被当作"关于艺术的一般知识"，而是在与人自身生命发展利益及其价值目标直接联系的新的维度上，重新进入人的生命情感领域，一方面具体联系着每一个个体在生活世界里的现实情感生成、改造与丰富，另一方面同时提示着整个人类生命的价值趋向即"完整的人"的发展前景——真正"人化"的生命实现。

艺术通过艺术家来呈现人在自身成长过程中实现价值创造的生命冲动。艺术史体现了由艺术家和艺术家的活动所书写的人的价值生命创造的演进过程。作为美育的艺术和艺术史，则注定要从人发展的整体性出发，为人们提供广泛认知和积极体认创造性价值活动的可能性——在持续加深艺术感悟、艺术史的理解过程中，不断走向生命意义的体会、创造生命的价值领悟，即便这种体会和领悟中包含着令人不安、甚至痛苦流泪的成分。所以，《艺术中的人文精神》的作者说过一句话："艺术也可能包含并有助于我们理解黑暗的一面……丑陋的、令人痛苦的、悲剧性的事情。若真如此，若我们了解了这一点，那么我们就能够更好地应对生活中的那些黑暗面"，"了解艺术、明了价值观将极大地丰富我们的生活，提高我们的生活品质"。这也就意味着，通过艺术和艺术史，人们开始被引入一个极为特殊、同时也是直观而近距离地感受和触摸人类创造性价值贡献的场域，并且在其中寻获人自身的生命经历，进而展开和深化对创造性生命的心灵自觉。在这个意义上，可以说，作为美育的艺术和艺术史，在向艺术家、艺术家创造活动及其作品致敬的同时，实际上超越了（或主要不是基于）一般知识建构的范畴，而从人类价值创造的生命冲动实践出发，在人的创造性自我与艺术、艺术历史之间建立起了一种特殊的联系。这种联系一方面对接着现实生活世界里人的内心情感，另一方面激励人们不断地确认着实现真正完整的自我生命意义的方向。

作为美育的艺术、艺术史之所以可能，可以从两个方面具体去看。

首先，艺术、艺术史在何种意义上与美育发生关系？

概括来讲，艺术和艺术史跟美育发生关系，根本上在于：超越一般知识体系的艺术和艺术史，能够在自身内部形成跟美育"成人"目标的有效对接。与此同时，能够在实践路径、实践手段层面体现美育育人的"化人"成效，则构成了艺术、艺术史与美育关系建构的基本落脚点。这也提示我们，当今学校的艺术教育、艺术史教育等要想达到一种美育的高度，有必要从中发展出与"化人"成效的具体对接，不是为了提供一种知识理解或知识把握，而是能够提供一种透过知识去领悟和体会人的自我发展能力的实现。

这就表明，艺术、艺术史作为美育的可能性，归根结底，确立在艺术、艺术史本身所承载的任务目标之上。只有当艺术、艺术史主要不是在有关艺术本身的知识活动或知识论建构层面，亦即艺术不是以自身独立而圆满的个体艺术家创造成果而出现，艺术史也不是作为整个艺术体系的知识阐释建构而存在，而是在一种以实践路径选择及其手段运用为核心的方法论建构指向上，它们才可能实际地与育人指向的美育活动发生具体联结，并由此导向"成人"的目标、促成"化人"的成效。

这其中就存在一个"目标转换"的问题，简单地说，原本艺术、艺术史要干的是另外一件工作，而今天我们让它承担育人工作，它的目标任务就发生了转移。实际上，对艺术、艺术史来说，"目标转换"是它们能够发生"成人"旨趣、形成"化人"指向的关键。这一点，也是学校美育过程中需要特别关注的。比如讲中国美术史的时候，不是想着给同学们呈现一幅清晰完整的关于中国美术发展历史的知识构造，而是能够透过中国美术发展的历程，呈现出一幅人类精神整体的历史，由此来启示人们对自我精神发展的价值体验。这样的艺术史教育，就构成了美育，而不仅仅是作为艺术教育的艺术史。

对艺术和艺术史来说，"目标转换"是它们能够发生"成人"旨趣、形成"化人"指向的关键。而在整个人的美育体系中，这种由知识体系向育人体系的目标转换，所带来的其实是艺术和艺术史内在功能性结构的新的扩展和改变。如果说，艺术原本是以构造一个自身圆满的创造性存在为目标，那么艺术家的工作就是通过自身的努力,让这一自我圆满的创造性活动能够成为一种现实。当艺术转向了对人的精神人格和意识能力的"锻炼和扩大",这种艺术存在的改变显然是一种功能性的——"自身圆满"的艺术转向了"人的完整"发展能力的开发;艺术不再独善其身,而面向了"人的发展"这一超乎艺术本体之上的功能对象。

对此,被誉为"形式主义之父"的英国艺术史家罗杰·弗莱曾经举过一个例子,非常生动地说明了这样一种"目标转换"在艺术、艺术史与人的美育体系之关系建构中的具体作用:"一个艺术教师不可能教授(teach)任何东西,而是仅仅通过刺激与固定其学生的兴趣,从而开发他们感知与赋形的天生能力吗?多年前,当我第一次看到玛丽安·理查逊小姐指导下的杜德莱高级中学的姑娘们的素描作品时,我就已经找到答案了。我说'指导下'(under the tuition)只是出于通常的惯例。说它是'直觉'(intuition)也许是一个更恰当的记号,因为理查逊小姐作为一个罕见的忠实于自己感受、头脑清晰且富有怀疑眼光的年轻女子,当她发现自己被委任为一所很大的学校的艺术教师时,她发觉自己并不知道什么是艺术,因而也就没有什么东西可以确信无疑地传达给她的学生们。因此,她开始着手激发她们对自己的视觉,尤其是即使闭上眼睛也能看到的内心视觉的兴趣,而不给她们任何暗示,说那种视觉应该是什么样的,等等。以这种方式,她已经激励了她的学生们对其精神想象力的异乎寻常的敏感性和确定性,因此,一首为她们朗诵的诗歌或是一段既定的描述,都能在她们心中激起生动的意象,然后以一双轻松与确信之手,以及对她们的材料合乎逻辑的运用,将它们画出来。这种方法远远超出了通常那种需要经过艰苦努力才能获得的技艺。通过这样一种方法,孩子们对艺术及富有诗意的想象产生了一种强烈的兴趣,这本身就是令人满意的结果。……教育赋予文明人的更大的视野、更新的自我意识,立刻就为他们提供了一种更为丰富的精神材料,也为他们提供了一种更为牢固地抓住任何成功加以维系的直接经验的能力。"

罗杰·弗莱所谓"不可能教授的方面"却正是美育可以作用的方面。与其说理查逊小姐是一位艺术教师,不如说她是一个相当清醒和明智的美育践行者,因为她知道,"没有什么东西可以确信无疑地传达给她的学生们"是一般艺术教育的难点所在,但同时也是艺术从知识领域迈向每个人的生命自觉与自我发展领域的前提。作为美育的艺术,正是要从这种"不可能教授"的实践中,发掘和激励人们"对于其精神想象力的异乎寻常的敏感性和确定性",并且在人的"心中激起生动的意象",使得每个人的人生都能够从艺术那里获得"更为丰富的精神材料"和"直接经验的能力"。正是在这个意义上,弗莱以为,这样一种训练方法甚至能为智力平平的孩子,提供比眼下受过正规教育的成年人远为敏锐地理解并欣赏艺术的可能性。这也恰好再次印证了我们前面所说的:从自身知识体系构造朝向一种"成人"目标的育人体系的转换,将艺术、艺术史与更广泛意义上的人的美育有效联系了起来。

其次,艺术、艺术史如何可能"化人"?

对现实中的艺术感知主体——人来说,艺术及其历史不仅构成了一套知识话语,更是一种内含观念价值、体现精神启示力量的存在。因此,如果从更加广泛的人的美育意义上来理解这一存在,那么,艺术、艺术史作为特定价值存在系统,显现了一种特殊的美育属性——指向人的内在心灵精神的人文价值属性。这也正是潘诺夫斯基所指出的:人类的确是唯一能在身后留下记录的动物,因为他是唯一能以其作品在"心灵唤起"某种有别于作品物质实体的观念的动物。在现实世界里面,作为美育的艺术、艺术史,开始以它独特的人文属性超越了个别的独立作品的实体存在,同时也超越了艺术历史的时空范畴。不管是史前、文艺复兴,还是当代,超越实体时空范畴艺术历史,成了唤起人的心灵感动和精神共鸣的启示性存在。换言之,作为一种面向现实当中的人的启示性价值,艺术、艺术史才可能实际地超越知识本体的认识和阐释,才可能内化"成人"目标,体现"化人"指向,在人的现实当中发生实际的育人成效。

进一步来说,作为美育的艺术、艺术史如何可能"化人"这一问题,可以从两个方面进行具体理解:

第一，作为美育的艺术，不只是跟个别特殊的人——艺术家及其艺术行为、艺术观念、艺术作品有关，而是一种能够让所有人经由艺术审美感知过程而发现自身、审视自身和改造自身的活动；它不追求"人人都是艺术家"，但力图通过艺术家和艺术家的活动，向现实世界的每一个人讲述同样生动而意味深长的心灵成长故事。也就是说，在指向"成人"发展方向的路径和手段意义上，艺术在人的现实中超越了它自身的实体意义，如同一盏巨大的"聚光灯"，集中照射和点亮了人类生命发展中的伟大情感、精神力量，赋予人们对自己、对他人、对整个人的生活更加深透的理解力和更加深切的同情力——这种理解力和同情力是一种最为深刻的人性品质，能够令人透过艺术的特殊光照，不断觉悟甚而积极地调整自己的生命方向，升华自己的生命意识。当此时刻，艺术方才真正面向了人的全体，在人的"成人"过程中显现出"以美启真、以美化人"的效用。

第二，作为美育的艺术史，不是局限于为艺术发声、在历时性阐释中回到艺术的时间序列，而是着重以感性引导、内在催化人的心灵自省和自觉意识为旨归，成了人类整体精神发展的特殊"放大器"——在思想理性的历史进程上，积极地放大艺术蕴蓄的人类精神光色，追踪人的精神成长轨迹及其发生、发展形态，使现实世界的人能够通过艺术生成及其历史展开，透过艺术事件与人类情感及其经验价值的历史联系，持续进入人的精神发展历史，收获精神成长的启示，在精神层面养成"人化"的自我生命自觉，进而实现"以美培元"的美育"化人"成效。

进一步来看，作为美育的艺术史之所以可能，也决定于艺术史本身对艺术实体（事实）价值与精神发展的标准（理想）价值的关系建构。如果说，美育以发展"成人"能力、实现人的"成己"追求为目的，强调了艺术对人的精神涵养的潜在价值，那么，作为美育的艺术史的任务，便在于能够经由人的艺术活动的历时性阐释，让已经过去了的东西在现实世界里重新获得新生，让静态的艺术记录成为人在生活现实里具有勃勃生机的精神指南，使"艺术是什么"的价值转换为精神发展"应该怎么样"的理想，以此不断促成人的自我心灵内观与价值反思。文艺复兴时期艺术巨匠达·芬奇的创作，对现世人生的美育意义，主要不是体现在独立实体的作品之上，它真正有生命的价值，在于生动记录了最普遍意义上的人类之爱、沉静和优雅——它们可以指引人在现实中的精神净化方向和生命永续的文化动力。由此，作为美育的艺术史，从艺术、艺术家及其作品本身的事实存在出发，积极地转向了更为广大深邃的人的精神世界。就像达·芬奇的画和莎士比亚的戏剧，尽管它们在实体（事实）价值上相互区别，但在揭示并且指引人的精神方向这一标准（理想）价值上，又是彼此相合的。就此而言，作为美育的艺术史之所以有意义，不在其历时性根据，而在于艺术作为一个共时性体系所放大的人类精神存在之上。正是在这个意义上，可以说，作为美育的艺术史实际已经扩大了艺术的力量。

积极而有效地建构并成功转换这种艺术实体（事实）价值与人的精神发展标准（理想）价值的关系，对作为美育的艺术史而言，显然更为内在和必然。这也是艺术史能够发生美育意义的根本之所在。

作为美育的艺术、艺术史，全面聚焦和放大了一种可能性的人生前景。它们在总体上已经超越了艺术本体的知识内化，超越了作为一般艺术教育内容的艺术和艺术史，而成为"美育的艺术和艺术史"。

谈谈经典文艺形象的审美意义

张晶，中国传媒大学文科资深教授、人文学院院长、博士生导师、文艺学学科带头人，中国文艺评论中心（中国传媒大学）基地主任；中国辽金文学学会会长，中国古代文论学会副会长，中国《文心雕龙》学会副会长

为什么要讲这样一个题目？因为有感而发。习近平总书记在2021年12月的中国文联十一大、中国作协十大开幕式讲话里，提出来这样一个重要的理论命题——"经典文艺形象"。这对当代文艺理论、批评现状来说，具有重要的理论价值和现实意义。

习近平总书记对新时代的文艺繁荣有一系列重要论述。总书记的思想是一以贯之、不断发展的，尤其是这次提出"文化自信自强"的问题，铸就社会主义文化新辉煌，不仅自信还要自强，自信是对传统的一种弘扬，自强是在新的百年征程上有更大的造就，能够使我们社会主义文化中国式现代化。在中国式现代化的五个特征里，第三个是物质文明和精神文明相协调，其实在文化上也是这样，我们强调新时代的精神文明。尤其是总书记讲到的中华美学精神和当代审美追求的结合，充满着当代意义，且具有强烈的现实意义。

提出经典文艺形象，它作为一个美学命题来说，也恰恰是对以往一些文艺理论观念的超越，当然主要是对现实的文艺创作来说。经典文艺形象的概念，没有进入我们的教科书里面。习近平总书记在讲话中说，文学艺术以形象取胜，经典文艺形象会成为一个时代文艺的重要标识，一切有追求、有本领的文艺工作者要提高阅读生活的能力，不断发掘更多代表时代精神的新现象新人物，以源于生活又高于生活的艺术创造，与现实主义和浪漫主义相结合的美学风格，塑造更多吸引人、感染人、打动人的艺术形象，为时代留下难忘的艺术经典。

经典文艺形象，有丰富的美学内涵和鲜明的时代特征。主要是针对典型形象而言，文艺理论最重要的一个范畴就是"典型"，经典文艺形象对"典型"的扩容与超越，可以体现当下文艺创作的美学追求，同时又能作为更多艺术门类精品创作的审美标准。文艺学本身就是文学理论。后来文艺美学崛起，它主要把文学跟艺术打通来作美学的考察。文艺美学不仅仅是一个学科，它更是一种方法论。

传统的文学理论，也就是讲文学里面最高级的价值范畴，就是"典型"。典型人物、典型形象、典型环境、典型细节等，其中最重要的是典型人物。恩格斯关于典型的名言是："据我看来，现实主义的意思是，除细节的真实外，还要真实地再现典型环境中的典型人物。"对恩格斯的典型理论，大家也比较熟悉。典型形象或者典型人物，在文学作品里面的重要性不言而喻。应该说"典型"在文学作品里是价值等级最高的。

我们的文学理论，其实就是文艺学，主要是来自苏联体系，当然后来也吸收了很多西方的文艺学的东西。当时毕达科夫在中国带了一个研究生班，培养了一大批文艺理论家，比如张文勋先生、蒋孔阳先生、邱世友先生、王文生先生等，后来这些理论家在全国特别有影响。毕达科夫本身是苏联卫国战争的英雄，但是他作为一个文艺理论家、专家在北大开设研究生班，培养了这一批文艺理论工作者。我们国家文艺理论一直到改革开放的时候，都是把典型作为最重要的文艺理论范畴，能够达到这个级别的文艺人物，作品当然是在文学史上占有最重要的位置。比如鲁迅笔下的阿Q、托尔斯泰笔下的安娜·卡列尼娜、《复活》里的玛丝洛娃、茅盾长篇小说《子夜》中的吴荪甫，等。

习近平总书记提出的"经典文艺形象"，更多地指向当下的文艺创作。当前文艺创作包含的门类非常之广泛，不仅限于文学。经典文艺形象当然不局限于文学，也不排除文学，因为尤其是新时代以来，我们有很多文学作品。2014年文艺工作座谈会以后，文艺的方向有很大转变，那些不良的、畸形的审美得到了纠正，一批趋近于高峰的作品得到了涌现，当然还有很多改编成了电影或电视剧，比如《跨过鸭绿江》《觉醒年代》，很多是以文学作品为基础来改编的。当然不局限于文学创作，经典文艺形象可以作为多种艺术门类的审美价值尺度。任何一个艺术门类都可以创造出经典文艺形象，当然作为经典来说还要有更大的认可度，经过接受者筛选和认可，有接受也有批评，最后得到确认。

经典文艺形象指向当下，而不是像"典型"那样经过了好多年的这样一种沉淀，经过了世界融合，经过了接受美学意义上的时间考验。即便是非常有名的一些人物形象，比如《亮剑》里的李云龙，已经比较趋近于典型了，但是现在还不好把它称为典型人物。因为从传统意义上来说，像李云龙这样一些非常有活力、认可度很高的人物，在当下也还很难说他就算是一个典型人物。因为在传统理论范畴中，恐怕还要经过一段时间沉淀。而经典文艺形象则不然，比如绘画、雕塑、音乐、舞蹈、诗歌等，都可以创造出自己的经典文艺形象。习近平总书记在中国文联十大、中国作协九大开幕式上的讲话里，对经典有这样一个说明："经典之所以能够成为经典，其中必然含有隽永的美、永恒的情、浩荡的气。经典经过主题内蕴、人物塑造、情感建构、意境营造、语言修辞等，容纳了深刻流动的心灵世界和鲜活丰满的本真生命，包含了历史、文化、人性的内涵，具有思想的穿透力、审美的洞察力、形式的创造力，因此才能成为不会过时的作品。"隽永的美、永恒的情、浩荡的气，这三个方面特别具有理论价值，比如隽永的美，在美学里面是可以作为一个美学范畴提出来的。在基础美学里面，讲一些基本的美学范畴，比如优美、崇高、悲剧、喜剧，后来现代主义文学出来以后，又加上了"荒诞"。因此，"隽永"完全可以作为一个美学范畴，因为美学也在不断发展。这些年经过网络文学，包括其他一些新媒体艺术形式的新审美体验的一些作品，比如带有沉浸式的审美体验，觉得"沉浸"也可以作为一个审美范畴。

"隽永"是特别具有中国特色的一个美学范畴、审美范畴，它其实并不是今天才有的。过去中国诗学经常讲"含不尽之意见于言外""言有尽而意无穷",这都是隽永的提法。我在《中国文艺评论》上发表了一篇文章,专门讲习近平总书记对经典文艺的一些基本理论,是我在美学方面的理解,这篇文章发表在2018年第7期,后来作为文联干部的一个读本。因此,"隽永的美"完全是可以作为一个美学范畴。

"永恒的情",文学、文艺作品都是以情感人,一个是形象,一个是情感。倘若不能以情感人,这个作品就和其他东西是没有什么差别的。文艺作品无论是电视剧、电影,还是文学、音乐、舞蹈等,其中情感的含量非常浓厚,而且要把人引入这样一个审美情境中,一定是以很鲜明的情感导向。当然,这里面有爱有憎,比如像刚才提到的李云龙,还有徐贵祥的长篇小说《马上天下》,他写的军人叫陈秋石,也是个另类军人的形象,战友一开始叫他胆小鬼,因为他怕血。但事实上他是个军校毕业的战术家,几次在部队濒临全军覆没的时候挽救了部队。本来他只是一个书记员,并没有得到重用,后来直接当了团长,又当了解放军的兵团司令。我看了以后觉得这个小说改成电视剧肯定好看,后来果然就拍成了电视剧,演员叫张鲁一,我感觉很适合演他的形象。所以首先要喜欢这样一个人物,再随着他的命运来起伏跌宕,这样的话才能将人引入情境之中。

我最近正在考虑一个气氛美学的问题。气氛本身特别具有情感导向,气氛、意境、意象有什么不同?气氛本身具有情感的导向,无论是哪个门类的作品,一定有浓浓的情感。过去讨论"永恒"的主题,比如说"爱"和"死"。爱自己的国家,对异族侵略的反抗等,这些东西它都是永恒的。再比如亲情,爱自己的母亲,这样的情感它是永恒的,从时间开始到现在,只要有人类,情感就一定存在,具体的表现形式可能不一样,因为时代环境不一样,但是这种情的基本类型是一样的。讲爱情大家都非常容易理解。从诗经开始,"昔我往矣,杨柳依依。今我来思,雨雪霏霏"。上了战场,从战场上回来想念他的妻子,这都是属于爱情,那个时候就有爱情的描写,我们现在很多作品也以爱情作为主题。

"浩荡的气"，作为文艺经典的一个基本要素，也是很重要的，而且具有中华文化标识。因为气论哲学在中国哲学里面是非常重要的一条线，无论是从老子、庄子、道家哲学，还是到宋明理学，像张载讲"气论"，都是非常重要的线索。在文艺创作里仍然如此，比如刘勰专门有《养气篇》，刘勰讲的气不同于孟子讲的"气"，刘勰《文心雕龙》的《养气》篇，讲的就是文气，而且是创作之气。孟子讲养气是说"我善养吾浩然之气"，孟子的气赋予了道德内涵。孟子这样一个本身就具有浩荡之气的哲学家、思想家，他敢于对当时的统治者进行尖锐的批评，因此他讲的浩荡之气具有很明显的道德特征。另外，管子讲气更多的是血气，《管子四篇》里面很多地方讲气，它是一种血气。再后来像葛洪、王充等，王充的《论衡》里面有一篇叫《自纪》，其实是他的一个祖训，就是自述写《论衡》的一些初衷。《自纪》里面就说到"养气"，那时候他已经过70岁了，在汉代能过70岁是了不起的高寿。他说，现在精力不济，做一些养气的事情是为了延缓生命，因此王充讲的气还是身体之气。而刘勰讲的"养气"是认为只有气定神闲的时候，才能写得出好的作品。如果像那种苦吟式，把自己搞得很狼狈的那样玩命地写，身体状况很差，是写不出好作品的。

习近平总书记说的三个方面，也可以用来理解文艺经典。经典文艺形象具有鲜明的时代性，也就是说当下就可以创造出优秀的经典文艺形象，每个艺术家都有这样的契机。比如音乐、美术，古代的美术作品相当多，可很难说它是一种典型，但可以作为经典文艺形象。今天用这个概念来评价作品时，可以把它看成一种具有重要标识度的文艺形象。举一些例子，比如古代的很多作品，吴道子、赵孟頫、王冕、郑板桥的画，敦煌壁画里的反弹琵琶，周昉的《簪花仕女图》等，都可以称为"经典文艺形象"。

中央广播电视总台推出了一档《美术经典里的党史》节目，其中一些作品也堪称经典，比如《开国大典》《秋收起义》等。除红色经典以外，像大家都非常熟悉的徐悲鸿的《田横五百士》，特别能彰显出中华民族的那种精神力量，宁死不屈，宁可失败，仍要抗争。还有徐悲鸿的中国画《愚公移山》,它融合了西化的东西,但还是一种中国画。徐先生是中西合璧最典型的先河。再者,像吴冠中那种点线结合,也特别具有艺术上的开创性,让人感觉心情特别宁静。吴冠中的《江南水乡》,也堪称经典文艺形象。改革开放后,罗中立画的《父亲》,是一个划时代的油画作品,把一个中国农民的形象刻画得入木三分,在美术史上是带有标志性的作品。

还有很多音乐和戏曲,都可以成为文艺经典,它们应该算不上典型,因为典型的含义是很固定的,相对来说也比较狭窄。比如歌曲《我和我的祖国》,词作家张藜和作曲家秦咏诚都过世了,他们当时也没想到这首歌能红遍大江南北。张藜写了很多好歌,前些年不幸去世,对艺术界来说是很大的损失。他的歌词写得感情特别浓厚又特别优美,而且形象特别鲜明,歌曲特别美,《我和我的祖国》唱遍大江南北,深受人们的喜爱。另外,叶佩英唱的《我爱你中国》,同样受到大家的认可,成为一种经典。

再比如《英雄赞歌》,歌词作者就是我的导师公木先生,即张松如教授,军歌的作者,《东方红》也是他的作品。《英雄赞歌》是英雄类的主题歌,公木老师原来是个老革命家,参加过延安文艺座谈会。当时他写了《八路军进行曲》,后来成为军歌,毛主席握着他的手说:"写兵好,写八路军好。"这对他是莫大的鼓励。他当时和郑律成两人住在一个窑洞里面,郑先生没事就作曲,趁着他不在家把他笔记本拿出来,因为有一些好的诗。后来他们两个人在宝塔山下散步,你一句我一句就把《八路军进行曲》写出来了,成了解放军军歌。电影和电视作品当然也有很多,像《历史的天空》《亮剑》《山海情》等,也塑造了诸多经典文艺形象。诗歌里面当然也有,像余光中的《乡愁》、海子的《面朝大海,春暖花开》等。还有去年春晚上的舞蹈《只此青绿》,也达到了创造出经典文艺形象这样一个高度。

经典文艺形象本身具有很高的一个标尺,作为文艺作品能达到这样一个高度,达到这样一种境界,它本身就已经是对作品的高度评价。

文艺作品是我们自己喜欢,它是作品本身这种审美的魅力吸引着我们、召唤着我们。大家都愿意去看一些好的晚会、音乐会、交响乐、芭蕾舞,比如《胡桃夹子》，黄梅戏《女驸马》，芭蕾舞《天鹅湖》等，在观看的时候都是特别享受，作为生命中的一种喜悦。

如果教美育却不懂艺术，那怎么教呢？美育是一种理论，但是它有强烈的实践性。我其实一直也都算是美育行当里的人，但我自己确实做得很少，多是进行比较抽象的美学思考，尤其是古典美学，从古典文献里提出一些美学问题来。经典文艺形象首先它是一种艺术，以形象取胜，以形象感人，更以形象吸引人。

我再说说自己的这种亲身感受，我从小喜欢文学，其中当然蕴含着情感。小的时候我读文杰的诗，他是一个当代著名诗人，当时下放到新疆，他写了《我思念北京》这首有名的诗，我印象特别深刻："我思念北京，像白云向往着山岫，像清泉向往着海洋，我思念北京啊……"然后下面写钓鱼台的清流，写陶然亭的睡莲，等等。我看了以后心都要醉了，我想一定要到北京去。这首诗中的形象特别丰富，古典诗歌当然如此。好的诗歌为什么能够感染人？它当然是有情感的东西，更多的是一些具有永恒魅力的艺术形象。包括一些哲理性的东西，它也是用形象表现出来的。

我还特别喜欢一些诗人，比如王维、李白、杜甫、苏轼等。杜甫思念家乡，思念他的弟弟，写道"露从今夜白，月是故乡明"，这当然可以说是经典文艺形象。我年轻的时候读这些诗感受很强烈，尤其是下乡以后，对人生有了初步的认识，生活的磨难使自己对一些诗产生了一种深刻的契合。

文学有强烈的形象性，小说、散文莫不如此，比如《哥德巴赫猜想》这样的报告文学，特别吸引人，这种形象性和其他文字不一样，这种特征是勾勒出形象、故事、情节，比如一个小说它展开人物命运，会让读者对人物充满一种同情感，因此形象特别重要。

音乐是一种听觉形象，音色高低起伏，有特别优美的旋律，也有很忧伤的旋律。比如萨克斯曲《回家》，那时候我离家很远，回家的时候只能坐绿皮火车，冬天窗子上冻的都是冰，但是听到广播里响起萨克斯曲《回家》的时候，心里面别提有多思念家乡，思念父母了。文艺的这种形象感染力非常强烈，所以习近平总书记强调经典文艺形象。这个形象可能是整个作品，也可能就是一首标志性的歌，甚至是几句歌词，或者舞蹈的一个片段，等等，形象性都非常重要，并且很容易理解。

那么形象本身要超越什么呢？要超越这种理性的逻辑思维方式。文艺作品一定是形象化的方式，用形象和情感的东西来感染人，如果完全把理性的思维形式放在里面作为一种结构方式，恐怕不合适。文艺作品的形象性自不待言，但是不同的媒介，当然这个媒介不是指电子媒介，任何文艺的形式，都以不同的媒介来勾勒出它的形象。

当然对媒介的认识，不仅是外在的、艺术表现阶段的。通常大家都以为是在表现阶段，比如画个画，用画布、宣纸、笔墨来画，其实不然，媒介内化于创造的发生阶段。一个画家看什么都用眼睛，跟摄影师一样，都是以画家的眼睛来看待你面前的生活。音乐家是用音乐的耳朵听，马克思在《1844年经济学哲学手稿》里就讲过感受音乐的这种耳朵，他们来感受这个世界，要有深入生活的这样一个过程。比如说当时雷振邦也是到少数民族地区，到大理体验生活，《五朵金花》里面不就有画家、作曲家吗，其实也就是他们自己的这样一个影子。

媒介是一个艺术家经过长期训练以后，在观察世界、把握世界的时候，就已经内在地使用了。无论是诗人，还是作曲家，或是画家，应该都是这样。这一点从黑格尔，再到后来美国哲学家奥尔德里奇，他们都谈论过有关内容。黑格尔管它叫"颜色感"，他在《美学（第三卷）》中讲绘画的时候就讲到这种"颜色感"。当然也还有其他的一些论述，黑格尔对各个艺术门类论述得非常好，也没有什么难懂的，他对各个艺术门类的分析非常深刻。我原来学习写作的时候就经常读黑格尔的东西，后来比如说像美国实用主义哲学家，胡适的老师杜威，他特别强调这种媒介的内外一致性，认为没有两套，没有内在的外在的。

我早期在《文艺研究》上发表过一篇文章叫《艺术媒介论》，明确强调了媒介内在化的问题。后来在《中国社会科学艺术研究生院学报》上，也讲过媒介的内在化和情感的审美化问题。媒介对各个艺术门类来说都同样重要，媒介离不开物质材料，而媒介不等于物质材料。我之前在《北京大学学报》上专门有一篇文章叫《丘壑论》，讲的是山水画论里面的丘壑。当然丘壑这个说法本身就带有一种预像性，比如董其昌在《画禅室随笔》里面就讲"丘壑自营"，他还说了"要读万卷书，行万里路"，丘壑本身不仅仅是内心的研构，还要向前人学习，向经典的画家学习。为什么要临摹？就是这样一个过程。同时丘壑又不仅仅是学习前人，它一定是根据当下的艺术表现对象在内心中自觉或不自觉地勾勒出这样一个整体的结构。所以我后来用了贡布里希的一个图示说法，副标题就讲山水画论里的艺术图式，这是一种艺术图式，不仅仅取决于当下，但是也不仅仅是模仿，因为艺术不可能完全是模仿，尤其是创造性的一些作品，所以丘壑本身也是可以纳入媒介的问题里面来的。

各个艺术门类都有自己的媒介，这种媒介所构建出的这种形象成为一个属于自己门类的独特的幻象。作为自己门类，比如说作为小说家，同样写战争的题材，有的就写得特别直接，刀光剑影的，有的就写得比较空灵。茅盾文学奖获得者徐怀中先生写的《牵风记》，这个战争题材让人看了以后感觉完全是一种诗意化，不是正面的血腥战场，他有他的一套东西，也是一种媒介。所以媒介的问题不仅仅是物质材料，美国哲学家奥尔德里奇专门讲过这个问题，他认为哪怕是已经上手的材料也不仅仅是媒介，媒介包含着一套符号、结构。但是这离不开它的物质性，就是海德格尔讲的艺术作品的悟性这样一个问题。

任何一个门类的作品，都应该以它独特的形象作为一种表现形态，关键还在于创造，使人们产生强烈情感，具有强烈吸引力的东西，这种魅力由何而来？如果大家不待见，怎么能成为经典艺术形象呢？所以接受者的认可是非常重要的。首先是大家的追捧，这个不是仅仅靠报纸就能吹出来的，也不是研讨会能开出来的，一定是大家非常喜欢。比如《只此青绿》，再比如当年黄宏和宋丹丹演的小品《超生游击队》，堪称为经典文艺形象。这就是一种强烈的审美魅力，是一个经典文艺形象的魅力。

我前两天在《中国艺术报》上发表了一篇文章，写了"中华文化辨识度"的问题。我认为好的经典文艺形象，要有很强烈的中华文化的辨识度。当然经典文艺形象可以扩而大之，作为整个文艺美学的基本范畴。但是作为中国的一个经典文艺形象，一定要带有很强烈的中国文化的辨识度，这对国人来说是非常重要的。人们不需要经过理性思考，一看到马上就产生一种亲切感，既包括内在的，也包括外在的。内在的就是中华民族的美学精神。例如这几年我们都看过的电影《长津湖》《红海行动》等，都是讲中国人是不可欺辱的。那个被人欺辱的年代早已经过去了，《亮剑》也非常典型，"两军相逢勇者胜"，不管是用什么手段，一定要战胜敌人，这样的一种气概。这样的东西在我们的作品里面现在越来越受到推崇。当然还包括一些伦理观念的东西，比如说《亮剑》里面的李云龙有一些传统的东西，他的对象被日本人绑到县城山头做人质，这个时候李云龙冲冠一怒为红颜，调集了那么多地方部队，还有独立团，上万人攻打县城，这个都是带有民族色彩的东西，大家觉得也很有味道，都能体现出一种中华民族的文化根基。还有一些外显的东西，比如芭蕾舞《沂蒙颂》，它一看就是中华民族的东西。绘画、音乐、舞蹈等这些艺术门类中都有属于民族的东西。比如歌曲里的民歌，一听它就是中华民族的东西，很容易引起我们的共鸣。当然西方有好多东西同样可以引起我们的共鸣，但是这种经典文艺形象在中国的谱系里面，应该是带有中华文化的辨识度，这种辨识度不需要理性的分析，而是在审美过程中马上产生一种呼应，对这个形象马上就能接受，然后在一定时间内形成一种共识。

以上是我对习近平总书记提出的经典文艺形象的一点理解，是个人的理解，不是规范的东西，还需要深入，需要一个文化基因的发掘，同时还有文艺理论方面的一些建构。缺少这些建构，对这个东西的理解还是缺少根基，还是厚度不够。

重新发现中国美育传统

刘成纪，北京师范大学哲学学院美学所所长、二级教授、博士生导师，北京师范大学美学与美育研究中心主任，教育部长江学者特聘教授，国家社科基金艺术学重大项目首席专家，中华美学学会副会长，中国美学专业委员会主任

近十年来，我们国家一直在提倡弘扬中华美学精神和美育精神。在弘扬之前，首先得搞清楚我们的"家底"到底是什么。在这个基础上，弘扬才是有目标的。意大利哲学家克罗齐讲"一切历史都是当代史"，也就是说，我们对历史的认识和反思往往有一个当代视角。我们在思考中国近十年来政治文化等领域的发展时可以发现，进入新时代以来，美学和美育的地位与价值得到了极大的提升，广泛的美育问题从来没有像近十年这样被注意或被讨论。

2012年，党的十八大报告提出"美丽中国"，强调把生态文明建设放在突出位置。2017年，党的十九大报告又提出"加快生态文明体制改革，建设美丽中国"。2014年，习近平总书记在文艺工作座谈会上的讲话中提出："我们要结合新的时代条件传承和弘扬中华优秀传统文化，传承和弘扬中华美学精神……要坚守中华文化立场，传承中华文化基因，展现中华审美风范"。2018年，总书记强调，"加强美育工作，很有必要。做好美育工作，要坚持立德树人，扎根时代生活，遵循美育特点，弘扬中华美育精神。"2018年3月，国家宪法修正案在富强、民主、文明、和谐这四个主导性的价值原则之后，又加上了"美丽"。这几个词之间是一种递进关系。富强是基础，在富强的基础上追求民主，在民主的基础上达至社会文明，最终呈现为美丽中国。在这个意义上，我们平常讲的中国梦也就是通向美的梦。

通过这些解读可以发现，在当代社会，美成了关乎国家建设的重大问题。过去讲美育，主要是讲个体人格的陶冶，但今天对美的定位显然已经超出了个体乃至社群的维度，成了国家未来发展的宏大目标或理想。所以在思考美育价值的时候，不能再像过去那样仅仅把它定位为个体价值。我分三个层次来理解当代国家对美的价值定位。第一个是宏观的国家政治目标，这个政治目标就是"美丽中国"。第二个是在经济发展方面，美形成的重大作用，指向文化产业。第三个就是最基本的、被长期强调的美的心灵重建作用。政治目标、经济发展、心灵重建，从个体到社会经济再到国家的政治目标，是一种整体性的关于美的价值的设定或规划。

那么，如何理解中国传统文化，如何理解中华美育精神？

我们一直说中国美学，但是事实上中国过去几千年是一个有美无学的历史。虽然有大量的美学思想或者美学资源，但美学作为学科在中国传统的学科体系里是不存在的。美学学科是近代一种西学东渐的产物，今天讲中国美学或者中国美育，在很大程度上是用现代西方的美学学科框架对中国历史的重新发现。所以，要明白美学或美育在中国文化中的位置，就必须理解现代学科体系是如何安放美学学科的，在这里我们采取一种最普遍的分类方式——康德的分类方式。在康德的"三大批判"中，《纯粹理性批判》对应于真，《实践理性批判》对应于善，《判断力批判》的主体部分对应于美。由此，真、善、美构成了西方现代对人类知识体系进行划分的基本环节，形成了人类知识大厦的三个最基本的支柱。

在这三个最基本的支柱里面，美到底占有什么样的位置？求真即追求知识的客观性，是人到底能不能认识和把握外部世界的问题。善的问题，更多的是关乎人自身，也就是说，我们在这个世界上的生存如何才是合乎道德、合乎伦理的。真和善一个面对外部世界，一个面对人自身，这也就导致了知识的分裂。因为，当我们从真的角度和善的角度来判断知识的价值时，它的标准是不一样的。比如一个科学家，他的科学研究以客观认识世界为目的，是一种无止境、无边界的研究，但有时候可能和善形成冲突，因为两者之间的价值目标存在矛盾。那么有没有一种东西能够把真和善协调起来，贯穿为一个整体，康德认为是有的，就是"美"。也就是说，美可以在真、善之间起到协调和沟通的作用。

下面就按照真、善、美三分的方式看中国传统文化到底表现了什么样的特性，也就是说真、善、美在中国传统文化里各居于什么样的位置。尤其是美在这里占有什么样的位置。

首先是求真或科学问题。中国有5000多年的灿烂文明，为什么没有孕育出现代意义上的自然科学？新儒家的代表人物徐复观在《中国人性论史》中讲："中国文化的主流是人间的性格，是现世的性格。所以在它的主流中，不可能含有反科学的因素。可是中国文化，毕竟走的是人与自然过分亲和的方向，征服自然以为己用的意识不强。"正是因为中国人太爱自然，所以它无法科学地认知自然。我们是一个农耕文明立国的国家，一切的财富都来自大自然的给予和馈赠。中国传统文化里面，中国人天然地有对大自然感恩的情感，所以中国的山水田园诗、山水花鸟画几乎全是自然主题。我们用艺术的方式、文学的方式表达了对自然最崇高的敬意和赞颂。但是在赞颂的过程中，我们也就无法看到自然的本来面目，赋予了自然很多美好，以至于在我们眼前的自然往往是不客观的，比如中国古代的审美总是要强调所谓的落花有意，流水无情。对外部世界的审美想象或者诗意想象给我们建构了一个美好世界，但它并不是一个真实的世界。我们给世界蒙上面纱，以至于无法再进一步认识这个世界的真实。中国社会缺乏有效的认识论传统，哲学上的求真精神往往被习惯性的对外部世界的美好想象所弱化、所遮蔽。

其次是求善或道德问题。如果说中国传统文化在求真方面是薄弱的，那么它的极端膨胀的领域就是在善的方面，善的问题涉及人的道德，涉及人和人如何相处，在相处的过程中如何尊重他人的权利，就是说不要僭越社会设定的行为边界。人如何约束自己的欲望，如何不僭越他人的权利边界，这样一种研究人怎么活、怎么在世存在的哲学就是伦理哲学或者伦理学。也就是说，自然科的薄弱反向导致了中国人对人和人如何相处的道德观念的发达，表现为伦理哲学的极端膨胀。中国哲学是为人生的哲学，西方总是把真理作为哲学的中心目标，而中国人更多的是在讲我们在这个世界中应该怎么活，如何与他人相处。它的代表就是儒家思想。

从汉代以后，儒家思想成为中国传统封建社会的官方意识形态，成为中国人进行自我要求、国家对人进行约束的价值尺度、实践原则。这种约束是重要的，但是当约束越来越趋于严苛，就导致了对人性的压抑，并且引起人性的分裂。人们在公共话语空间往往非常熟练地操作儒家的道德观，但是在私人领域却总要寻求一种在公共空间缺失的变态补偿。越是在公共话语空间里面唱高调，越是在私人空间里追求自我欲望的满足。这就是所谓的满口仁义道德、一肚子男盗女娼，也就是典型的伪君子。伪君子就是道德过于严苛所导致的人性撕裂。这是关于善的问题。

最后是求美或艺术问题。面对善对人性的压抑，美的地位或作用就彰显出来。在这个背景下，美和艺术的价值就在于缓解道德对人性的压力，同时为道德化的个体和社会提供理想境界。也就是说，虽然道德的规范日趋严苛，但是在伦理的范畴之内，美和艺术仍然是被允许存在的。在严苛的道德压力之下，美和艺术是一种让人的心灵松弛、疏解和愉悦的方式。

同时也要注意，美不但被善容纳或者说被道德容纳，而且它最终必然会超越善、超越道德。因为道德对人具有强制性，当人们在道德的强制的环境之中，一步一步地去适应它、去滋润它，最后怎么样？道德就会为人的审美心灵服务，也就是说美就从被道德制约的状态，最终走向对道德引领的状态。引领的状态是什么？就是美对道德的超越。这个超越就是以审美境界作为人生的最高境界，或者说美构成了善的理想走向。关于这一点可以这样概括：在康德那里，他谈的更多的是美沟通真、善。而按照现代意义上的理解，美不但沟通真、善，而且综合真、善，超越真、善，这正是中国传统美学给我们的重要价值指向。

美在中国传统文化中是如何存在的？它的价值是如何呈现出来的？关于这一点，首先要考虑美和我们的民族特性之间构成了怎样的关联。首先讲一句话，就是传统中国是一个崇尚美和艺术的国度。中国社会自周公制礼作乐开始，就是一个尚文的国度，周公把文的价值看得高于一切。由尚文产生了相应的文教，就是用文明教化的方式使国家达至和谐，有秩序，形成稳定。

文教又包括三个最基本的环节，就是诗教、礼教和乐教，这是中国古代的三大教育。诗教是我们今天所讲的审美教育的组成部分，乐教主要是关涉音乐和舞蹈，音乐舞蹈教育当然也是审美教育或者艺术教育。五四新文化运动批礼教吃人，但这不是礼教的初衷，礼教的基本价值是使人的行为雅化，而雅化也就是审美化，或者说使人的行为成为一种艺术化的行为。它是一个美学问题。中国传统的文教几乎可以被等同为艺术教育和审美教育。在几千年的熏陶之中，它形成了我们传统文明的价值标准和国家风范。一代一代的诗教、礼教、乐教，使美和艺术的价值深入民族心灵的内部，成了一种文化基因。这就是蔡元培所讲的："吾国古代乐与礼并重；科举时代，以文学与书法取士，间设画院，宫殿寺观的建筑与富人的园亭，到处可以看出中国是富有美感的民族。"这是对国家属性或民族特性的重要判断，是一个本质性的判断。

那么，为什么我们这个民族会重视文教、诗教、乐教？为什么会极端地看重美和艺术的价值？这在很大程度上和民族的起源有关系。在这里我讲八个字，叫作"吾国吾族，以美立名"。我们这个国家和民族，本身就是用美的东西来自我命名，最早可以追溯到仰韶文化庙底沟类型的团花彩陶。庙底沟是黄河中游仰韶文化的一个分支，距今 6000 年左右。关于团花彩陶，考古学界有一个基本判断。考古学家苏秉琦说："仰韶文化庙底沟类型，可能就是形成华族核心的人们的遗存。庙底沟类型主要特征的花卉图案彩陶可能就是华族得名的由来，华山则可能由于华族最初所居之地而得名。"谈到民族的起源就想到所谓的华夏，中国古代华和花是不分的。所谓的华山，它的本意也是开满花朵的山。今天追溯华夏民族的源头，一般认为它最早发端于河南的西部、陕西的东部、山西的南部，是山西、陕西和河南挤成的三角地带。这个地方也就是历史文献里面所讲的河洛文化，它和今天考古学意义上发掘的庙底沟这个地方是重合的。这和民族的起源问题形成了一种互证关系。这个互证关系达至的结果是，我们这个民族很可能不是因为宗教、巫术而凝聚在了一起，而是因为共同的关于美的信仰而形成了精神的或者文化的统一体。花朵之美构成了民族的原始意象或图腾，这就是所谓的审美的历史基因。

看中国的美育传统和美学传统，首先必须要注意一个大传统，中国人向来认为天道和人事是相互呼应、关联的。人间的实践活动必须和自然规律相配，考虑天人的和谐，因此人与自然的统一是中国美学的大传统。其次是中传统，也就是由礼教、乐教、诗教所形成的礼乐传统，它涉及社会秩序的建构。最后是文人传统。文人把文学艺术作为个体修身养性的方式，可以把它叫作中国美学和美育的小传统。

什么是中国传统美育？首先看先秦诸子是如何看待美和艺术的问题的。先秦诸子，唯有儒、道、墨、法留下系统思想；道家以自然反人工，进而反美和艺术；墨家以经济实利反美和艺术；法家以政治威权反美和艺术。所以中国美育传统，可以约化为儒家传统。道家认为自然是人和世界的最高价值，一切人工的东西都是对人的自然本性的限制。因为美和艺术是人工的创造，所以道家反对美和艺术。但是这儿要提示一下，虽然道家反对美和艺术，但它又深化了中国人对美和艺术的理解，启示我们在创作的时候尽量克服人工的痕迹，使艺术达到一种自然的状态。墨家认为美和艺术浪费人间的财物，所以也反对它。法家认为美和艺术会对封建专制王权的大一统构成威胁，因为它总是提问题，对权力提出质疑，所以要焚书坑儒。唯有儒家不反艺术，因此所谓中国美育传统基本上可以简约化为儒家传统，或者说儒家传统构成了中国传统美育的主干。儒家的传统是一种教化的传统，教化的主要手段就是美和艺术。因此王国维说孔子的思想是"始于美育，终于美育"。儒家教化是一种审美教化。

首先来看美育和政治的关系。中国的礼乐传统是在西周时期确立的，从此以后，中国传统文化被称为礼乐文化，中国传统政治被称为礼乐政治，中国传统社会制度被称为礼乐制度，中国传统文明被称为礼乐文明。张光直讲了一段话："周朝统治的九百年开创了激动人心的新纪元，在此期间，在全中国的广大范围内，中华文明的诸方面都经历了一些根本性变革。这些变革终于导致了古代中国形成期的终结，是中华帝国及其持续到2000年以后的传统风范之开端。"这里他讲了周公制礼作乐对国家发展的重要性。周公制礼作乐当然不是吹拉弹唱，让人愉悦或者享受，而是自此形成一种政治。

这个政治就是所谓的审美化的政治，也就是说自西周开始，礼乐成为中国传统文明、文化、政治、制度的统一指称，它的基本特征是崇尚文明，以文明对抗社会的野蛮，礼与乐被视为社会政治达至文明的最重要手段。中国传统政治是一种审美政治，主要表现为礼乐的审美特性。礼包括人的行为的雅化或艺术化。除此之外还包括仪式、表演，形成了典礼艺术。今天可以发现中国存在着大量的礼器，礼器既有审美价值，又包括天地观念、道德观念。这样一种美术被巫鸿称为礼仪美术。由此可以看到，对中国传统社会最具奠基性的礼乐政治是一种审美政治。就西周礼乐政体对后世中国政治制度的影响来看，对美和艺术的崇尚代表了这一政体的核心价值。孔子讲礼乐与刑政，用刑法和政令对人形成强制性的约束，是悬于政治末端的手段。美好的、人性的介入政治的手段是文明教育、礼乐教化，这就是《论语·为政》里面孔子讲的："道之以政，齐之以刑，民免而无耻。"中国古代政治把刑政和法律尽量弱化了，把教育作为一个理想社会建构的基础，借助审美将政治建基于人性和人情。这就是中国古代所谓的美治主义。

既然确立了西周礼乐教化是中国传统美育的主干，进一步就要追问教化的本源。今天讲审美教育和艺术教育总是强调精英性，就是培养人高尚的精神情操。但是大家注意，中国最源发性的教育不是精英性的，而是基于农耕实践。最本源的教育以农耕为教化，这就是《吕氏春秋·上农》篇里面讲的："古圣先王之所以导其民者，先于务农。""后稷曰：先王所以务耕织者，以为本教也。"农耕培养出人最朴实的心性，朴实的心性是人与人之间打交道和良好国风形成的最基本元素。

现在提倡五育并举,美育可能奠基的还是劳动教育,所谓的"求忠臣必于孝子之门"就是劳动教育。农耕形成民性,小农经济促进家族和谐,家族和谐就会讲孝敬父母,这一维度放大也就转化为"忠"的问题。所以在家里面孝敬爸爸妈妈,出去肯定是一个好人,对国家来讲肯定是个忠臣,这就成了一种基于农耕教化到民性培养,从家族美好家风的养成,到宗法秩序的形成,再到国家天下的治理的连续的环节。

从整体上看,中国传统美育可以称为以"尚文"为中心,以礼、乐为两翼。其中,乐和爱联系在一起,礼和敬联系在一起;乐和情联系在一起,礼和理联系在一起;乐和内联系在一起,礼和外联系在一起;礼和下联系在一起,乐和上联系在一起。它追求的就是爱敬合一,情理兼具,上通下达,治教无二,官师一体。国家对教育的推动和每一个知识分子的修身——包括私学、官学的教育统一为一体。由此就进一步牵涉传统美育的性质和目标:中国传统美育的性质是以人文立教,教育的中心问题是人文问题,而不是自然科学问题,它以美作为对人存在本性的肯定。教育的目的是以文明克服野蛮,以教化抵御横暴。

礼乐之教的礼看似对人的一种行为训练,乐好像只是让听听音乐、看看舞蹈,但是在有形艺术的背后,却潜藏着一种价值原则。礼是要为世界建立秩序的,乐是要让世界走向和谐的。这就是《礼记·乐记》里面讲的:"礼,天地之序也;乐,天地之合也。"就像程颐讲的:"礼只是一个序,乐只是一个和,只此两字含蓄多少义理。"礼教就是秩序教育,乐教就是和谐教育,这体现了礼乐的价值原则。在西周时期,周公讲的文教包括了礼教和乐教,但是到春秋时代,诗从乐中分离了出来,成了一种独立的艺术形式,所以就形成了诗、礼、乐三分。诗更多的关乎情感和心灵,礼更多的关乎理性和行为,乐更多的关乎个人的心灵。人和他人、人和自然协调,并在协调之中寻求超越,这就是三种艺术的特性。由此展开为三种美育,就是诗教、礼教和乐教。三种美育指向三种目标,就是自由、秩序、和谐。

由此可以看到,中国传统的美育和艺术教育,和今天在西方哲学背景下所讲的美育和艺术教育是有区别的。18世纪启蒙运动以来的西方美学所奠定的是美和自由的关系。从康德开始，一讲美就会讲自由，一讲自由又反过来讲美。席勒在《审美教育书简》里面讲的审美的价值基本上就等同于自由的价值，因为他把美等同于游戏，他还讲美先于自由而行，也就是说美的价值在于开启自由。从康德、席勒开始，西方人讲的美育基本上可以等同为自由教育。中国传统美育虽然也讲自由教育，但是它在自由教育之上又叠加了两点，一个是秩序的教育，一个是和谐的教育，这是东西方美育的重要差异。美育一旦涉及秩序教育，审美就不仅仅是让人的心绪无限外发，同时也构成了对人的行为和心灵的制约。这个制约可以把它叫作审美控制。

班固曾经说道："畏敬之意难见，则著之于享献、辞受、登降、跪拜；和亲之说难形，则发之于诗歌咏言，钟石、管弦。"班固认为只说抽象的概念或理念是不行的，得把它在现实中变现。要把它用感性的表现演绎出来，使人在礼仪空间里面显示出文质彬彬的风貌，一种审美的风貌，这是对个体来讲。对国家来讲，中国古人认为基于审美教育形成的国家一定是一个美好的国家，由此美也就代表了中国传统社会的国家理想。这个国家理想是什么？如《礼记·少仪》讲："言语之美，穆穆皇皇；朝廷之美，济济翔翔；祭祀之美，匪匪翼翼；鸾和之美，肃肃雍雍。"也就是说在一个美好的国度，国民言语既严肃又有气魄，雍容博大。朝廷之美即各级政府人才济济，同时人与人关系融洽。祭祀之美是在国家的重大典礼活动中，人员所排的队列非常整齐，庄严肃穆，交通像鸟在天上飞一样流畅。最后他是用一种音乐化的方式呈现了理想国家，一个美好的国家就像王城飞檐上的铃铛一样，在风中叮当作响，给人一种静谧的、祥和的空间气象。通过这种教化，国家成了风雅中国，春秋时期正是通过礼乐教化使所谓的上流社会成了一个风雅场，今天的中华民族仍然是一个富有美感的民族。

最后是几点思考。

第一，传统中国的宗教基础非常薄弱，那么到底是什么东西形成中国人的精神核心？我认为，在很大程度上美起到了宗教的功能，美育具有类似宗教的性质，它能够给人提供心灵的家园。或者说，美感的神圣性是能够给人提供一种精神寄托和精神鼓舞的。蔡元培先生总是讲"以美育代宗教"，我们今天也在重复这一观点，但是我一直在强调，这个命题对于中国美学传统来讲是一个假命题。因为在中国古代，美育从来不需要代替宗教。美育已经在某种程度上构成了中国人的宗教。

第二，如何理解传统？人们把中华民族称为一个文化共同体，那么构成文化共同体的核心是什么？我认为是审美。也就是说，中国文化是以审美为本位、以礼乐之教达至的共同体。所以不妨直接把中国文化共同体称为审美共同体。

第三，讲美学、艺术，总是强调艺术促进人的觉醒，把人的自由、解放作为美育和艺术教育的最大价值，但是往往忽视了美和艺术的另外的一个走向或者功能。这就是所谓的"审美控制"，或者说以审美促进社会控制。英国学者伊格尔顿和大卫·哈维都提供了相关观点。大卫·哈维说："美学一直是一个矛盾的双刃的概念。一方面，它扮演了真正解放力量的角色——如同一个由感觉的动力和同志情意连结的主体所形成的社区；然而另一方面，它也可以将压制内化，将社会权力置入其属民身体的更深处，而成为一种最为有效的政治霸权模式。"孔子是喜欢美和艺术的，有时候也从美和艺术之中得到巨大的自由感和心灵愉悦。但是注意，当他用诗、礼、乐去教化众人的时候，是要对人的行为和心性形成约束，形成约束之后人才能够成为君子，成为国家的合格公民。如果审美的约束被传统国家的君主作为国家治理的手段，它就成了一种审美控制。当然，审美控制毕竟是一种人性的控制，它比刑法的控制更富有人性。

第四，什么是最伟大的教育？美育是不是能够贯穿于最伟大的教育？在中国传统美育中，虽然诗教以"言志"关乎自由，但自由教育仍是短板。我们总在谈，审美教育必须要意识到审美和教育其实是一对矛盾的概念。为什么？因为一谈审美就要谈自由，但一谈教育就必然带有强制性，就和审美持守的自由原则形成了冲突。那么在教育对学生的灌输无所不在的现代，就要考虑有没有一种终止教育的教育，我认为是有的。终止教育的教育也是审美教育提倡的最高境界。用美和艺术投入对学生的教育，从来不是让他接受教育本身，而是让学生通过教育脱离教育、超越教育，能够认识到最伟大的教育，其实是对教育的超越，是对教育的放弃。

比如我一直坚定地认为，给学生讲中国古代的书画欣赏，包括音乐欣赏，还不如让学生到世界各地去旅游。让他们到法国卢浮宫去看看，自然而然比你讲得还要直观。然后到奥地利维也纳听几场音乐会，比在课堂上听了半天巴赫都要管用。也就是说，审美教育作为一种感性教育强调的是在场性。一定要认识到审美教育是对今天的教育形态的一种超越。比如，讲了半天爱国主义，还不如组织学生到中国的名山大川去旅游一圈。华山是美的，泰山是美的，峨眉山也是美的，都非常值得爱，最终华山、泰山、峨眉山等就组合成了一个整体的中国。假如每一座山每一条河都是可爱的，也就合成了一个可爱的国家的概念，这就是黑格尔所谓的具体的普遍性。最伟大的教育，对美学和美育来讲，即对教育的超越。

蔡元培美育思想的意义和启示

顾春芳，北京大学艺术学院教授、博士生导师，北京大学美学与美育研究中心研究员，敦煌研究院研究员

从事美学和美育的研究不能总是躲在书斋里，也应该为我们这个民族、这个国家如何树立在世界上的大国气象贡献个体的智慧和责任。做学问当然是学者的天职，但学问也需有必要的社会实践，也需思考一些具体的问题。在重读《蔡元培全集》的基础上，我完成了《国民修养与大国气象》一文，文章分三个部分：一、本务观与儒家教育思想的底色；二、改造旧的教育体制和塑造新的国民人格；三、美育代宗教命题的价值和意义。结合这篇文章，我着重阐释国民修养的改造和大国气象之间的关系，以及美育对民族和国家未来的重要意义。

大国气象不仅仅体现为国土面积、人口数量和GDP，大国气象的根本是一个国家、一个民族的群体性修养所呈现的一种气象。我们要了解一个人，主要还是要从其修养上来看。一个人以往所有的经历，他的心胸、格局、学养、人格都体现在当下人们所见到的他呈现出的修养和风范中。

中国古代的典籍都非常注重关于德行修养的教导，主要是因为人的修养和国运密切相关。《老子》《论语》《大学》《中庸》《孟子》《墨子》等都有关于个人道德修养的思想，这些思想包含着对一个理想社会的瞩望和希冀，这也是历代智者对理想社会的思考。比如《易经》中就有许多关于人的素质和国家气象之间关系的论述。

《易经》指出，作为广大至深的"易"是看不见摸不着的，那么通过什么来把握呢？通过"象"来把握。通过观察把握事物变动的规律，观其会通，行其典礼，断其吉凶。"易"指出变化的因果关系，《易经·系辞上》有

言:"'鸣鹤在阴,其子和之,我有好爵,吾与尔靡之。'子曰:'君子居其室,出其言善,则千里之外应之,况其迩者乎?居其室,出其言不善,则千里之外违之,况其迩者乎?言出乎身,加乎民;行发乎迩,见乎远。言行,君子之枢机。枢机之发,荣辱之主也。言行,君子之所以动天地也,可不慎乎?"大概意思是说,出言善,可以影响千里之外,出言恶,同样可以影响千里之外。言行出自自身,但是在他人那里会产生影响。所以成就君子的关键在于个人的言行。正因如此,难道我们可以在言行上不谨慎吗?小的言行可以影响大的风气,近的恶行可以污染整个空气。今天,我们身处一个电子媒介时代和网络世界,每天都会接收许许多多的负面新闻,现代人所面临的道德考验比前人可能要更严峻。比如网络上频发的乱象,特别是许多戾气和恶行都会使得大家丧失信心,由此加重人与人之间的不信任和冷漠,甚至引发敌对。古人说:"同心之言,其臭如兰。"美好的语言就像兰花一样沁人心脾,这是非常重要的。国民素养的教育从根本上决定着一个民族和国家的未来。一个智慧的人、一个理性的社会、一个智慧的国家,一定会把国民素养的教育列为基本国策。十年树木,百年树人。对家庭而言是教育出人格完善、综合素养高的孩子,对国家来说是涵养有高尚道德修养的真正的人。我从《易经》引出这样一段话,主要是为了说明个人的修养和民族、国家气象之间的关系。

这些年美育突然成了备受关注的一个热点话题。大家意识到在道德教育之外的审美教育非常重要。2020年10月,中共中央办公厅、国务院办公厅印发了《关于全面加强和改进新时代学校美育工作的意见》,贯彻了习近平总书记重要讲话和全国教育大会的精神,从更高的站位出发,对学校的美育工作再认识、再深化、再设计、再推进。

北京大学是中国美学和美育研究的重镇。从蔡元培时期,就形成了重视美育的优良传统。蔡先生在担任北大校长期间,提出了"以美育代宗教"的思想。任何实践都要建立在研究的基础上,美育实施的基础是美育的学术研究。没有学术研究就容易走偏。当前要拓展美育的理论与实践,应该重读前辈学者的美育思想，特别是蔡元培的著作。他是全民美育的开创者，其思想和实践尤其值得我们重视。

一、蔡元培的生平及其教育思想和实践

蔡元培的教育思想和实践不脱离儒家的人生理想。其教育思想的核心，是立足于国民性的改造，培养具有高尚的理想，可以担当将来之文化，并具有独立不惧之人格精神和安贫乐道之志趣的现代公民，重塑民族和国家发展的信心。

蔡元培字鹤卿，又字仲申、民友、孑民。浙江绍兴府山阴县（今浙江绍兴）人，清光绪进士。教育家、革命家、政治家，近代中国文化界的卓越先驱者。他一生最成功的社会角色就是北京大学的校长，在北大期间，他倡导兼容并包、思想自由，让北大成了一个新文化运动的中心，现代科学民主思想在这里得以发扬和传播。从这个意义上来说，蔡元培不仅是现代北大的一个缔造者，也是中国现代大学理想和精神的缔造者。

蔡元培25岁中进士，被点为翰林院庶吉士，后授职翰林院编修，学识渊博，这和他早年博览群书大有关系。绍兴历来是一个人文渊薮之地，尤其是明清两代，藏书业极为发达。清末有一位享誉浙东的藏书家徐树兰，他在绍兴建立了一座非常有名的藏书楼——古越藏书楼，向好学之士提供学习机会以达到救国图存的目的。古越藏书楼在近代图书馆史上有非常高的历史地位。蔡元培和古越藏书楼有很深的渊源，徐树兰要为自己的侄子找一个伴读，蔡元培经朋友介绍进了徐府，一去就是四年（1886—1900年）。在徐家伴读的经历有两大乐趣，第一是读书非常方便，第二是不乏交友之乐，这四年的生活对他日后的人生意义重大。看一个人大概从三个方面就可以判断，第一是他生活的时代和境遇，第二是他读了什么书，第三是他结交了什么样的朋友。蔡元培的伴读生涯给他一生打下了非常重要的基础。他不仅读古书，也读新书。后来，他在翰林院的书房里面挂了一副对联："都无作官意，

惟有读书声"。由此可见读书对一个人思想成长和成熟的重要。

青年时代的蔡元培如饥似渴、不分昼夜地看书,大量地翻阅了魏源、严复等人以及有关变法图强的新书。然而,他所身处的时代是一个国家危亡、抱残守缺的时代。他先后目睹维新变法的失败、谭嗣同和戊戌六君子被杀,自己也遭遇挂冠离职的命运。1904年,37岁的蔡元培在上海组织光复会投身革命,他经历过震惊海内外的"苏报案",也曾在邹容墓前声泪俱下,他经历过大革命的失败,目睹袁世凯的登基和倒台。他与孙中山是挚友,孙中山对他格外信任,委以同盟会上海分会的负责人,后又出任中华民国的第一任教育总长。在主持教育部工作的时候,他制定中学令和大学令,废除了忠君尊孔等信条,合并了经科和文科。他一生孜孜以求探索一个问题:中国的黎明在哪里? 1907年5月,在同盟会的徐锡麟、秋瑾相继以身殉国后,年届不惑的蔡元培在驻德公使孙宝琦的帮助下前往德国柏林留学,完成了他一生中最重要的转型。1911年,辛亥革命爆发后回国,次年就任南京临时政府教育总长,后因不愿与袁世凯政府合作而辞职。他远行欧洲,为的是进一步确证"改良社会,首在教育"的历史反思,认识到国家大治唯有将注意力转向关乎民族前途的教育问题,遂确定"教育救国"作为毕生志业,力争通过改造旧的教育塑造新的国民,并坚信这是未来中国唯一的希望和出路所在。

为了学习西方先进的教育思想,蔡元培的足迹遍布欧洲各国。他的档案资料显示,他在莱比锡大学的三年里如饥似渴地选修了40多门课,分别涉及哲学、文学、美学、心理学、民族学等各个领域。1913年旅居法国期间,他成为留法勤工俭学运动的组织者和推动者。五四前后一大批具有马克思主义思想的积极分子正是在留法勤工俭学的热潮中接受了马克思列宁主义,由此成了中国革命的中坚力量。1916年,蔡元培被任命为北京大学校长,1917年到北京大学上任,开始了他对北大的改革。他倡导"思想自由""兼容并包"的办学宗旨,支持和提倡民主和科学的新文化运动。推行诸如延揽人才、实行选科制、建立评议会、鼓励学术研究、提倡社会活动,实行平民教育等新的举措。他的教育改革开中国大学教育之先河，对整个教育界、学术界都产生了广泛而深远的影响。1921年辞去教育总长之后，他再次携家人出国学习深造。

蔡元培教育救国的转变决心体现在《告北大学生暨全国学生书》一文中，他说："我国输入欧化，六十年矣，始而造兵，继而练军，继而变法，最后乃始知教育之必要。"此后，他将全部生命灌注于中国的现代教育改革，并将人生后半程全部奉献给教育救国的理想，成为中国现代教育史上有口皆碑的教育改革家和教育家。由于蔡元培个人身份以及所处历史场域的特殊性，他的教育思想和改革实践与五四新文化运动，与徐徐拉开的中国现代教育的帷幕以及风雨飘摇中的国家的未来休戚相关，因此他的教育思想不是空想，而是从理念、建制到实践的一个完善的体系。这一体系的当代意义在于，它能帮助我们从蔡元培个人命运与历史潮流的互动中透视中国教育近现代以来的弊端和变革的经验教训。

纵观蔡元培的教育思想，内容非常庞大，不仅涉及大学教育，还涉及专科教育、成人教育、职业教育、儿童教育等诸多教育领域，更涉及关于人的思想、道德、学术、趣味培养的各个层面。既有中国传统教育思想的辨析，也有西方教育核心理念的反思，他在中西方教育的比较视野下反思所处时代的大问题，对今天依然有启示意义。

蔡元培教育思想的核心是什么呢？就是开出一剂实用的教育救国的"良方"。这个"良方"就是培养具有高尚的理想、纯正的世界观和人生观，可以担当将来之文化并具有"独立不惧之精神""安贫乐道之志趣"的现代公民。他从人本主义的定位出发，力求从根本上改造奴性的国民人格，提升中国人的整体修养和文明意识，改变孱弱的民族气象，重塑民族和国家发展的自信心，继而实现一个现代中国的梦想。他认为的大国气象，不只是国土之广大，而是能够承载大国气象的国民修养。这和今天"中华民族伟大复兴"的时代精神是契合的。在教育实践的方法论层面，也给予我们诸多经验和启发。他不盲目地追求全盘西化，而是在主张儒家正统思想的基础上承古开新。在深入比较中西文化的前提下,他认为要积极借鉴并吸收西方现代教育的理念,以补益和优化儒家教育思想中不适应现代社会的一面。

在《对于教育方针之意见》这篇文章中,蔡元培提出了五育并举。这个五育并举和我们今天说的五育并举并不完全一致,蔡元培提出的五育并举是军国民教育、实利主义教育、公民道德教育、世界观教育和美育的新教育方针。这也是参考了西方的一些做法,并根据他所处的时代特殊的国情所制定的。我们今天讲的五育并举指的是德育、智育、体育、美育以及劳动教育。这五个教育不是分裂的,它应该是一个整体,综合起来以促进人的全面发展。这既是现代化国家对人的素质的基本要求,也是现代化教育所要达到的理想目标。

二、蔡元培的"本务"观与儒家教育思想的底色

蔡元培的教育思想顺应世界变化的趋势,放眼世界和人类历史,融合中西、汇通古今,从人本主义的价值理想和尺度衡量中西教育的一切理论成果,以中国传统孔孟之道、圣贤教育结合18世纪启蒙时代之后的西方伦理学和教育学,提出知行合一的理念,以理论联系实际的方法,力求融合中西方的教育智慧,重塑中国人的修养和民族的气象。

他的教育思想呈现了几个基本的特点:第一,以儒家正统教育思想为纲,西方现代教育理念为目,确立中国现代教育的基本格局和思路。比如在诠释人生价值这一问题时,为了更好地诠释儒家所倡导的思想,他借用西方哲学"实体"和"现象"之关系来阐明"现象世界之幸福为其达于实体观念之作用",从而指出教育的根本意义在于自由的心灵超脱于现实功利和得失。在"修己""家族""社会""国家"等问题的思考中,虽然引用了很多西方教育学的案例,但主要的理论底色依然是"修身、齐家、治国、平天下"的儒家教育的色彩。第二,遵循自由的价值理性,实施德智体美劳全面发展的人才教育思想。他提出废止经科,提倡西方现代教育中的"体育、知育、德

育"，坚持"普通教育废止读经，大学校废经科，而以经科分人文科之哲学、史学、文学三门"。在"良心""本务""德论""修学""习惯""体育""艺术"等问题的研究中，贯彻以"良心"和"本务"为核心的全面发展的教育观。第三，强调现代社会的个人修养，以改造国民旧的面貌。在卫生、公益、群体、扶弱、爱物、自由、互助、义务、科学等诸多方面提出了有针对性的理论和方法。第四，对艺术和审美教育的高度重视，充分肯定美育与人生的关系，并将之作为创造国民新生活的重要内容。

在比较了儒、释、道、墨、法各自的特点之后，蔡元培认为老子学说可开后世思想，但是它偏重个体、"故不能久行于普通健全之社会，其盛行之者，惟在不健全之时代"；法家思想重群体而轻视个体；墨子有无神论的思想但不源于哲学思考，仅为政治或社会应用而设则过于浅近；唯有儒家能兼顾个性与群性，可以有长久的价值和影响力。从上述四个基本特点中，可以清晰地体察到蔡元培的教育思想秉承了传统儒家教育思想的底色，倚重儒家所倡导的仁义礼智、孝悌忠义、知行合一等基本的道德准则。

道德的真修养是什么？在蔡元培看来，包括身心和谐发展，培养良好的习惯，明确人生幸福的根本，自治和自律，忍耐和勇敢，日常个人的修为以及交友之道。人的修养的培养也是他伦理方面的自我觉解。蔡元培所倡导的不再是封建道统下的三纲五常，而是建立在本务基础上的人性的真道德。他指出道德有不同的层次，有寻常的一般的道德和至高的道德。寻常的道德一般的读书人和有寻常知识的人能够履行，但是具有至高道德的人对一个社会来说还是相当稀缺的。这要有渊博的智慧和高尚的品格的人才能领会。真道德不是一味顺应外在的规训和约束，而是自由人格的自我觉解后，良知要求自己要遵循的那些准则。不遵循良心要求他做的，就会感到不安，就会感到违背了道德和良知。

"本务"这个概念，是蔡元培教育思想中出现频率非常高的一个词，蔡元培将"本务"视为一个人全德的体现。"本务"在不同的语境中出现。有时候是责任之意，有时候是使命之意，有时候是天职之意，有时候是全德之意，有时候是良知之意。那到底什么是"本务"？在《中国人的修养》这本书里，蔡元培在下篇序论中明确指出"人生当尽本务"，并分别从理论伦理学和实践伦理学两个层面对本务及其意义作了特别的界定。他认为人自觉区分善恶，让自我的行为符合理想的背后力量就是"良心"。人的行为之所以依据责任的驱使，主要是人自我意志的作用，在自我意志之中就包含了"良心"，因此伦理的极致在他看来就是："从良心之命，以实现理想而已"。在他看来，本务是"人生本分之所当尽者也，其中有不可为及不可不为之两义，如孝友忠信，不可不为者也；窃盗欺诈，不可为者也。是皆人之本分所当尽者，故谓之本务。"也就是说，本分所当尽者，即本务的意涵，它的生发源于良心。因此，蔡元培说："良心者，道德之源泉"，又说"修德之道，先养良心"。因此，教育最重要的不是灌输道德，而是找到方法促使孩子"良知的觉醒"。让他知道什么该做什么不该做，有一种清醒的自我觉醒，不是外在的道德说教和灌输。最永久的教育实际上是自我教育，唯有良知觉醒才能够自我教育。孔子说"吾日三省吾身"，讲的就是良知的觉醒。

蔡元培在比较了中国哲学和西方哲学之后，认为良心是贯通中西方教育的一个极为重要的概念。在中国哲学中，良心或者说良知，是被理解为人与生俱来的本性，只是因为后天的功利给遮蔽了。在宋明理学当中，良知的观念更是上升到了天理。在西方哲学中，良知也是非常重要的，良心统摄着人的"知、情、意"。人的意志、认知、动机都是伦理学要研究的问题，但意志、认知和动机等均不能离开良心的作用。谨言、恭俭、和颜悦色都是外在的，是可以装出来的，但是有了根本的良知以后，他所显现的信义、谨言、恭俭以及和颜悦色是内外统一的。

蔡元培初任北大校长时正是北大最声名狼藉的时候。当时北大最突出的问题是"一在学课之凌杂，二在风纪之败坏"。蔡校长以儒家正统思想教育学生要修身立志，重视个体与群体的关系，在《世界观与人生观》中倡导"己欲立而立人，己欲达而达人"，借用《大学》中"大人者，以天地万物为一体"的思想阐释个体与群体之间的关系，他说："虽然，吾人既为世界之一分子，决不能超出世界以外,而考察一客观之世界,则所谓完全之世界观,何自而得之乎?曰:凡分子必具有全体之本性;而既为分子,则因其所值之时地而发生种种特性;排去各分子之特性,而得一通性,则即全体之本性矣。"唯有从学理上找到根本问题才能够在实践当中抓住重点。蔡元培用中国万物一体、万有相通的哲学,诠释个体的修养和整体的关系,给予美育以深刻的思想启示。

三、改造旧的教育体制和塑造新的国民人格

第一,认为国民修养关乎国家气象和民族的未来。中国未来的希望当然在教育,唯有改造旧的教育体制模式才能塑造新的国民人格。蔡元培无论做教育总长还是北大校长,他都倡导个体身心的和谐发展,强调健康的体魄和为人成长的重要性。教育的目标是要养成优美高尚的思想和品格。因此,"体育、知育、德育"三者不可偏废。

第二,新教育的意义和趋势在三个方面。一是养成科学头脑,二是养成劳动的能力,三是提倡艺术兴趣。蔡元培从理论到实践提出教育着重科学教育、劳动教育和艺术教育三方面。他的教育思想经常探讨几个主题:一、个体与群体的关系,如"舍己为群""尽力于公益""爱护弱者";二、个人的道德修养,如"注意公共卫生""己所不欲勿施于人""责己重而责人轻""爱护弱者"等;三、公民的社会公德,如"爱护公共之建筑及器物""爱物""戒失信""戒狎侮""戒骂詈"等;四、社会整体的精神面貌,如"文明与奢侈""理信与迷信""循理与畏威"等诸多方面。

第三,倡导中西结合文理交融的教育理念。蔡元培担任北大校长期间,一方面推广数学、博物学、物理学、化学等理科,另一方面大力推行哲学、文学、史学、法学、伦理学、教育学、宗教学、心理学、地震学乃至军事学、外交学等。蔡元培很早就构建了从初级到高级的以"名""理""群""道""文"划分的科目学级,并在1901年的《学堂教科论》

中设计了古今融汇、文理交融的学科体系。重读蔡元培有一个特别的发现，蔡元培涉猎的学科，并撰写论文及著作的至少涉及西方哲学、中国哲学、美学、教育学、伦理学、政治学、民族学、人类学、宗教学、妖怪学、佛学、图书馆学、美术史、红学、文学、诗歌、音乐、书法等学科。

第四，从意志和行为的角度论述审美教育对心性涵养的重要性。蔡元培吸收了康德、席勒等人的思想，提出了美感教育。他认为审美是联系现象世界和实体世界的桥梁，大力倡导美育和艺术教育。"本务"这个重要概念之外的重要思想，就是"发展自我及民族的个性"。教育不能是以牺牲或者抹平每一个孩子的个性为代价，教育是完成自由人格的塑造，赋予人自我发展的能力。为此他提出了"特性""我性""个性"三个概念。他说："人类分子，决不当尽归于同化，而贵在各能发达其特性。吾国学生游学他国者，不患其科学程度之不若人，患其模仿太过而消亡其特性。所谓特性，即地理、历史、家庭、社会所影响于人之性质者是也。学者言进化最高级为各具我性，次则各具个性。能保我性，则所得于外国之思想、言论、学术，吸收而消化之，尽为'我'之一部，而不为其所同化。"教育是帮助被教育的人发展自己的能力，完成他的人格。于人类文化上尽一份责任，教育的根本是让人成为人，并非把教育的人造成一种特别的工具。他认为自由、平等、亲爱是一切道德之根源，他把自由和道德之间的关系在哲学层面上进行了阐释，以明确教育到底要注意什么问题。

蔡元培是在中西哲学的比较框架里看自由平等问题的，他说："自由者何？即思想是也。"进一步指出："人生在世，钩心斗智，相争以学术，鞠躬尽瘁，死而后已，亦无非此未堪破之自由。"所谓"友爱"，在他看来就是孔子所谓"己欲立而立人，己欲达而达人"，也就是张载所说的"民胞物与"。道德的根本，"仁也，义也，恕也"。这些是中西方古代先哲彼此认同的人道信条。

蔡元培的美育思想并非完全来自西方，他对中华美育精神进行了中西比较视野下的创新性继承和发挥。他从哲学角度论证审美是联系现象世界和实体世界的桥梁。他说:"然则何道之由?曰美感之教育。美感者,合美丽与尊严而言之,介乎现象世界与实体世界之间,而为津梁。"并坚持"故教育家欲由现象世界而引以到达于实体世界之观念,不可不用美感之教育"。读《中国伦理学史》一文发现,他较早地注意到了"礼乐相济"的意义所在。在论荀子的音乐思想时,他说:"乐者,以自然之美,化感其性灵。"化感灵性、无功利性,这两点正好是中西美育思想共通的地方。

蔡元培认为美在人生中的特殊意义在于,美感具有与现实利益无关的超脱性。科学和艺术的本质都应该是超乎现实功利的。艺术的意义在于:"若美术者,最贵自然,毋意毋必,则自由之至者矣。"科学也应该超脱功利:"利用普乎齐民……立术超乎攻取。"反观现在全世界范围内的科学和艺术,二者都面临功利化和工具化的处境,这是全球性的问题,是人类21世纪所遭遇的大问题。

四、"以美育代宗教"的命题价值和意义

"以美育代宗教"的思想是一个具有未来学意义的价值命题。这个价值命题关乎文化的改良、人格的涵养和民族的进步。为什么蔡元培要引入美育代宗教?

第一,他致力于发展宗教之外的信仰模式。他认为19世纪以来的科学发展早已经削弱了宗教在整个西方社会的地位和影响。中国社会未来的发展不能沿袭西方旧的思想和信仰的模式,这就需要引入"知(知识)、情(感情)、意(意志)",思考人类精神世界的追求。

第二,科学和各个学科慢慢地远离宗教趋于人文。知识和意志在近代伴随着社会文化的进步,科学的发达而逐步脱离宗教,更多地体现于诸如哲学、心理学、社会学、博物学、医学等学科。文艺复兴以后,艺术渐渐脱离宗教而趋于人文。现代社会,最重要的建筑并非教堂,而是学校、剧院、博物馆这些场所。

第三，美感具有普遍和超脱的特性。美具有普遍性，美的体验和感受是非功利的，没有利害关系。因此，纯粹的美育可以达到和宗教一样的陶养精神和心灵的效果，按此逻辑宗教完全可以被取代。《以美育代宗教说》讲道："纯粹之美育，所以陶养吾人之感情，使有高尚纯洁之习惯，而使人我之见、利己损人之思念，以渐消沮者也。盖以美为普遍性，决无人我差别之见能参入其中。"

第四，美感有利于人的高尚灵性的涵养。他认为伟大和高尚的人类行为往往发生于人的感情。所以陶养一个美好心灵的情感机制是特别重要的。

第五，艺术和美呈现真理。当代哲学一个非常重要的方面就是探讨美的真理性问题。阐释学实际上就是要论证美可以建构真理的历史，以及艺术与真理、艺术与科学和哲学的互证，还有美对人心的感化可以补充一般的知识所不能达到的效果，从而达到移风易俗和社会改良的效果。

第六，毕生致力于国民审美教育的发愿。他认为真正的教育是"自动的而非被动的"，是"直观的而非幻想的"，"是全身的而非单独脑部的"。我们不能只重视发达脑部的教育。什么是美育？他的概括非常简洁明了。他说："人人都有感情，但并非都有伟大而高尚的行为，这由于感情推动力的薄弱。要转弱而为强，转薄而为厚，有待于陶养。陶养的工具，为美的对象，陶养的作用，叫作美育。"美育即：陶养伟大而高尚的心灵和行为的教育。

蔡元培在教育实践上也是非常有作为的。他在北大除积极鼓励学术研究之外，还成立了画法研究会、书法研究会、音乐研究会、化学研究会、新闻研究会等。这种文化和传统一直保留到现在。蔡元培先生和音乐教育家萧友梅在1927年共同创办的上海国立音乐学院，是中国第一所独立建制的国立高等音乐学府。1928年，他又创立了我国第一所综合性国立高等艺术学府——国立艺术院，国立艺术院就是今天中国美术学院的前身。此外，他还倡导创办了上海美术专科学校，首任院长是刘海粟。上海美专培养了许多新中国栋梁型的重要人才。

蔡元培的美育思想有理论、有学术、有实践。他的终极目标就是在特殊的、国家危急的年代要改变积贫积弱的民族气象，重塑中华民族的精神。他《在香港圣约翰大礼堂美术展览会演说词》中特别强调："抗战时期所最需要的是人人有宁静的头脑，又有强毅的意志。"因此，美育在他的思想中是锻造和培育国民修养和国家气象的极为重要的根本性教育。美育事关国家民族的未来。

什么样的教育才是理想的教育？蔡元培的美育思想思考并回答了美育应该如何实施的关键性问题。

第一，美育不能等同于艺术教育。在此，仅举两例。

第一个例子，他倡导自然之美。他在《自然美讴歌集》序言中比较了自然美和艺术美的关系："自然美与艺术美，为对待之词，而自然美之范围特广，初民之雕刻与图画，皆取材于自然。希腊哲学家且以摹拟自然为艺术家之公例。吾国艺术家之雕塑与图画，自士女及楼阁外，若花鸟，若草虫，若山水，率以自然美为蓝本，而山水尤盛。"

第二个例子，他提倡全民文化活动和城市公共环境的建设。他在《文化运动不要忘了美育》一文中有这样一段话："一切公私的建筑，陈列器具，书肆与画肆的印刷品，各方面的广告，都是从美术家的意匠构成。所以不论那一种人，都时时刻刻有接触美术的机会……在市街上散步，只见飞扬尘土，横冲直撞的车马，商铺门上贴着无聊的春联，地摊上出售那恶俗的花纸。在这种环境中讨生活，什么能引起活泼高尚的感情呢？所以我很望致力文化运动诸君，不要忘了美育。"他说："人的美感，常因自然景物而起，如山水，如云月，如花草，如虫鸟的鸣声，不但文学家描写得多，就是普通人，也都有赏玩的习惯。"

关于美育应该如何推进和落实？美育是不是等于艺术教育？美育到底应该如何实施？百年前的智者就把这些问题想得很透彻。美不仅仅存在于艺术，在自然和劳动中其实也孕育着美。美育是心灵的教育，美育指向心灵的自由和创造的精神。美育是心灵的照亮，是自我良知的教育，是精神提升的教育，是生命意义的教育，是人生信仰的教育，也是给人以希望的教育。美育的根本目的是使人去追求人性的完满，也就是学会体验人生，使自己感受到一个有意味的、有情趣的人生，对人生产生无限的爱恋、无限的喜悦，从而使自己的精神境界得到升华。

第二，美育的范围绝不局限于几个科目。他在《美育实施的方法》中提到，数学的游戏可以引起滑稽的美感，几何与美术、声学与音乐、光学与色彩都有密切的关系，化学中充满了美丽的光焰与变化，物质的构造充满美感，天文学可以让我们更近地观察星月的光辉，矿物的结晶充满微妙的光晕，更毋庸说植物学、生物学、地理学所包含的无穷无尽的美，那些云霞风雪的变化，山水湖海的名胜，人文荟萃的古代遗迹无不是美育的资料和课本。这是非常前瞻的美育思想。在《二十五年来中国之美育》这篇文章里他还列出了美育属下的一些方向，比如造型艺术、音乐、文学、演剧、影戏、博物馆、展览会、演奏会、音乐会、公园等。他指出，美育的基础立在学校，而美育的推行归宿于都市的美化。

蔡元培提倡美育，提出让人的性灵寄托于美，使人的灵魂活泼有趣。他曾在《假如我的年纪回到二十岁》这篇文章里说："我个人的自省，觉得真心求学的时候，已经把修养包括进去。"由此可见，蔡元培的美育理念不仅仅是指艺术教育，而是指渗透在生活世界中的中国人的修养。在他看来，救国之要在教育，教育之要在启智、崇道和灵性的教育。教育不是儿戏，它需要有科学的理论作为支撑，也要有艰苦的实践作为基础。

关于美育，前辈留下了许多重要的思想成果，我们不能够忽视这样一笔思想的遗产，应该在研究的基础上不断地总结和提高。

2020年，在疫情突如其来的情况下，北京大学美学与美育中心克服了很多难以想象的困难，编写了青少年《美育》22卷，提出"综合性、实践性、沉浸式、开放式"的美育思想，立足于传承中华优秀传统文化，弘扬中华美育精神，突出以人文艺术的教育、美好心灵的教育、人生境界的教育为基本的宗旨。融汇全面发展的目标，除了德智体美劳融合以外，还融合人生教育、生命教育、人格教育、生态教育、劳动教育、和平教育、科学教育以及爱的教育，力求培养青少年这种向善、感恩、爱的心理，引导他们在超越和愉悦自由的精神状态中提升自己的美学素养，提高自己的生命质量，认知自我的内在灵性，塑造自我的完满人格，推动我国中小学美育课程走向现代化和科学化的道路。

最后作一个小结。蔡元培的美育思想对于当代的启示有以下几方面。一、立足于人格教育，立足于民族未来，立足于中国人的修养。二、美育应贯穿一切教育，落实于家庭、社会和学校三个领域。三、让人的性灵寄托于美，涵养高尚纯洁之习惯，使灵魂更加活泼有趣。四、通过欣赏艺术、参与劳动和文化活动涵养身心，调和知识和情感的分裂。五、美育的基础，立在学校；而美育的推行，在于全社会。六、陶养人之感情，达到移风易俗和社会改良的效果。七、美育的范围，不局限于几个科目，美育不等于艺术教育。八、自然美、艺术美、人文荟萃的文化遗迹无不是美育的课本。让孩子们在文化的发生现场接受活泼泼的审美教育。蔡元培的美育思想，建立在他学贯中西的渊博的学识基础之上，建立在他本人多学科的学术研究的基础之上，建立在他中西方思想的比较基础上，建立在他本人知行合一的教育实践中，因此具有坚实的理论和实践的基础。他的美育思想没有长篇大论，小文章大道理，深入浅出，平实通畅。他在书中提出的中国人的修养，立足于人格教育的事业，立足于民族的未来，对家庭、社会和大学的三重教育，对当代中国人文精神传统的继承和发展依然富有启示意义。

21世纪的人才培养，要注重精神、性格、胸襟、涵养等方面的要求，我们需要的人才，应该是有着高尚的人格、完满的人性、审美的心胸、良好的修养、身心和谐以及全面发展的人。这样的人才，不仅具有高层次的想象力和创造力，而且具有广阔的眼界和胸襟，致力于追求一种更有意义、更有价值和更有情趣的人生，致力于追求人生的神圣价值。随着电子工业、信息技术、传媒娱乐、生物工程、文化产业等新经济形态的迅猛发展，需要源源不断地为新的产业输送心智活泼、具有高度创造力的人才。世界范围内，凡是需要创造性地解决问题的领域，均需要提高人的文化修养和美学修养。爱因斯坦曾指出科学的最高发现往往不是依靠逻辑，而是依靠直觉和想象力。在全球化背景下，在多元化的世界格局中，在金融危机的情境中，在后疫情时代的特殊情形下，面临诸多前所未有的问题，教育也面临着诸多的难题和挑战，期待美育能发挥重要的作用。

以戏剧之美，育完整之人

陈敏，中央戏剧学院戏剧美学教授、博士生导师，戏剧学系联合人文学部党支部书记、系副主任（主持工作），智能戏剧艺术空间教育部重点，实验学术带头人，国际戏剧评论家协会（IATC）中国分会秘书长、理事

"以戏剧之美，育完整之人"这个题目包含了"美育"二字，主要跟大家探讨美育的内涵和实践方式。我的专业是戏剧戏曲学，专业方向是戏剧美学，所以主要以戏剧为例，从戏剧美学角度出发，通过对戏剧作品的鉴赏，和大家一起讨论这两个问题。

一、美育的内涵——理解"美""美学""美育"

1. 从"美育"之名谈起

探讨美育内涵，需要厘清美、美学、美育这三个重要概念的内涵。首先，从"美育"之名谈起。美育，顾名思义，美的教育。这个词是从西方"Aesthetic Education"引进而来，又被翻译为"美感教育"。学界也把美育叫作"审美教育"或"艺术教育"。无论是美的教育、美感教育还是审美教育，都是从内涵角度对美育进行界定。艺术教育包括戏剧教育是非常重要的美育实践途径，更侧重于从美育实现方式的角度进行称谓。无论是美的、美感、审美教育，中间都有一个"美"字，所以"美"是评判艺术价值最根本的标准，也是理解美育最核心、最关键的字眼。只有理解美的内涵，才可能理解美育的内涵。

在日常生活中，美与丑相对，人们常用"好看"和"难看"、"好"和"坏"

来指称"美"与"丑"。"美"这个字在日常社会生活中和作为文艺作品价值评判标准运用时,内涵有较大的区别。只有厘清它们的不同,才能对美的内涵有深入了解。

2. 从不同的角度理解"美"

(1) 日常社会生活中的"美"

在日常社会生活中,当一个人的容貌让人感觉舒服时,人们会说"好看""真美",这是"美人";反之,会说"难看""真丑",这是"丑人"。一个地方山清水秀,水清澈可见底部鹅卵石和悠然游动的小鱼,人们也会说"好看""真美",这是美景;反之,会说"难看""真脏"。这里的美人、美景都是可触、可感的,以具体、个别、鲜活、生动的形象呈现在人们面前,可以把它们称为生活形象。它们之所以被人判断为美,主要是因为符合科学的比例以及人们心中固有的对美人、美景的外表和外观的知识判断。当生活形象离人们心中固有的标准很近,人们往往会加上"真",说它"真美"。在这里,美等于真,丑等于假。

在日常社会生活中,除从外表对对象作出美与丑的判断外,还可以通过对象外在的形态和行为中显示出的精神特质判断其美丑。当看到一个小姑娘学雷锋做好事,帮助老人推车,不论她长相如何,都会觉得她很美,说她是"好人";反之,当看到一个仪表堂堂的人在火车上霸座的时候,不会因为他的外表美而觉得他美,而会因为他内心的不善良,觉得他丑。好人和坏人也都是具体、生动的形象,可以把他们称为社会形象。他们的行为之所以被人判断为美,是因为符合社会的伦理道德规范,是善的,反之,则是恶的。在这里,美等于善,丑等于恶。

在日常社会生活中,由于人们对美的判断多与对科学知识之真和伦理道德之善的判断等同,所以常常把美育、智育和德育混同。在德智体美劳中,美居于中间位置,它既不是德育,也不是智育,它是智育和德育之间的桥梁,可以助推德育和智育。

(2) 文艺作品中的"美"

文艺作品是美育最重要的载体。对文艺作品的美的判断，与日常社会生活有所不同。在文艺作品中，美同样也是通过形象呈现，人们把文艺作品中展现美的形象叫作艺术形象。不同于对生活形象和社会形象的判断，人们对艺术形象的判断，不会因为它们外表、外在的"好看"，判断它是美的；也不会因为他的不善良而认为他丑。小说《巴黎圣母院》中的敲钟人卡西莫多，外形是丑的，却极具美感。诗歌《死水》是中国现当代文学家闻一多先生非常经典的一部作品，整首诗呈现出一个令人绝望的臭水沟形象。就像诗中所说"这里断不是美的所在"，但这首诗在中国现当代文学史上，却具有非常高的审美价值。曹禺的话剧《雷雨》中的繁漪，和继子的乱伦以及她不顾自己儿子的"雷雨"行动，从社会伦理道德的角度看，是不善的，但她同样具有很高的审美价值。

和生活形象不同，文艺形象的内在构成元素及各元素的结构方式独具特色。就形象的内在构成元素，也就是内容而言，所有的文艺形象都是由人、事、物、境等实体构成，它们都源自客观生活，并注入了作者主观情感和智性的思考。不同的艺术形式，形象的生命存在和活动样态各不相同，主要通过特定的艺术表现手段呈现。因此，对艺术形象之美，主要从形象的内容、形式以及形式和内容的有机融合三方面进行评判，以《死水》为例，它的艺术形象之美主要体现在三个方面。

第一，在诗歌形式中构成"死水"形象的各元素，是具体的、鲜活的、生动的，极具画面感，让人们仿佛可以看到、听到、直接感受到和触摸到，给人留下独特而又深刻的印象。《死水》呈现出的是一个令人触目惊心的、鲜活的臭水沟形象。作者的想象力非常丰富和大胆，他把绿水喻为翡翠、油腻喻为罗绮、死水喻为绿酒、破铜烂铁喻为铁罐上的几瓣桃花，他用一种完全不同于以往的、极富张力的比喻构成的意象，把一个令人绝望的臭水沟形象地呈现在人们的面前，使形象具有鲜活的感性基质。

第二，具有鲜活感性基质的形象，承载着创作者对当时社会现状的极度不满，隐藏着作者希望创造一个新世界的渴望，反映出的是特定时代最广大人民最普遍的对崇高自由理想的共同追寻，具有很强的思想性。《死水》描绘的是中国20世纪二三十年代的社会景象，作者用令人绝望的臭水沟比喻恶劣的如"死水"般的时代环境，揭示出特定时代最广大中国人民共同的、普遍的改造旧世界的理想，具有很强的时代性和民族性，以人民性为根基。

第三，作者先进的思想不是喊出来的，而是通过独特的艺术形式对内容各元素合情合理地组合和结构，在内容和形式的有机融合中，通过具体的艺术表现手段呈现出来的。美的形象在抚慰人的心灵的同时，能带给人的是一种真和善的向上的感觉和力量，是真善美的统一。《死水》是一首新格律诗，整首诗5节20行，每行都9个字，每节第二行第四行押韵。奇特的想象、分明的节奏、铿锵的音律，把死水的形象塑造得动人且富有意蕴，具有很强的艺术性。由于思想性、时代性、民族性、艺术性兼具，所以《死水》具有极高的审美价值。

《雷雨》中的繁漪和《巴黎圣母院》中的卡西莫多同样，繁漪的美在于她是一个有着饱满情感和丰满个性的形象，在她如"雷雨"般的个性中蕴藏着冲破黑暗宇宙的力量；卡西莫多为救自己心爱的女子，甘愿牺牲自己的生命。他们都因为以自由理想追寻为目标，以具体鲜活生动的个性生命为基质，而成为兼具艺术性和思想性的美的艺术形象。由于这些艺术形象都是以感性为基本特性，所以是美的，美学研究者也正是因为这样，把美学叫作"感性认识的科学"。

3. 从"美学"到"美育"

人们对美研究的侧重点不同，形成了不同的学问、学科。研究美的学问和学科叫美学，研究美的教育叫美育。美学侧重于美的理论总结，是一个民族对美及审美实践的理性的抽象和概括。美育更侧重于美的应用实践，是通过美和审美实践育人。人们对美的认识理解和感受体验是在对美学和美育的交融互促的探索中不断成熟的。

美学学科最早肇始于德国。鲍姆嘉通是德国的美学之父，他于1750年出版的《美学》专著，从人的主观心灵认识世界及人性完满的角度，指出美学是"感性认识的科学"，研究的目的是"感性认识的完善"。西方美学的集大成者康德，在1790年出版的《判断力批判》论著中，承继了鲍姆嘉通的主张，他也从人的主观心灵认识世界的角度，对美的内涵作出理论诠释。他认为，人的心灵认识外部世界有三种机能："认识的机能，愉快及不愉快的情感和欲求的机能"，即知、情、意，它们对应的产物分别是科学理性、文学艺术和伦理道德，对应的价值评判标准分别为真与假、美与丑、善与恶。美是一种以"情"也就是情感为核心的审美判断。它的产物是艺术，所以，艺术最根本的评判标准是美。

鲍姆嘉通和康德更侧重于从理论上探讨美的内涵和特质，席勒则更多从美的实践应用角度探讨美的特质和功能。席勒是美育的首倡者，也是美育的集大成者。他是站在人类生存和发展的角度探讨美和美育的。他为人们从美的理论迈向美的实践提供了具体践行的途径和方法。席勒对美育的研究也是从对美的感性特质的探讨开始。在1795年出版的《美育书简》中，他指出美完全仅仅是感性事物的一种属性。因为美具有具体、鲜活、生动、个别的感性特点，所以，美是以"活的形象"呈现的。除指出美的感性特质外，席勒又指出美的另一个特点是必须以崇高的自由理想为目标。他说，美可以被看作两个世界的公民，出生使它属于一个世界，收养使它属于另一个世界；美在感性自然中得到存在，而在理性世界中获得公民权。在他这里，美包含了以鲜活的生命存在和活动为基质的感性成分和以自由理想追寻为目标的理性成分，是感性和理性的平衡和谐和，由于美具有平衡感性和理性，使人性完满的特性，因此，具有培育完整的人的美育功能。也因此，席勒说美育是一种能"培养我们的感性能力和精神能力的整体达到尽可能有的和谐"的审美教育，它的目标是探索如何使人成为"完整的人"。文艺作品之所以能够成为美育最重要的手段，是因为艺术就是依托形象获得实体存在的。艺术形象的美的特点，使它成为沟通人的理性和感性的一座桥梁。美的艺术作品，能把人带入审美状态，促使人在体验、感受、判断美的过程中，不断提高审美趣味，修复人性的裂痕，把人的感性和理性调和成平衡状态。这里的平衡，就是中国传统美学中的"中庸"和"陶冶"。所有的文艺都是以形象为载体获得具体的存在，所以，艺术成为美育最有效的方式。

4. 文艺是美育的最有效方式

就艺术形象的内容构成而言，所有的艺术形象都是由人、事、物、境等元素构成的，不同的艺术门类，由于表现手段不同，形象各元素的存在方式以及呈现样态有较大的区别，这也决定了人们审美方式的不同。一幅绘画作品、一首音乐、一段舞蹈或者一部小说，跟一部戏剧作品形象的构成元素都包含了人、事、物、境，但结构形象的方式和形象的呈现样态有较大的区别，人们对形象的感受方式也不一样。绘画是以色彩、明暗线条为表现手段，形象是在静态空间中存在，主要靠视觉来获得审美体验。音乐是以旋律、节奏、音响为表现手段，形象在动态时间中存在，主要靠听觉来感受。舞蹈是用形体动作表现，在动态和时空中存在，主要通过视觉感受。文学以语言文字的叙述为基本表现手段，形象是在人们的想象中呈现的。戏剧不同于所有的艺术门类，它是以演员塑造的舞台人物为核心的综合体，演员塑造的舞台人物又根植于以文学形态呈现的剧本人物。舞台人物和剧本人物可以合称为戏剧人物，戏剧美的核心在于戏剧人物的审美创造。戏剧的基本表现手段是演员塑造戏剧人物形象时所依托的自身的身体形态、动作、语言等。为了舞台人物形象的塑造，戏剧舞台上还会采用服化道、灯光音乐音响等表现形式作为舞台人物形象塑造的辅助。因此，戏剧的舞台形象既有动态也有静态，人们既可通过视觉也可通过听觉，还能借由想象来欣赏。由于戏剧是一门综合的艺术，有着直观的特性，能带给人最直接的审美体验，所以席勒说戏剧是最有效的一个美育手段。席勒是一个美学家、美育家，也是一个戏剧家，他创作了很多的戏剧作品，尝试在戏剧创作实践中实现美育理想。席勒的美育理论和实践对我们有很大的借鉴意义。正是基于此，我选了一部具有代表性的戏剧经典作品，希望通过引导大家感受具体的戏剧作品之美，体会美育的具体实践方式，感受戏剧何以成为席勒所说的"最有效的一个美育手段"。

二、美育的实践方式——理解"戏剧之美"

1. 了解戏剧及戏剧作品

要理解戏剧之美，首先要对戏剧、戏剧作品有一个大体的把握。在中国，作为一种艺术样式的戏剧有两种指称，狭义的戏剧和广义的戏剧。狭义的戏剧，指的是形态样式舶自西方——英文名为 drama，现在也称 theater 的一种舞台演出样式。19世纪末传入中国，当时，为了和中国戏曲——旧剧区分，人们把它称为"新剧"。由于在表现方式上更注重对话，不像戏曲以唱"曲"为主，所以，又被称为"话剧"。广义的戏剧包含话剧，此外，还包括歌剧、舞剧、音乐剧以及东方一些国家的舞台演出样式，中国的戏曲包蕴其中。这里讨论的是狭义的戏剧，即话剧。

无论戏剧、小说、诗歌、散文都是依托作品获得实体的存在。在中国，很长一段时间，人们习惯上把剧本认定为戏剧作品。实际上，真正的戏剧作品指的是一个完整的舞台演出，剧本只是其中的一个构成部分。从形态上讲，戏剧作品是以演员塑造的舞台人物形象为核心的综合体。所以，戏剧作品的美集中在以舞台人物和剧本人物为核心的戏剧人物身上。戏剧不好看的根本原因往往是因为戏剧人物不美。判断戏剧作品要以戏剧人物的审美为基准，当然，在戏剧舞台上，舞美、灯光、音乐音响也很重要，但是，所有舞台艺术表现手段，乃至现代科技等手段都是要为戏剧人物服务的，只有它们能够为戏剧人物呈现美感服务，才具有审美价值。

从戏剧人物在戏剧舞台上的生命存在方式而言，是靠演员以身体为媒介发出的动作展现的。演员在舞台上展现人物的外在样态、言语等都叫动作，动作是戏剧的基本表现手段。戏剧人物的动作是存在和活动于具体场面中的。场面是戏剧的基本单元，小说是一章一节，戏剧则是一场一场。判断场面最简单的方式就是看人物的上下场。演员在具体场面中呈现出的动作连缀成行动，就构成人物生命活动的具体内容。分析戏剧作品一定要从人物的行动开始，戏剧作品美的奥秘在于戏剧作品中的人物行动，能够展现完整的人生命的行动，才是美的行动。

2. 戏剧是关于完整的人的艺术

美国著名剧作家、理论家阿瑟·米勒说，戏剧是关于完整的人的艺术。戏剧从诞生开始，它的使命就是探讨作为"社会动物"的"人们应当如何生活"这个永恒的命题。他认为，好的、经典的戏剧作品，一定是关于完整的人的戏剧。未来的戏剧也应该是关于完整的人的戏剧。这里"完整的人"既是美育的内涵也是美育的目标。戏剧是以人物的命运揭示人类命运，它的内涵是完整的戏剧人物的塑造，目标是通过完整的戏剧人物的塑造，使人类更加富有人性。

相较于其他的学科门类，戏剧最独特的魅力就在于能够通过戏剧人物的行动把人类生命活动的重要瞬间搬上舞台，从而揭示完整的人。这里的重要瞬间不是我们平时说的生活中的重要时刻，比如金榜题名、升职加薪、故友重逢、合家团圆等，而是指舞台上人物情感体验最丰富、情绪起伏最大的感性生命运动的瞬间，人物的激荡的情感根植于其追求自由理想的意识。戏剧独具的形式特点，能够让戏剧创作者再造一个和现实生活相近或者相远的情境，并通过特定的情境，把人们生命运动的重要瞬间通过人物的行动，在具体的场面中由人物的动作具体呈现出来。这就是活的形象在戏剧中的生命的存在及活动过程。由于舞台演剧时空写实的、高度浓缩的特点，戏剧人物在舞台上的生命活动过程，较人类漫长的历史进程而言，都只是短短的一瞬。然而，这一瞬间却因着戏剧独有的形式优长，而具有戏剧性。美的戏剧作品，总是因为戏剧性形式中完整的人的生命样态焕发出美的光芒，它带领人们感受美的同时，也带给人们重要的人生启迪和思考。

戏剧的本质是完整的人的塑造，美育的基质也是完整的人的塑造，内在特质的相通，使戏剧成为美育最有效的工具。下面以国家大剧院的《玩偶之家》为例，见证一部戏剧作品美的呈现也就是美育的过程。

3. 国家大剧院版《玩偶之家》美的奥秘

《玩偶之家》是挪威有"现代戏剧之父"美誉的剧作家亨利克·易卜生的代表作，也是从西方引进中国最早的一部戏剧经典作品，在中国有很多版本的排演，它贯穿起整个中国话剧的演剧史，是中国戏剧发展史非常重要的见证。

1879年，《玩偶之家》在哥本哈根皇家剧院首演。此后，一直作为经典呈现在世界各国的舞台上。1914年，中国第一个话剧团体春柳社在上海演出了"幕表戏"《玩偶之家》，引起了巨大轰动。2014年，为了纪念《玩偶之家》在中国首演一百年，国家大剧院制作并推出了这部戏剧经典。这是国家大剧院制作的第一部小剧场话剧，由任鸣导演。2020年8月25日，《玩偶之家》作为新冠疫情后第二场线下的话剧演出再次亮相国家大剧院戏剧场，9月17日，在20多家平台线上直播。这是任鸣导演的《玩偶之家》版本的第9次复排。在导演阐释中，任鸣说他整体的创作思路是"向经典致敬"，创作目标是"一定要好看"。就国家大剧院版《玩偶之家》的舞台呈现而言，这一预期已经实现。这是一版还原了经典的、好看的演剧，舞台人物身上散发出的美的光芒是它好看的根本原因。舞台人物的美根植于易卜生剧本人物的美，二者构成的戏剧人物之美，使得这个剧能够有效地实现它的美育功能。《玩偶之家》的人物之美主要从三个方面展现。

（1）以人物生命的最重要瞬间展现美

《玩偶之家》是个三幕剧，剧作情节展开的地点是挪威的首都奥斯陆，时间是圣诞节前后三天。在引进中国之初，《玩偶之家》曾采用剧中女主人公娜拉的名字为剧名。剧作集中展现了以娜拉为主角的5个人物努力追求自由理想的感性生命的运动和状态。无论是易卜生创作的剧本人物还是任鸣导演创造的舞台人物，都具有"活的形象"的特点。在日常生活中，由于重要时刻常常是人的情感最高涨、情绪最饱满的时候，可以为人物生命最重要瞬间的情感体验、情绪起伏提供一个高的起点，所以二者时常联系在一起。《玩偶之家》中娜拉生命的重要瞬间就始于一个阖家团圆的重要时刻——圣诞节。该剧情节展开之时是圣诞节前一天。这个圣诞节对娜拉而言，不仅意味着是阖家团圆的日子，丈夫海尔茂的升职、加薪，丈夫及其好友阮克大夫对她的呵护与信任，与高中同学林丹太太的故友重逢等，都使她一开场，就处于极其"快活的"情感和"痛快"的情绪高点。以这个为开端，在随后三天里，娜拉经历了她生命中的最重要瞬间。她体验了暴风骤雨般的情感，甚至做好了拥抱死神的准备。作品的结构精巧，情节紧凑，以娜拉的情感体验为核心，随着人物关系的展开，其他人物的情感也因着娜拉不断发生变化，彰显出不同的感性生命的运动和状态。在剧中，娜拉的形象是个别的、具体的、生动的，鲜活的生命根植于她离家前对丈夫说的一句台词："首先我是一个人，跟你一样的一个人——至少我要学做一个人。"做一个人，不仅是娜拉，也是那个时代最广大人民特别是女性的理想和愿望，对"做一个人"的自由理想的追寻，使得娜拉不断突破理性现实的羁绊，在感性世界里自由翱翔，成为"活的形象"。

以人物生命的最重要瞬间，揭示当时社会最广大女性在婚姻家庭中的心路历程，是易卜生创作《玩偶之家》剧本的基本宗旨。这也是任鸣导演排演《玩偶之家》遵循的基本原则。不同的是，他更多的把重心从女性的解放的心路历程，转向对处于现代婚姻家庭中的夫妻关系隐微心事的揭示。为了让人物的情感幽微曲折、有张力，易卜生表现娜拉生命的最重要瞬间，主要是通过人物异于常理的行动来揭示。而任鸣导演同样，为了让剧好看，也为了加大人物行动和常理的距离，突出她行动背后丰富而复杂的心路历程，导演把中华传统的美学融入其中，做了一些"创造"。当然，他所有的创造，都是为了让人物生命的重要瞬间更富戏剧性。

(2) 用异于常理的行动突出美

在《玩偶之家》中，把女主人公娜拉开场和结尾动作连缀起来看，她的行动只有一个，就是在本应阖家团圆的圣诞节，毅然离开了幸福的家。西方的圣诞节，就像中国的春节，对社会生活中的人们而言，这是一个重要的时刻。它与金榜题名时、洞房花烛夜一样，都能让人们的心灵获得愉悦和慰藉。同样，今年的圣诞带给娜拉快乐和满足更多。剧本从娜拉高高兴兴地哼着歌，从外面采购节日物品回家开始，从她的出场的外部动作看，娜拉的内心是快乐的。随着剧情的发展，可以看到，娜拉的确有幸福的理由。"我的小鸟儿，又唱起来了"，这是海尔茂对娜拉说出的第一句台词。"我的小鸟儿""小松鼠儿""我的乱花钱的孩子""不懂事的孩子""爱吃甜的孩子"，这是海尔茂对娜拉的日常称谓。结婚8年了，丈夫对妻子的称谓还是充满了宠溺，依然没有忽略任何一个可以表达自己对对方关爱的机会。如果不是因为爱，他怎能有如此的兴致？在圣诞节前夕，丈夫刚刚升任银行经理，这意味着支撑爱情的经济基础更为稳固。被爱情滋润是幸福的，拥有真挚的友情，更是幸运的。娜拉有两个铁杆朋友，一个是她的高中同学林丹太太。多年未见，今年的圣诞节却来造访，无论是从故友重复的欣喜到愿意与对方分享秘密，乃至真心为朋友排忧解难，都能看出，她是娜拉的红颜知己；另一个是她的蓝颜知己阮克大夫。虽然在娜拉口中，阮克大夫只是一个她和自己丈夫非常好的朋友，但如阮克大夫所言，这是一个和她丈夫一样，深爱她，愿意为她付出一切的男人。除了拥有爱情、友情，娜拉还是一个幸福的母亲，她有三个可爱的孩子。虽然她是个全职太太，但家务不用她操持，家里的保姆爱伦为她分担了家庭主妇日常的琐碎和烦恼。比照现实中许多现代家庭，娜拉的生存状态是令人羡慕的。娜拉自己的感受也是幸福的、快乐的。在第一幕中，娜拉的台词出现频率最高的是"快活"和"痛快"。这个圣诞节，娜拉是计划"痛痛快快地"过的。然而，平安夜刚过一天，她却舍弃了所有的幸福，在半夜让自己净身出户。显然，娜拉的行动是异于常理的，在她异于常理行动背后的动机中，包蕴着的是戏剧人物最饱满、最丰富的情感。

易卜生《玩偶之家》的剧本，开始于娜拉在圣诞节前一天外出采购回家之时，结束于娜拉迈出家门之际"砰"地关大门的声音。在《玩偶之家》演剧的开场，任鸣导演在娜拉采购回家之前，加了一场戏；结尾则定格在海尔茂"奇迹中的奇迹"的自语中。大幕拉开后，伴随着"铃儿响叮当"的音乐，在柔和的暖光中，在一架钢琴和一棵圣诞树的映衬下，一幅温馨的、梦幻般的现代家庭画面呈现在舞台左侧。随着画面的流动，人们看到了一对幸福的夫妻。他们琴瑟和谐，鸾歌凤舞；他们甜蜜相拥，温情对视；他们一起吹着美丽的泡泡，脸上洋溢着满满的爱意和满足。在剧本中，开场时娜拉的幸福感主要通过人物写实的台词和外部动作呈现；而在演剧中，夫妻日常的琴瑟和谐则是由无台词的外部动作构成流动的、写意的画面表现，具有中国传统的写意山水画的特点。从外到内，从再现到表现，人们越深刻感受到夫妻日常生活中的幸福和温馨，娜拉后面离家出走的行为越令人惋惜。显然，导演加这场戏的目的，是为了使人物的情感起伏的张力更为巨大，感性生命更为饱满、凸显。这里，在写意的画面中，融入了中国传统美学的含蓄和蕴藉。

（3）以家常平凡的情境营造美

除在表现内容上用异于常理的行动突出美外，在表现形式上，易卜生主要是用合情合理的、写实的戏剧情境营造美。任鸣导演同样，在尊重原著的基础上，他让人物关系的发展更贴近现实，同时把中国新时代的精神特质注入其中。

通过营造情境，展现人物生命的最重要瞬间，是戏剧创作者塑造完整戏剧人物时采用的基本手段。由于所展现的美各不相同，情境的形态也各呈异彩。莎士比亚和易卜生在营造情境上就有很大的区别。如果说易卜生是现代戏剧之父，莎士比亚则是在易卜生之前，西方古典戏剧中最具有代表性的作家。萧伯纳是研究易卜生的专家，他说易卜生和莎士比亚戏剧创作的共同之处都在于塑造了完整的戏剧人物，二者的区别主要在于，布局设境的技术不一样。莎士比亚设置的情境是新奇的，而易卜生则是家常平凡的。莎士比亚作品中的人多是王侯将相，情节有叔叔谋杀父亲，跟母亲合法结婚，有女巫，还有从胸口割肉，不能流一滴血；人物台词多是朗朗上口，具有诗的特质，如"生存还是死亡，这是一个值得思考的问题""脆弱啊，你的名字是女人"等。易卜生的作品则不然，主要取材于现代社会生活，剧中的人物跟我们一样都是现代的普通人，情节也不是离奇玄幻，而是与我们的生活贴合十分紧密，人物的语言是散文化的。

通过家常平凡的情境，使人物异于常理的行动能够合情合理地展现出来，在人物生命最重要的瞬间呈现的过程中，揭示创作主旨，是易卜生创作《玩偶之家》采用的基本手段，任鸣导演的舞台演剧也是如此。在导演阐释中，他说创作目的是从《玩偶之家》诞生之初的女权思想，转移到更具时代意义的婚姻家庭矛盾，他希望通过合情合理的情境中人物的审美创造，来引起现代人更多的思考。人们看到舞台演剧从剧本中展现女子在玩偶家庭中的心路历程，变成了揭示一对夫妻如何从爱人变成陌生人的过程；从对娜拉为什么出走的质询，调整到对恩爱夫妻何以反目的探问。从作品的表现重点和表现形式的契合中，不难看出任鸣导演不仅把中华传统的美学运思融入其中，还把新时代的精神特质灌注到西方经典中，他对西方经典戏剧作品进行的是一种民族化的创造，这也是符合艺术规律和美的规律的一种全新的创造。在中国新时代语境下，《玩偶之家》之所以能够获得美的新生，根本原因就在于，它是在独具民族和时代特色的戏剧性形式中，进行的完整的戏剧人物的审美塑造。而《玩偶之家》也正是依托以完整的戏剧人物为核心的舞台形象，带给人美的感受，滋养人们的心灵，实现它塑造完整的人的美育目标。

图像时代文学经典的美育价值

李雷，首都师范大学文学院教授，中华美学学会文艺美学学术委员会秘书长，中国艺术人类学学会艺术与社会研究专业委员会理事，中国文艺理论学会会员，中国文艺评论家协会会员，中国高等教育学会美育专业委员会会员

今天主要来聊一聊我们熟悉的文学经典在美育方面的价值，围绕以下四个方面的内容展开，分别是图像时代文学经典的尴尬与危机、文学经典的类型、文学经典的生成与建构、文学经典的审美力量及美育价值。

一、文学经典的尴尬与危机

20世纪90年代，随着大众文化的勃兴，借助于电影、电视等电子媒介以及网络媒介，产生了大量的图片、图像和影像。这些东西因为其形象直观性，在欣赏和接受上要优于传统的文字，因此慢慢取代文字作品而成为人们平日文艺接受和欣赏活动的主要对象。于是，我们逐渐进入一种所谓的"读图时代"或"图像时代"。

在图像时代，文学经典遭遇了前所未有的尴尬和危机，可以从三个方面来看。

首先从文学的研究层面来讲，20世纪五六十年代之后的西方社会，出现了后殖民主义、女权主义、新历史主义等大量哲学社会思潮。这些思潮事实上对文学研究产生了非常大的影响。大概在2000年前后，美国"耶鲁学派"的代表人物希利斯·米勒，曾经在中国的《文学评论》刊物上发表了一篇名为《全球化时代文学研究还会继续存在吗?》的文章。他在文中借用德

里达的经典篇目《明信片》来探讨电影、电视、电话以及互联网等新型电子信息技术带给文学研究的巨大冲击。在他看来，通过改变文学存在的前提和共生因素，新型媒介技术把文学引向了终结。当然，"终结"并不意味着文学彻底死了，而是说文学研究的时代已经过去了。就像他所说的，"文学研究的时代已经过去，但是它会继续存在，就像它一如既往的那样，作为理性盛宴上一个使人难堪或者令人警醒的游荡的魂灵。"也就是说，广大的学者，尤其是从事人文社会科学研究的一些学者和知识分子，不再把纯文学作为他们的重点研究对象，而是把研究对象拓展到了身边的日常生活以及社会文化现象。这个时候就出现了所谓的"文化研究"，率先从英国的伯明翰学派产生，借鉴了大量的后现代主义哲学思潮，着重从种族、性别、阶级和媒介等视角来研究文学和文化。也就是，不再像以往从审美的角度对文学的语言、修辞、形式等进行美学价值观照，而是研究文学和文化之间的内在关系。这一研究方法的出现使得文学研究被迫向外转向文化研究。

事实上，很多学者对此已有所觉察，解构主义学派的代表人物乔纳森·卡勒有本经典的通识性著作《文学理论入门》。在这本书里，他提到"一些文学教授可能已经从弥尔顿转向了麦当娜，从莎士比亚转向了肥皂剧，把文学研究抛到了一边去"。这句话非常形象地说明了当下文学研究的尴尬处境。大家如果了解一下身边的同事或朋友，尤其是文学院的一些老师，以前可能更多的是从事纯文学研究，现在他们很多已把自己的研究领域拓展到了大众文化。由此可以看出，文学研究的辉煌时代已经一去不复返了。

其次，从文学阅读方面来看，读图时代大家的阅读兴趣，逐渐由以前对于经典性文学作品的阅读，转向了图像、影视、短视频等带有明显视觉文化表征的文艺作品。在闲暇之余或日常生活的碎片化时间中，可能大家现在都是在刷朋友圈、浏览短视频，很少能够坐下来去认真阅读一些纸质的、经典性文学作品。所以，文学经典，正在日益沦为一种"熟悉的陌生人"。

现在很多哪怕是文学院的学生对传统的经典文学作品也只知其名，而不知其"里"，甚至中国古典四大名著，很多学生都没有认真读过。不过，你若问他是否了解其中的情节内容，他可能也略知一二。但他获取相关信息的途径是由这些经典文本所改编或拍摄的一些影视作品或视觉图像。从这一点，也可以看出文学经典的境遇已大不如从前。

最后，由于大众阅读兴趣的转向和文学接受习惯的改变，使得文学经典的传播与接受也发生了明显的变化。这主要体现在，一些文化生产机构和影视创作公司，利用文学经典固有的丰富价值和大量的读者基础，而对经典进行大肆改编、戏仿、挪用、拼贴或解构。近些年来，大量的影视作品、舞台作品都脱胎于我们熟悉的经典文学作品。此类文学经典的改编、挪用或解构，对文学经典的传播，肯定会起到积极的推动作用。但由于这些改编和再生产的作品质量参差不齐，有很多作品甚至把经典改得面目全非、大大减损了其原有的经典价值。比如，中国古典四大名著之一的《西游记》，这些年来可以说是中国影视生产的一个超级IP，其中有些影视剧的改编早已偏离了《西游记》的本然面貌，甚至完全颠覆了原有的人物设定、故事情节及价值取向，这些作品对《西游记》的传播与接受而言非但无益反而有害。

上述三个方面，可以说从不同的侧面反映了图像时代文学经典所遭遇的尴尬和危机。所以，当下如何应对文学经典的此种危机，如何充分地发掘和发挥文学经典的美育价值，无疑是一项亟待解决且具有重要现实意义的课题。

二、文学经典的类型

文学经典的数量庞大，如果从不同的角度或依据不同的标准对经典进行划分，可以分为不同的类型。从时间脉络来看，有古代的，有当下的；从地域来看，有中国的，有西方的；从文类来看，有小说经典，有诗歌经典，等等。

为了便于说明，借用苏格兰学者阿拉斯泰尔·福勒在《文学类型：体裁与模式理论导论》一书中的观点。他将文学经典划分为五类。第一类是官方经典，是通过教育、赞助和宣传而被体制化的，一些比较稳定的文学作品。例如，红色文学经典便可以称为官方经典。第二类是个人经典。每个人心目当中都有一个关于文学经典的名单。这个名单由那些他碰巧知道和赞赏的，他正好读过也非常喜欢的一些作品构成。因为每个人阅读的兴趣不一样，使得个人经典存在着很大的差异。第三类是潜在的经典，就是尚未成为经典的那些文本。它们和"一切流传下来的口头文学一起，构成了一个完整的书面作品的资料库"。除已经被无论是官方还是批评家、作家所认可的经典之外，一些具有经典潜质的优秀作品。第四类是遴选的作品，往往通过文学偏爱系统遴选而形成，特别是一些学校的课程，"具有高度体制力量的选择的经典体现为一些正式的课程"。像18世纪，欧洲的大学为了对学生进行更好的文学教育或人文教育，会选择一些经典性的作品作为依托。这可能也是文学经典被用于教育最初的缘由。第五类是批评的经典。其常常出现于文学研究当中，受制于批评家的兴趣。在文学沙龙、学术活动或图书推介活动中，有一些专业的文学批评家根据自身的批评标准和独特的批评理念所认定的一些经典作品。

不难发现，上述这些经典存在着某些交叉关系。因为有些官方经典的认证，本身就是官方机构组织一批专家学者、批评家，对某些作品进行评判和选择的过程。当然，有时候批评家所选定的作品正好为官方所认可和接纳；但也有时候官方从意识形态的角度出发，围绕权力话语的建构与主流价值观念的传扬来对某些作品进行认定，而文学批评家可能单纯从审美的标准出发来看待这些作品，这就容易产生相互矛盾抵牾或对某些作品的评价不一致的情形。所以，这五种经典之间，事实上存在着既独立又重叠的错综复杂关系。

三、文学经典的生成和建构

经典的生成和建构是一个不断发展的动态过程。这个过程充满了复杂的张力关系。它是内外因素综合作用的结果。所谓"内",就是指文学作品本身,被人们认定为经典。比如说鲁迅的一些作品,完全是因为作品本身具有非凡的艺术价值、深邃的思想价值,而且历久不衰,所以认定它们是经典。所谓"外",是指与遴选、界定和阐释文学经典的社会文化主体有关。因为某些文学作品之所以被认为是经典,是和社会上的一些文化群体或特定的组织机构有关系,往往是它们基于主体的特定需要而对作品加以选择和认定的结果。基于此,文学经典的生成,是一个社会和文化高度区分性的过程。

综合内外两种因素,可以发现经典的生成和建构既是某种必然的选择,又可能受某些偶然因素的左右。一方面,有些作品自身有杰出的文学价值,可以超越时空、地域、民族和文化,展现出一种永恒的魅力,可以出现在自此之后的历代文学经典名录之中。与此同时,在不同的历史时期不同的社会力量主导社会文化及文学的权力话语,出于不同的文学理念、价值取向及趣味偏好,选定的经典又肯定是不一样的,也就是说,文学经典的名单在不同的历史时期必然不会是完全相同的。

说到这里,有必要给大家介绍一下20世纪七八十年代西方学界关于文学经典的论争。简单来讲,就是到底要捍卫经典、维护经典,还是要打开经典、拓宽经典。所谓打开经典,是一批受到文化研究影响和后现代主义哲学思潮启发的女权主义者,以及一些亚裔、非裔、拉丁美裔的作家,或一些欧洲非主流的作家学者,认为之前的欧洲文学经典,往往是以已经死去的欧洲白人男性为中心的作品,存在着一种明显的意识形态倾向性和局限性,存在着种族歧视、男权霸道和帝国主义色彩,忽视和压制了女性、少数族裔以及社会边缘群体在文学创作中的重要性,所以他们要求对欧洲的传统文学经典进行修订和扩容。其中,以简·汤普金斯为代表,他认为,那些获得了经典地位、因而被认为是象征了普遍价值意义的作品,实际上只能是代表了那些保证了其显赫地位的群体和派别的利益。经典的选定事实上是某些特定的群体和阶级为了自身的利益,而将某些文学作品的价值加以永恒化和普泛化的结果。

和打开经典相对的就是捍卫经典。持这种看法的人认为，经典的选定基本上是公正的，并没有受到政治和道德因素的影响，相反那些主张打开经典的人对经典的选定恰恰是受政治和意识形态目的支配的，他们要求吸纳亚裔、非裔、拉丁美裔作家的作品进入文学经典的名单之中，明显更多的是从性别、种族和阶层的角度来考虑的，而主要依据的并非文学作品本身。所以，哈罗德·布鲁姆作为捍卫经典的代表人物，坚持认为文学经典的选择所依据的是超阶级、性别和种族的客观美学标准。他在其经典著作《西方正典》中罗列了26位西方文学史上的大师级作家，并把莎士比亚作为整个西方文学经典的核心，认为莎士比亚是文学经典殿堂当中的number one，构成了一切正典的标尺。在他看来，但丁、乔叟、莎士比亚、塞万提斯、托尔斯泰、普鲁斯特等人作品的经典性是毋庸置疑的，文学经典存在着客观的、超阶级、超种族的美学标准，没有必要将某些文学质量并不高的作品勉强拉入文学经典的殿堂。

接下来，具体看一下文学经典生成的内外因素。首先，外在因素是指经典的诞生是社会文化体制内部不同的文化主体力量之间相互作用、相互对话乃至博弈的结果。可以套用由美国分析哲学家阿瑟·丹托所创造的"艺术界"（art world）一词，将此种社会文化体制称为"文学界"。在阿瑟·丹托看来，把某物看作艺术就要求某种眼睛无法看到的东西——一种艺术理论的氛围，一种艺术史知识，即"艺术界"。某种程度上，将某些文学作品判定为文学经典也依赖于外在的"文学界"。"文学界"由官方的教育机构，文化宣传部门，文学出版机构（像出版社、文学期刊社），还有作家、文学史家、文学批评家、美学家等掌握文学权力话语的机构组织及个体共同组成。这些机构及个体尽管在组织上非常松散却又相互联系、相互作用，共同构成了特定历史时期的文学体制力量，对当时的文学经典的判定往往发挥着决定性的作用。

在此，主要看一下"文学界"中的教育机构，除官方的教育部门之外，便是社会上的各类学校。可以说，经典的生成和建构从始至终往往都是和教育相关联的。学校在经典的选定上扮演着非常重要的角色，而且经典往往长期被纳入学校的文学教育和人文教育的教材和课程体系当中。中国现代文学史上有六位殿堂级作家，即"鲁郭茅巴老曹"。这些作家的作品历来被认定为文学经典。但对这六位作家作品的经典认定，无疑是特定社会历史时期的产物，或者说是整个文学界综合作用之下的结果。到了20世纪80年代，钱理群、陈平原和黄子平三位人文知识分子挑战曾经依附于政治史的文学史叙述，提出"二十世纪文学史"概念，要求把文学史重新还给文学，试图重新书写文学史。"重写文学史"有一个重要的任务，就是对20世纪文学发展进程中的作家作品以文学本身为标准进行价值重估。于是，除"鲁郭茅巴老曹"之外，以往被主流文学史书写遮蔽或轻忽的沈从文、汪曾祺、张爱玲等人的作品也逐渐被认定为文学经典。显然，大学里的文学史及文学批评教学在其中发挥了重要的作用，或者说大学的文学教育、人文教育推动了文学史的重新书写，以及文学经典的重新划定。

　　布鲁姆在《西方正典》中曾指出："经典的原义是指我们的教育机构所遴选的书。"所以，强调经典的美育价值很大程度是因为经典本身就和教育息息相关。以朱自清为例，他在20世纪40年代曾经编著了一本《经典常谈》，其中有《诗经》《周易》《说文解字》《汉书》等，还有诸子、辞赋和诗文，也就是说既有传统的儒家经典，又有一些现代意义上的文学作品。他说："在中等以上的教育里，经典训练应该是一个必要的项目。经典训练的价值不在实用，而在文化。有一位外国教授说过，阅读经典的用处，就在教人见识经典一番。这是很明达的议论，再说做一个有相当教育的国民，至少对本国的经典，也有接触的义务。"在此，朱自清主要是从教育层面上，强调学生应该去认识经典、接触经典和阅读经典。所以说，文学经典的确定很大程度上是为了满足学校的智育、德育、美育等多方面的需要而进行的一种选择性工作。

　　其次，内在因素，指向文学作品本身。一部文学作品之所以被认定为经典，抛开外在的因素，主要与其自身具备的以下特点有关。

　　第一，陌生性或原创性。布鲁姆在《西方正典》中强调，"一部文学作品能够赢得经典地位的原创性标志是某种陌生性","这是一种无法同化的原创性,或是一种我们完全认同而不再视为异端的原创性"。当一个作家开风气之先,在文学形象的塑造或在文学语言的使用上,采取了一种陌生化的处理手法或者不走寻常路的创新,这便是所谓的原创性或陌生性。所以当我们初次阅读这样一些作品时,往往会产生一种异乎寻常的感受乃至震惊体验,其在冲击和挑战我们固有的文学观念的同时,也丰富和拓展了我们的文学接受经验,尤其是当这种新鲜体验越强烈之时,其越发可能成为大众心目中的经典。比如《狂人日记》,是中国现代文学史上第一部白话文小说。传统的小说都是用文言文写作,鲁迅开风气之先使用白话文和日记体进行小说创作,这显然是一种形式及艺术手法的创新。而且,鲁迅借狂人之口揭示了封建礼教以至整个封建制度"吃人"的本质,指出狂人悲剧的根源在于封建制度,要避免被吃的命运,必须铲除封建礼教及其赖以存在的封建制度。这在当时无疑具有振聋发聩的思想启蒙作用,这些创新及其带来的陌生体验,无疑是其成为现代文学经典的主要原因所在。

第二,原发性。这和原创性紧密相关,是说经典往往具有某种源头性的引领功能或为后来者"立法"的作用。像雨果在《论文学》中所言,"典范有两类,一类是根据规则产生的,但在这类典范之前,还有一类典范,即人们据以总结出规则的典范"。就是说典范有两种,其中一种是典范的源头。荷马史诗和古希腊悲剧之所以在整个西方文学史上具有一种不可撼动的经典地位,很大程度上是因为其具有这种原发性,它们开创了史诗和悲剧写作的模式。再比如,刘勰认为《诗》《书》《礼》《易》《春秋》,为天下文章之源,是后来一切文章的"元文本",所以,"五经"具有典范的意义。

第三,丰富的可阐释性。经典值得反复地读,而且常读常新。意大利作家伊塔洛·卡尔维诺在《为什么读经典》中给经典下了一系列的定义,其中有两点:"经典是那些你经常听人家说,我正在重读,而不是我正在读的书","一部经典作品是每次重读都像初读那样带来发现的书"。布鲁姆也曾说,"一项测试经典的古老方法屡试不爽,不能让人重读的作品算不上经典"。所以，经典往往具有无限的可阐释性或者丰富的思想文化意蕴。每次对它进行重读时，都会有一些新的发现和新的感悟。"一千个读者有一千个哈姆雷特"。为什么哈姆雷特作为一个悲剧人物，不同的读者会有不同的阅读感受，即使是同一读者在不同的情境之下阅读，也会产生与以往不同的体验，很大程度上便源于其形象的无限可阐释性，而且随着时代的变迁，其又会被新的读者赋予新的意义。

还可以借用海明威结合自身的创作经验提出的"冰山原则"加以说明。他认为，"冰山运动之所以雄伟壮观，是因为它只有八分之一在水面上。"文学创作同样要遵循"冰山原则"，文学作品中，文字和形象是所谓的"八分之一"，而情感和思想是所谓的"八分之七"。读者所能看到的文字以及文字所呈现出来的文学形象，只是整个文学作品的八分之一，而它巨大的思想内容则占八分之七。一部作品之所以经典，就在于它的八分之七需要读者进行反复的阅读并不断地发掘。

第四，权威性。权威性是经典经过相当漫长的时间检验和历史积淀而成。经典往往是经过了时间的检验，在历史长河中，被不同时期的读者、批评家所认可的文学作品，也是被后世反复品读成为传统文化和历史文明象征的存在，它带有一种至高无上的权威性和相对的稳定性。所以，经典往往能够超越时空、地域、国度、种族、文化等，富有永恒的、历久弥新的艺术魅力。

第五，审美性。这是经典之所以为经典的一个非常重要的因素，文学作品之所以能够跻身经典的行列，是因为其本身是真正的文学，是美的艺术，内在具有丰富的审美价值。布鲁姆在《西方正典》中主张："只有审美的力量才能够透入经典，而这力量又是一种混合力：娴熟的形象语言、原创性、认知能力、知识以及丰富的词汇。"显然，在布鲁姆看来，文学经典的审美价值往往体现在娴熟的语言形式、高超的修辞技巧及丰富的知识内容等要素。

四、文学经典的审美力量及美育价值

审美力量及其美育价值，构成了文学经典的核心价值，是作品的其他价值的基础。如果结合作品的结构层次来看，一部文学作品的审美价值，可以集中体现为以下三个层面的美。

第一，语言美。文学区别于其他艺术形态的显著标志在于，文学是一种语言艺术，是以语言文字作为其艺术媒介的。语言文字的美，首先源自其间接性。它不像绘画那样直接呈现出一个形象，而需要通过文字阅读来加以想象，然后在头脑当中生成一个既明确又模糊的形象。其次是语言表意的含蓄性和丰富性。文学语言区别于日常语言，其表意往往非常丰富，所谓言有尽而意无穷，王国维讲"'红杏枝头春意闹'，著一'闹'字，而境界全出。'云破月来花弄影'，著一'弄'字，而境界全出矣"，揭示的就是这个意思。另外，文学语言从形式上来讲，往往具有一种节奏韵律之美，往往让读者产生如聆听音乐般的美好与愉悦。

第二，形象美。文学形象的美主要体现在其往往是个别和一般的统一、确定性和不确定性的统一。经典的文学作品往往可以塑造或提供一个具有典范意义的文学形象，简单讲就是典型。坚持"精神胜利法"的阿Q、优柔寡断的哈姆雷特、多愁善感的林妹妹都是优美的文学形象，也都是文学典型。

第三，意蕴美。文学的意蕴之美就是由文学语言和文学形象所传达的思想、情感、哲理、意义等纵深性内容所带给读者的丰富情感体验。这在中国传统的诗歌作品中相当常见，一首诗可能仅仅只有4句或8句，但其传达的意蕴却是无穷的，其所产生的审美效果往往类似于"余音绕梁，三月不知肉味"的持久沉浸美感。

可以结合《荷马史诗》的一个小片段，来看一下文学经典的审美价值。其中《伊利亚特》的第18章有一段给战神阿喀琉斯打造盾牌的叙述。这段精彩描写共8页，157行，描写了神工赫法伊斯托斯锻造雕饰盾面的整个过程，尤其对盾面图案进行了细致的刻画："他刻出大地、天空和海洋／连同盈满溜圆的月亮和不倦的太阳……""盾面上，他还描铸出两座凡人精美绝伦的城邦……""他还铸上一片深熟的田野，精耕的土地肥沃……""他还铸出一片国王的属地，劳作者正在收获……""他还铸出一片果园，挂满长垂的果实丰硕……"这些文字无疑能够激发读者关于盾面图案的内容及其象征寓意之丰富的无限想象，并在脑海中浮现出许多美丽的画面。如果对比一下出自这段文字的雕塑作品《赫法伊斯托斯锻造阿喀琉斯之盾》，这种文学语言的美可能凸显得更加明显，因为后者作为一件雕塑作品尽管具有自身的美感，却难以呈现整个锻造的过程，而仅能呈现其中的一个瞬间，其所激发的想象空间相较而言相当有限。

文学经典的美，除上述三个方面外，还有一个重要的表现就是其往往代表了文艺创作的最高审美标准和本民族的最高审美理想。人们之所以把《红楼梦》作为中国古典文学创作的顶峰，就在于曹雪芹塑造了合乎中国人的传统审美理想，代表着中华美学精神的一系列经典文学形象，其中传达了非常深邃的中国传统的生命哲思与人生观念，其将中国人所喜欢、所追求和所向往的诸般美好事物几乎悉数囊括其中，所以有无数的红学研究者尝试去解析其中的语言美、形象美和意蕴美，解读其中包蕴的悲剧美学精神、戏曲美学、服饰美学及园林美学等，总之，《红楼梦》构成了一个取之不尽用之不竭的审美资源宝库。

不止如此，文学经典的审美性除来自文字、形象、意蕴几个方面外，关键在于它能够借此传达作者的情感，彰显强烈的艺术感染力和情感慰藉性。一部作品之所以感动我们，往往因为我们通过阅读与作品形象发生了某种情感共鸣，获得了巨大的心灵触动。托尔斯泰在《谈艺术》中曾言："在自己心里唤起曾经一度体验过的感情，在唤起这种感情之后，用动作、线条、色彩、音响和语言所表达的形象来传达出这种感情，使别人也体验到同样的感情，这就是艺术活动。艺术就是这样的一项人类活动：一个人用某些外在的符号有意识地把自己体验过的感情传达给别人，而别人为这些感情所感染，也体验到这些感情。"由此可见，经典的文学艺术往往能够在情感上感染人、打动人,这便构成了其具有美育价值的基础。

一部经典文学作品之所以具有美育的价值和功能,就在于它本身具有很多审美的力量,它具有强烈的艺术感染力和情感慰藉性。因为从性质上讲,美育是一种情感教育,其着眼于人的情感,通过文学艺术的接受去陶冶、净化人的情感,从而实现心灵的净化及精神境界的提升,进而达到以美育人的效果。就像蔡元培在《美育与人生》中所说的:"人人都有感情,而并非都有伟大而高尚的行为,这是由于感情推动力的薄弱。要转弱而为强,转薄而为厚,有待于陶养的工具,陶养的工具,为美的对象;陶养的作用,叫作美育。"可以说,陶养人的情感既是美育的方式所在,也是其功能所指。

那么,如何来对人进行更好的情感陶养、精神净化,文学经典的教育与接受无疑是一条比较理想的路径。因为文学经典除具有以上的审美价值之外,还有重要的一点,就是布鲁姆在《西方正典》中提出的:"获得审美力量能让我们知道如何对自己说话和怎样承受自己。莎士比亚或塞万提斯,荷马或但丁,乔叟或拉伯雷,阅读他们作品的真正作用是增进内在自我的成长。"在布鲁姆看来,经典作品之所以具有强大的审美力量,就在于它可以使读者勇敢地面对自己并审视自己、剖析自我。而借助于美的滋养来增进自我内在的成长、人性的健全,恰恰便是美育的目标。美育旨在通过对美的欣赏让我们成为一个完全的人,实现人性的和谐。

文学经典的美育价值主要体现在可以促进内在自我的成长。席勒在《美育书简》的第一封信中就说:"我要谈的对象,同我们幸福生活中最好的部分有直接的联系,同人的天性中道德的高尚也不相违阔。"即是说,他所谈的艺术审美教育,和人们的幸福生活有关系,和人性的道德高尚也不相违背。言外之意,席勒在追求美的同时也追求善,他在倡导美育的时候,始终是把道德崇高作为人之理想性存在——"完全的人"的必要状态和建立真正自由社会的前提条件,并坚持把道德人格的养成建基于审美人格的塑造,认为道德状态只能从审美状态中发展而来,而不能从物质状态中发展而来。感性的人要跃升为理性的人,达到一种理想的道德状态,必须以审美状态作为中间环节。可见，一定程度上，席勒是将美育作为达至道德完善、自我成长的路径，或者说，他所倡导的美育内在地具有德育的功能。席勒的这一认识事实上是受到了康德的影响。

众所周知，康德关于美的分析是：无功利的、无利害的，超越于概念和欲念之上的，脱离道德的善的束缚的，但他又在《判断力批判》的后半部分说："美是道德的象征"。如此一来，康德关于美的本质的思考貌似有些自相矛盾。他说："我们称呼自然的或艺术的美的事物常常用些名称，这些名称好像是把道德的评判放在根基上的。我们称建筑物或树木为壮大豪华，或田野为欢笑愉快，甚至色彩为清洁、谦逊、温柔，因它们所引起的感觉和道德判断所引起的心情状况有类似之处。"可见，康德在审美和道德之间持有一种辩证的态度——对于纯粹、独立、无利害的美的训练，有助于道德的成长；反之，道德的成长也会使个体倾向于美，并引导个体进入更高层次的审美欣赏。

可见，美育作为一种独特教育形态，有其相对独立的性质、功能与规律，但同时与德育存在较大的关联性，能够服务或辅助德育目标的实现。这表现在，一个拥有健康高雅审美趣味的人，往往会自发地崇德向善，而且基于美育特有的情感陶冶与心灵美化作用，其所带来的个体情感健康与内心和谐，无疑能够加深个体对某些道德规范的理解及好感，利于调动和释放其内在的道德潜能，进而成就某些德育目标的实现。可见，美育在某种程度上是作为德育的基础存在的，内在地具有德育或"寓教于乐"的功能。如此，当接受文学经典的美育价值的同时，也会促进人们对其道德价值的吸收，或者说会使读者自发地崇德向善。这便解释了为何文学经典往往既有丰富的审美价值，又有深刻的思想价值、道德价值的原因，这也是经典之所以为经典，经典能够真正实现"寓教于乐"的关键所在。

最后，因时间关系，我简单讲一下结论。视觉文化图像尽管在美育的普及上有其自身优势，但它们的美育功能往往是有限度的。这主要表现在当下的图像文化生产多以追逐商业利润为主，在内容制作方面存在着模式化、类型化、雷同化的倾向，有些以迎合大众消费、娱乐需求为目的的大众文化图像放弃了审美对现实的超越性和指引性，把单纯的娱乐、迎合，甚至刺激与审美混淆，其美育价值可以说微乎其微，非但不能实现美育目的，反而会对公众的身心健康造成不同程度的伤害。所以说，在读图时代，文学虽然遭遇了一定程度的边缘化，但文学并不会终结，文学经典更不会过时，应充分发掘文学经典的美育价值，通过普及文学经典、艺术经典来尽快实现美育的普及和全民化。

大设计时代的危机与使命

宋协伟，中央美术学院教授、博士生导师、学术委员会副主任、艺术与科技研究院副院长，国务院学位委员会第八届设计学科评议组成员，教育部设计学科指导委员会副主任，全国艺术专业学位研究生教育指导委员会美术设计分委员会委员

至今我已在中央美院工作了几十年，从某种角度来说，这段岁月刚好赶上了一个教育改革的年代。21世纪初，我曾进行过很多全球性的大学教育、艺术教育、设计教育访问，这些访问深深地触动了我。在调研过全球的一些重要院校后，可以发现那时的中国教育确实比较落后，尤其是在设计学科方面。于是在2014年，我开始着手设计学科的教育教学改革。在当年年底，我提交了关于中央美术学院学科改革的提案，特别针对美术教育和设计学科与中国当前教育所面临的问题，中国特有的社会形态、经济形态之间的关系，作了一系列改革路径规划。在学校学术委员会的大力支持下，从2014年底到2015年初，开始了一系列的改革举措。

改革推进得非常艰辛，因为任何一个改革者可能到最后都会面临着粉身碎骨的境遇。也许大家会问，既然如此，你为什么还要去做？在中央美院百年历史转折的时代，作为一个土生土长的教员，一个二级学院的负责人，我不能视而不见。我们所面临的时代给我们提供了机会和平台，也带来了危机和使命。所以，我仅仅怀着一个普通教师对中央美院的教育使命和责任情感，也要冒着巨大的风险进行这一系列改革。在改革过程中，面临着一些传统领域的强烈抵触，甚至曾经也引起院领导的犹豫，并不断思考这项改革的方向是否正确。近两年来，越来越多的院领导肯定了我们的工作，使我觉得过去的辛苦没有白费。同样可以看到，我们的改革方向吻合了人类社会生存

发展，尤其是教育发展的一些必然存在。

我演讲的主题是"设计不在：大设计时代的危机与使命"。为什么叫设计不在？从字面意义上来说，可以理解为设计无处不在。同时，在经历第四次工业革命的过程中，设计这个词所受到的传统概念的界定似乎不复存在了，也就是设计的动机、行为、理念和方法都已经发生了巨大的变革，所以在今天这个时代，要从世界视角、中国视角，认清今天设计在我们面前存在的这种形式。

狄更斯在1859年出版了《双城记》，在若干年前中央美术学院的一个毕业展上，我引用了他的一句话："这是一个最好的时代，也是一个最坏的时代"。我们今天所面临的是百年未有之大变局，政治、经济和教育也发生了变化。正如前不久，教育部颁布了《新学科目录》，设计学科由艺术学下一个独立学科升级到了交叉学科，设计作为一个经济社会发展的基础行业，被国家和社会认可为一个非常具有交叉性的学科。从设计学的角度来说，将来不仅可以申请艺术学学位，还可以申请交叉学科、工科学位等。

我曾参加了法国圣埃蒂安的设计周，当年的主题是"工作"，对今天的工作和过去工业革命给我们带来的工作方式、工作习惯进行思考。数字化已经完全改变了我们的工作方式，也改变了生产方式，同时给教育带来了巨大的影响。

教育在社会的更新与转型中发挥着基础性的作用。教育者调动知识，来帮助人们在一个不断变化、难以预料的世界里找到一个正确的方向。所以，教育的力量在于它能把我们与世界重新联系起来，让我们超越自己的局限，接触到新的可能。教育增强了我们的认识，有助于在未来拥有一个更具包容的社会环境、更公正的经济环境和更可持续的生态环境。

"教育的未来"国际委员会于2019年成立，旨在重新想象知识和学习如何能够塑造人类和地球的未来。有人会说，联合国谈的这个观念太过空泛，与我们无关。实际并非如此，它旨在促进全球性辩论，讨论在日益复杂化、不确定、脆弱的世界中，需要如何重新思考教育。

联合国教科文组织近两年提出了一个新的方向,题为《学会融入世界:为了未来生存的教育》报告,特别提出在7个方面的教育宣言。2020年11月,联合国教科文组织发布了这份报告,勾勒出2050年以后的教育,呼吁围绕着地球的未来和生存重构今天我们的教育现状。面对多重的生存威胁,我们需要重构自己在世界上的地位和作用,对过去所形成的教育模式以及经济生产模式提出了严重的批判和反思。其内容包括:第一,到2050年,教育与人文主义之间的关系被批判性重构,教育保留了促进正义的人文主义使命。新使命通过教育,负责任地在地球上共同生存,促进生态正义。第二,到2050年,人类根植于生态系统之中的观念将深入人心,自然科学和社会科学之间没有了界限,所有的课程和教学法都建立在生态意识的基础上。第三,到2050年,教育不再一味宣称人类至上主义,不再只依靠人类的聪明才智和技术来解决环境问题。第四,到2050年,个人主义的自我文化已经成为过去,围绕着相互依存和相互联系的原则重新配置教育,培养良好的人际关系,使每个人和一切都成为地球生态社区的一部分。第五,到2050年,教育学不再把世界定位为学习的对象,教育最基本的主客体二元结构受到了挑战,一种生态意识将所有人类重新定位为生态圈内的人,嵌入生态系统之中。第六,到2050年,宇宙政治教育成为主流,教育远远超出了人道主义和以人为中心的主张,承认多元性以及不同世界的共存。所以,未来人类不能以人为中心,而是要"去中心化"。第七,到2050年,教育的目标从人道主义转变为生态正义,不再把教育学当成一种纯粹的人类活动,要重新调整世界的教育实践,寻求代际和多物种正义。

2021年,联合国教科文组织第41届大会着眼于未来,面向全球发布了《共同重新构想我们的未来:一种新的教育社会契约》报告。面对不断变化的世界,教育需要发挥关键的作用,联合国教科文组织新发布的这一报告是全球成员国持续两年共同反思的结果,报告评估了当前形势,并提出了一系列的建议。报告从教育本质出发,结合社会和经济不平等、气候变化、生物多样性的丧失以及数字技术问题等宏观背景,提出了为何学、怎样学、学什么、到哪学、何时学的迫切需求。它提出，教育可以被视为一种社会契约，一种社会成员间为了共享的利益而合作达成的默示协议。这一构想源于一种共享愿景，即教育具有公共目的。它应该包括基本原则和组织原则，以帮助架构教育体系，落实建立、维护和改善教育体系的分布性工作等。新的教育社会契约须将人类联合起来，通过知识与创新，塑造面向所有人的可持续和和平的未来。

2020年，教育部高教司在山东大学威海分校举办了新文科建设大会，时任司长吴岩在大会中提出了新文科建设发展的目标，以及近一两年，他在上海同济大学关于人才培养的大会发言当中提出了一系列发展目标。他特别谈到，教育要作出改变，要主动引领世界高等教育改革，培养当今及未来社会和经济所需要的能力。他还特别强调，教育部提出了"新文科、新工科、新农科、新医科"的建设目标，我们要积极推进新文科建设，提升国家软实力，解决"卡脖子"问题。如他在《中国式现代化与高等教育改革的创新发展》报告中曾提出，如果一个国家没有哲学、社会科学的兴盛与人才辈出，没有思想文化上的塑造力、影响力、感召力，这个国家就不算是一个真正的大国，更不算是一个真正的强国；没有人文社科的繁荣，中华民族的伟大复兴就不是真正的复兴，因此必须加快推进新文科的建设，建构自主的知识体系、思想体系与理论体系，培养具有自信心、自豪感、自主性的新时代哲学社会科学人才。

这些报告内容基本涵盖了中央美院设计学院在2014年开展全面改革中所提出的观念、方法和动机。要重塑世界高等教育发展的新路径，这个要求正在成为一种国际间强烈的共识。孩子们要重新认知世界，使其不要被局限，教师也不要执着于一定要把经验传授给学生，而是要引导学生以一个科学的、客观的角度来看待今天这个世界的发展。

吴岩的讲话中提到了"超越极限"。其中特别提出，要跳出教育看教育，高等教育发展自身的小逻辑要服务服从社会经济发展的大逻辑，要打破区域间、学校间、学科专业间、教育形态间的壁垒。

而设计学院教育改革的第一步,正是打破壁垒,将过去设计学院原有传统专业统统取消。我曾把过去的专业结构形容成一个个盒子,当把盒子的四壁推倒,就会从一个学科看到另一个学科的发展逻辑,就可以形成共同合作的可能性。设计学院的改革还包括物理上的教学空间变化,我们改变了过去封闭、独立的专业学科管理模式,保留了学科的技术性,改变了学科管理的结构,打通后统一管理,形成了相互之间的联系。

教育部新文科建设工作小组组长樊丽明在新文科建设大会上指出,新文科建设是一项系统性的复杂工程,重在改革创新教育教学体系,即教学改革设计、资源供给和管理体制机制。她强调,教学改革设计是新文科教育教学体系构建的重点任务,要遵循"需求导向、学校定位、资源整合"的原则,抓住"新专业、新课程、新模式、新教法"的核心内容,建立优秀教师队伍,打造优质实验平台。她还提到,要创新教师考核激励制度、学生教育的贯通协同制度和教学科研单位的激励制度,对教学科研单位和师生要实行"放管服",激发改革动力活力。

我们在推进设计学院改革的过程中,调入了一大批年轻有为的、富有活力的新领域新学科的教师,这些年很多学科的技术都成了设计的基础,鼓励45岁以下的教师学习和进修第二专业,甚至第三专业。因为在当下,教师的教学知识背景若仅仅来自过去单一的专业,已经严重不符合今天中央美术学院设计学院的教育教学定位。中央美院现在的主流课程和研究发展方向,都是来自一些新的领域,比如艺术与科技、社会设计、生态与危机设计、系统设计、艺术治疗、服务设计、健康设计等,这些新的领域都是过去中央美院设计学科没有的,而2014年以前大部分人对这些领域知之甚少,所以在这些年的改革当中,我们一方面鼓励原有教师努力了解、学习和改变,一方面引进教师形成新的主流体系。

第四次工业革命正在发生的当下,面临生态、社会等层面的重大变局,任何关键问题都无法被单一领域的学术成果所解决。所以,早期的学科划分方式也逐渐不能适应多元复杂的挑战和需求,设计工作作为整合各个领域资源的纽带，所介入的问题也越发复杂化。全球化早已经超越了过去对传统学科的装饰外观和美化造型的技能，其疆域已经拓展到事物运作模式、产业战略结构、自然环境改变、人类行为方式，甚至是文化的系统性生态性问题。它所提供的解决方案凝聚了各个领域的智慧成果。传统专业的边界逐渐消失，这也是我提出"设计不在"这一命题的主要原因所在，设计这一动词的概念已经发生了很大的变化。

从设计教育的角度来看，当问题无法由单一学科的技能技术来解决时，可持续发展的大学的理想状态是以现实世界问题为基础，对传统学科与部门结构进行合理的拆分与重构，从而形成复合的新型专业与交叉学科，复合型的人才培养成了设计教育的重要目标。设计教育已经由单一技能层面的技术培养转向以专业为基础的社会探讨和问题思考，从以学科为导向转向以问题为导向。

中央美院设计学院在10多年前就开设了食物设计的课程，这也是一个非常重要的课程。近来，我们与新疆艺术学院成立了一个联合课程，叫《食物图景：新疆食物可持续设计》，意在通过这个课程的成果来帮助地域经济。此外，中央美院设计学院在改革之初就特别注意到了开环计划，所以我们在本科二、三年级的课程中，实行了开环计划，在这些课程中不仅有本科生，还有研究生、博士生，一个课程有多元结构构成的不同身份的学生在共同听课，这样会形成不同的知识层面、不同的经验层面来共同讨论课题的可能性。虽然大家一开始对这种教育很不适应，但逐渐发现，人生的学习规划是可以由自己说了算的，不再是考进这个学校，被一个学科限定死。改革是需要胆量和智慧的。再如，设计学院的空间以前永远不够用，反观国外的大学，即便空间小也能兴办起来，是因为他们使用了空间流通的概念。在中央美院设计学院，我们的改革应对方案是全方位的，比如研发了一个空间使用的APP，鼓励大家的工作积极性，提供工作的有效动力。

结合我们国家的情况来看，当高等教育已经进入普及化阶段，就有了进入学习型社会的教育基础,终身学习将成为一种常态,特别是"互联网+"教育的蓬勃兴起,改变了教师如何教、学生如何学、学校如何管的教育形态,人人皆学、处处能学、事事可学的高等教育正在深入发展演进。

因此,要确立中国特色设计类人才培养模式的新时代理念。实现中华民族伟大复兴,教育的地位和作用不可忽视。教育变化有三个阶段:首先是技术的变革,其次是教育模式的变革,最后是教育结构的变革。教育是面向未来挑战的先行者,构建一个能够适合未来教育的教育体系,是中国乃至世界的一个首要而紧迫的任务。

面对不同的教育意识,我们应该做的是在变化成为常态的时代拥有独立的意志,采用四种教育意识形态进行批判性反思,也就是"学术传承""社会效益""以学习者为中心""社会重构"。

今天,时代已经给予了设计学科一个庞大的平台,我们需要重新思考设计时代发展的需求和人类的需要。在《人类的明天》一书中,席里尔特别谈到了食物和能源的短缺、水污染、温室效应、海平面上升、动植物灭种加速、人口膨胀,世界逐渐丧失多元性,种族和国家之间产生敌对与紧张关系。全球的转变比先前更快更剧烈,但这只是冰山一角。全球已经有1200多个变革城镇,800多个创新城乡粮食合作供应系统,上万个城市农庄,4000种自发性货币,拯救并非不可能,危机有解决之道,而且成千上万的人已经开始采取行动了。

今天,是人人设计的时代。埃佐·曼奇尼在《设计,在人人设计的时代:社会创新设计导论》中特别提出,设计发生在开放式的协同设计过程中,不同的行动者以各种方式参与其中。设计建立在一种人人都有的能力之上,而设计专家的作用就是发起和支持这些开放式的协同设计,利用他们的设计知识去构思并优化出轮廓清晰、目标明确的设计活动。在面向网络化可持续社会的转型过程中,所有事情都是一种设计研究活动,都应该是推动社会技术实验和广泛、复杂的社会学习的过程,重塑人们的日常生活以及复制观念。所有设计都将变成一种社会研究的活动,这个研究活动就带来了人们对新型领域的理解。

设计教育的变革是什么？要做到化人美人、专业优化、课程提质、模式创新。2020年9月，中央美院召开了研究生的教育改革动员大会。校领导班子认真学习了国家领导人关于研究生教育改革动员的重要指示。在国家未来发展战略规划下，设计学院研究生教学正在以世界格局的新变化及人类生存空间的新问题为依据，进行着大踏步的改革。国务院学位委员会发布的学科专业目录，已经在交叉学科下增设了设计学科，充分体现了国家教育布局的战略远见。在此基础上，设计教育将朝着更加开放、多元、交叉创新的方向发展，构建更加多维的工作方法，引导社会需求和相关领域的进化。设计已经成了一种解决人类社会棘手问题的行业，也许在未来的设计师行业，再也不叫平面设计师、时装设计师、产品设计师，而可能是人体器官设计师、智能系统设计师、干预设计师、生态设计师、健康设计师等。

在首轮全国一流学科建设当中，设计学科向教育部提交了建设规划，即创新性地提出"五大学科"内涵学科建设逻辑。第一是战略设计，其重要性前面已经谈到；第二是科技设计，今天我们的生活已经被科技颠覆到了AI时代，因此科技的重要程度不言而喻；第三是设计思维，就是在原有学科基础上形成一种新的思维模式；第四是产业设计，产业设计依然存在，但它已经不是未来发展的主要战略；第五是设计理论，即关于理论的建设和发展。面对现实复杂性、认知复杂性，我们要处理复杂性，所以提出了这"五大学科"内涵，对过去传统设计教育体系下的专业结构进行开放，从而极大拓展了设计内涵和外延。

在第二轮设计学科的建设当中，我在之前的成果上提出了六大学科建设发展目标：第一是战略设计，第二是科技设计，第三是社会设计，第四是文化设计，第五是产业设计，第六是设计研究。在这些领域当中，对这六大类又作了具体分类和目标界定，即以科技设计、产业设计为支撑，以社会设计、文化设计为特色，以战略设计、设计研究为基石，以交叉创新为目标，向内艺文融合，向外多科交叉，形成"广义设计"学科群。在此，要特别指出，中央美院设计学科在教育部新一轮学科建设中，被直接列为一流学科建设点。中央美院成为目前全国艺术院校唯——所双一流建设院校，这样的成绩是得来不易的，是多年来教学改革团队的努力成果。

艺术博物馆公共教育对艺术审美的推动

张子康，中央美术学院教授、博士生导师、新绎美术馆馆长、艺术与科技研究院副院长，中国美术家协会理事，实验艺术委员会副主任，中国博物馆协会美术馆专业委员会副主任，《美术馆》杂志主编

艺术博物馆最主要的使命是提高全社会的审美发展，这是它的重要社会责任之一。艺术博物馆是以学术研究、展览展示、教育学习、交流推广以及收藏为主要功能的艺术平台，因此它的美育与大众审美学习联动性更强。

从艺术博物馆的性质上讲，它是一个有社会性和文化持久性的机构，同时也具有公共性、多元性和非营利性等特性。艺术博物馆在学术上有其独立性，在宗教信仰层面又有中立性，因此各民族观众来到艺术博物馆都没有抵触心理，这正是因为艺术博物馆是以艺术为出发点形成连接。与此同时，它还具有从知识传播到智识生产的权威性——知识生产更多是通过学术研究和展览的机制进行"输血"，而智识生产是让大众通过观看体验艺术博物馆的展览形成新的思考系统，进而推动产生新认知，形成新的"造血"机制。因此，艺术博物馆会产生跟审美有关系的永久性的美育推动，是一个以审美学习为主的场地。

随着艺术博物馆学术研究的不断深入，比如在艺术创作、研究、策展、推广等多视角的思考，使得艺术博物馆的教育向着更深层次的方向发展，也给大众的审美学习带来更为广阔的空间，以完成从感性认知到理性认知全过程的覆盖。

一、艺术博物馆教育功能的发展

在公共文化生活中的知识传播与教育功能是艺术博物馆公共性的重要体

现。1880年，美国学者詹金斯在《博物馆之功能》一书中明确指出，博物馆应成为普通人的教育场所。1906年，美国博物馆协会成立时宣布博物馆应成为"民众的大学"。1990年，美国博物馆协会在解释博物馆定义时，将"教育"与"为公众服务"并列视为博物馆的核心要素。现实中，教育也已经成为博物馆的服务基石，在美国博物馆被视为"儿童最重要的教育资源之一"和"最值得信赖的器物信息资源之一"。

博物馆并非最开始就扮演教育角色，最初的博物馆主要是由收藏驱动，博物馆的专业人员被指定去关注、保存、整理不同系列的藏品。1683年，牛津大学阿什莫林博物馆成立之初主要供专家研究，每天只允许5个人在工作人员陪同下进入查阅资料，而且必须提前预约。后来因为展示藏品需要，展览的重要程度迅速上升，当艺术品开始根据国家、流派以及年代顺序进行展示时，艺术博物馆为大众营造了一个"看得见的艺术史"。随着人们对博物馆教育目的越来越明确，除展览的组织形式外，配合作品的教学信息，如展厅导览和说明文字等方式也逐渐出现。19世纪晚期，博物馆和学校开始紧密合作，在博物馆进行实物教学的方式快速升温，并在维多利亚时期迅速发展。与此同时，博物馆被看成为公众，尤其是社会上的成年人，提供学习机会的新场所，被认为是义务教育场所外最适合学习的环境。

20世纪早期，博物馆开发出了一些新的项目，比如讲解员讲解。波士顿美术馆是世界上第一个开设讲解员的博物馆，主要职责是为公众提供信息和讲解，这是博物馆最早期出现的教育岗位。博物馆作为教育机构的角色通过20世纪60年代的税制改革和民权运动等方式得以强化，博物馆教育业由此开始兴盛。

20世纪80年代，博物馆开始有观众意识，如何吸引更广泛的观众变成一件非常重要的事情，博物馆变得更以观众为驱动，教育的方式也逐步放大到一种不断尝试与观众沟通或者合作的新方式中。博物馆与观众之间的沟通方式转变成为商量式、建构式，比如观众想在博物馆学到什么，它可以为观众提供什么？博物馆倾向于建立一种方向性、非知识的后现代的沟通风格，观众从客观知识的被动接受转变为带着自己的需要和期待的主动学习。博物馆的教育，越来越倾向于引导和激发观众对博物馆或展览的兴趣，这种转变决定了艺术博物馆教育方式的改变。

艺术博物馆对展品的美学意义、社会思潮或文化背景下进行的专业化、术语化阐述，指导意味过于浓厚，展现设计过于单调枯燥，理解起来也非常艰辛，普通观众在受到"挫折"以后，很可能会逐渐放弃，这是在学术推广中出现的问题。这种从一开始就显现出艺术很深奥、居高临下的姿态，不仅达不到教育目的，还生硬地将艺术与观众隔离开，剥夺了观众从自由的探索中获得自我启发的机会。因此艺术博物馆的态度、语气，以及结合艺术作品的空间、气氛、背景的语言表达开始发生改变，开始向友好沟通、平等态度转变。这时语言的表达更生动，博物馆开始成为一个"会讲故事的人"。博物馆从这个时期开始提倡一定要会"讲故事"，怎么深入浅出地介绍具有学术理念的艺术，怎么让观众看得懂，成为教育方式方法转变的重点。

当艺术博物馆的专业人士发现，艺术博物馆体验的丰富性可以使教育的角色更加重要，便开始将教育理念和目标与艺术展览、典藏、研究等日常工作全方位地深入结合。基于此，艺术博物馆设计了各种寓教于乐的活动，比如在美术馆看电影、听音乐会、欣赏舞蹈以及戏剧表演等，以更多方式为观众提供审美体验，进而帮助观众将艺术理念带出展场，深植于自己的生活中，从而使艺术博物馆真正成为一座属于全民的艺术乐园。

二、艺术博物馆的教育功能

艺术的发展，是人类社会发展的一个重要切面。32000年以前，原始人类便开始绘画，我们最早看到的岩画就是德国施泰德洞穴里发现的"狮人"雕像，这大概是最早被认定为艺术品的物品之一。人类文明审美的发端先于语言、文字、伦理，在一个民族的文明传承中，艺术是至关重要的一部分，因此艺术对教育的影响力远远超越艺术本身。所以，艺术博物馆是以全民为对象，以审美教育为基础，兼具多种功能的公共艺术文化教育机构。1992年，美国博物馆协会发布的《卓越与公平：博物馆教育及其公共影响力》报告，鲜明地指出教育作为博物馆公共服务的核心，是博物馆活动的重中之重。教育是博物馆最有价值的工作，其意义不仅是在当下，在未来它的作用会越来越明显。

艺术博物馆的教育功能可以归纳为六个方面。

第一，艺术欣赏教育。博物馆让观众通过艺术品欣赏提升自身审美的敏感性及趣味性，从而提升智识和生活的水准，这是一种潜移默化的审美观念的建立过程——引导人们自发地接近艺术、了解艺术、享受艺术，理解被艺术生动阐释了的艺术思想和文化历史。在博物馆专业化引导下，让观众不自觉地受到艺术创意的熏陶，提升审美认知。

第二，艺术史教育。博物馆展示的艺术品，往往是为了传达艺术历史知识，著名艺术博物馆自身馆藏可以呈现一个时期，或是一位艺术人物，或是一个流派的艺术知识。这种艺术史的呈现既针对专业观众，也针对普通观众。所以在艺术史的陈列当中，如何进行教育，或者如何给大众提供认知路径，是博物馆研究探索的对象。

第三，美学专业课程教育。尤其是艺术博物馆在针对专业观众，例如针对学生开设教育课程和项目。伦敦的艺术博物馆，很多是以自身的藏品研究力量以及公共资源，与大英博物馆、英国皇家艺术学院共同开设艺术史研究学位的课程，和学校教育产生互动，并且也同专业课程的教育产生连接。实际上这是对博物馆更有深度的研究，同时能起到教育的作用。

第四，人文教育。人们从艺术博物馆中得到的教育不仅仅是艺术技能、艺术信息、艺术知识和文化经验，更重要的是人文精神和价值理念。艺术博物馆不仅成为人类文明的一个象征和图腾，它更以其强大的社会教育功能成为孕育人类文明新的空间。

第五，跨学科教育。艺术博物馆的教育活动包含各类艺术形式，比如音乐、文学、电影与视觉艺术的交叉整合以及从艺术历史语言、社会科学、自然科学等多视角对艺术的认知与思考。

第六，社会教育。社会教育在艺术博物馆的教育活动中是针对广大观众的不同需求、强调以人为中心的互动。

除专业教育外，艺术博物馆的公众教育也在润物细无声的状态中潜移默化地影响大众。艺术博物馆观众的学习心理状态与正式学习场所完全不同，艺术博物馆的学习气氛更轻松自由，不含强迫性，没有取得优异成绩的压力。人们普遍怀着自我提升的态度走进艺术博物馆，没有潜在的排斥心理，而且学不学、学什么、什么时候学，全凭自愿，观众有绝对的主动权。因此在教育内容与观众之间，要通过合适的方式找到恰当的度，方能达到教育效果。

公共艺术教育与社会发展息息相关。当今国际社会，凡是公共艺术教育越完善的国家，社会的文化程度往往就会越高。公共艺术教育不仅激活了人性价值的内聚力量，并且对社会的文化创造力也具有不可低估的作用，同时也促进了自由民主社会的健全成长。教育家蔡元培在1917年1月发表了著名的演说《我之欧战观》，他把欧洲强盛的原因归结为科学与美术的发达。一方面，他认为这是一个科学万能的时代；另一方面，他指出科学的局限性必须由美术补足，他倡导"美育代宗教"实际是寄希望于艺术，认为艺术对文化建设和道德方面的教育作用非常重要，可以帮助中国扭转贫穷落后的境况。

艺术博物馆教育以其不可替代的文化价值、丰富的教育文化信息以及个性独立的教育方式，在世界各国的社会文化和教育生活中占据着越来越重要的位置。2001年5月，美国的博物馆协会公布了一份全国性问卷调查，结果显示大部分人认为博物馆是子女教育的重要资源之一，也是获取客观信息最可靠的渠道之一。

三、艺术博物馆教育的过程管理

教育是艺术博物馆的基本功能和使命。成功的教育活动来自切实的教育政策，也需要缜密的教育方案、扎实有效的执行力度，以及有效的调研和反馈，才能把握得更准确。

艺术博物馆教育政策的拟定依据六个方面：艺术博物馆的目标、定位与使命，艺术博物馆的典藏方向，观众（包括实际观众和潜在观众），教育架构，可用资源，会员组成。当然，不同规模、特点、性质、收藏资源、观众的艺术博物馆的教育政策都不太相同。在制定艺术博物馆教育活动方案之前，需要深入地去了解细节，考虑周全——有哪些观众？还能开发哪些观众？他们的年龄、兴趣、需求和背景是什么？不同类型的观众有什么样的教育需求？什么样的活动目标和主题能与什么样类型的观众需求产生交集？艺术博物馆有哪些可以为学习提供方便的资源？艺术博物馆的周边社区、学校是否有需求？艺术博物馆处于什么样的一种交通环境？社区的环境是否有利于学习？哪些团体机构可以配合或者联合进行教育项目？艺术博物馆的教育资源为哪些团体和机构所用？艺术博物馆需要做哪些工作来提升艺术的教育的效果？这些都是要考虑的细节。

不同于学校教育、艺术培训以及成人教育可以通过强制性的考分方式获得结果，艺术博物馆教育评估的难度在于学习的自主性、自助性与开放性，任何一位观众都可以在艺术博物馆中根据自己的教育背景、个人意愿，从展览中获取需要的知识。艺术博物馆的教育评估可以通过调查分析等多种方法对观众进行研究，以便更有针对性地了解观众。

艺术博物馆的教育活动在管理过程中需要正确理解和把握展览的学术内涵，并且在活动设计时不能偏离这一内涵。教育活动的设计者有时是策展人，如果教育活动由艺术博物馆发起，则需要与策展人保持充分有效的沟通与交流，对展览的策展理念、学术定位、作品选择、展示设计等进行详细的分析。除此之外，还需要针对不同层面的观众进行切实可行的设计，将展览的学术内涵转换成丰富且多层次的知识。当然，这不意味着艺术博物馆所传达的内容要刻意迎合大众的口味，也不意味着越是大众化趋向的内容，观众的接受度就越高。博物馆最主要的是能把有价值的东西输出给观众，并且能够用易于接受的语言，或者让观众体验思考的方式来进行转换，让观众有兴趣学习从而获得审美提升。

艺术博物馆可以用多种形式和途径进行教育活动，教育的内容包括策展理念、作品鉴赏、艺术形式与风格、时代背景、展品学术内涵等方面。艺术博物馆的教育活动通常也利用展览的学术研讨会、出版物、专题性的讲座、讨论会、说明会、艺术资料，还有档案服务等一系列形式展开。地方性展览或者节庆日的设置也是近几年常用的方式，有艺术家工作坊、儿童艺术工作坊、志愿者组织、家庭讲座、艺术节、艺术衍生开发、大众出版物、互动性游戏活动、通过网络设计的教育活动等，尤其在如今的网络时代，这种活动越来越多、越来越专业，用这些方式找到新的教育放大的路径。

藏品知识与资讯的搜索、分类、关联、交换以及传播，强化了艺术博物馆的教育娱乐功能，成了新时代艺术博物馆公共教育沟通的优良渠道。艺术博物馆的数字化，尤其是虚拟艺术博物馆的发展，提高了典藏品的教育价值和利用率。观众可以在任何时间任何地点通过电子设备，在没有展示围栏等设施的情况下，近距离观察艺术作品的细节。不仅可以得到比展示说明更为广泛的信息，还可以对作品的文化、社会、历史等背景资料进行深入的研究和探讨。除虚拟实景的数字艺术博物馆外，网络还提供给社会大众更多元的学习方式。网络艺术资讯的快速更新，主题网页制作、网络虚拟展、导览系统、网络教育、网络点评、便捷的资料库等，可以弥补作品资料宣传等方面的缺失。尤其对地理位置比较偏远的艺术博物馆而言，数字艺术博物馆的建立非常重要。

国内有很多艺术教育的基金也跟艺术博物馆的社会化公众教育发生连接，尤其是国家艺术基金的成立，大大改变了中国艺术赞助的现状。同时针对艺术博物馆的艺术人才培养，针对观众的教育项目的专项资助越来越多，这种影响的辐射力量越来越强，但是在国际化的推广中，还有待作出更多努力。

四、艺术博物馆教育与学校教育的互动

在全世界范围内，学生参观博物馆的人数在迅速增长，博物馆参观逐渐被许多学校纳入正式的教学活动。在美国，"博物馆学校"甚至形成了一种新的教育体制，有很多的高端课程或者实践性课程都在博物馆进行。哈佛大学的博物馆有 19 座，其中艺术博物馆占了将近一半，并且有非常前沿且学术的当代美术馆。

在中国，艺术教育怎么摆脱高考模式长期以来的影响，如何探索出一种新的教育方式，以适应于现代文化的发展，成为艺术教育或者艺术博物馆教育专家们关注的问题。艺术的学校教育，从中小学普及的艺术教育，到专业的美术院校以及培训机构，是有计划持续的教育工作，根据不同年龄、背景的学员制定不同的课程标准，采用了不同的、复杂的、硬性的学习形式。博物馆则不同，博物馆的教育更多的是考虑如何激发学生的主动性，这是非常重要的。学校教育无论是课程设置还是理念应用，大致上都偏重于技巧或技术方法方面的规范，而对艺术学习，更多的是如何形成自我认知，在这一方面博物馆为学校教育作了补充。所以，针对广大观众社会化审美、社会化美育的需求，博物馆对美育的推动作用越来越重要。

博物馆教育的出发点与正式、专业学习的教育系统有所不同，不同于学校教育或者是校外教育，也不同于针对成人的社会教育，它对到博物馆来接受教育的观众而言，是一种主动性的、自助性的教育。博物馆往往会营造很多让观众愿意前来的环境，比如书店以及提供咖啡、餐饮、休息的地方，会设计得很舒适，让观众进去以后有一种归属感，让观众在讨论当中获得新认知，强调在潜移默化间引导观众自发性参与的同时，得到审美的提升。博物馆的教学模式也非常特殊，校园的学习模式多是基于课本和图片，而博物馆则基于实物，由物而生。围绕物展开的具体的方式由物在空间中的存在方式决定，比如选择什么样的尺寸，以何种材质做成，以何种方式在哪些场合呈现等，让观众在艺术博物馆中能直接感受到艺术的力量，亲身经历美感的体

验，所以艺术博物馆可以培养学生敏感的观察能力，是刺激学生直观的审美兴趣和进行感官训练的最佳学习场所。除感知层面的启发外，来自世界各国的研究人员、艺术史学者、艺术家，还有美术展览以及学术交流，形成以博物馆为主要阵地的活动中心，当地的艺术人士和青年学子进行面对面的对话，拓宽国际视野，加深专业知识，都可成为学校美育教育的有益补充。

艺术博物馆对艺术院校来说是非常重要的教学资源和展示平台，学校拥有高学历的艺术理论和艺术史背景的师资力量，他们是美术界创作与理论研究的主力军，他们若能走进艺术博物馆，无论是成为志愿者还是成为合作者，都可以弥补艺术博物馆专业人员不足的问题。尤其是大学美术馆，依托于大学教师的资源进行互动，对博物馆或学校的互相推动作用非常大。艺术博物馆的教育专员和学校的艺术教师拥有共同目标，只是实施的环境和条件有所不同。加强艺术博物馆与美术附小、附中学校以及艺术相关培训之间的交流，以这种合作伙伴关系联合开发、设计更符合教育目的的活动，运用科学的设备与方式，对艺术博物馆的专题作精确的学理研讨，提倡专业人员通过进修提升专业力量，让实践和理论充分结合、互相促进，无论对艺术部门、对学校还是对全社会来说，都是一件非常有意义的事情。更重要的是，不应当局限于美术教师，如果艺术博物馆能汇集专业的历史学者、艺术创造者、社会学家等开展不同学科领域的交流，将会产生巨大的社会能量。

博物馆与学校之间的教育活动自20世纪初便开始了，并受到博物馆界和教育界的重视。美国博物馆学者吉尔曼一直主张博物馆的教育功能，发起一系列教育活动，并倡导专家进行观众研究。教育学者杜威也认识到博物馆对教育的重要性，进而促进博物馆与学校教育之间的合作。

中国台湾学者刘婉珍在北美博物馆与学校合作情况调查的基础上，总结出了博物馆与学校合作的六个模式。

模式一，提供者与接受者模式。以博物馆为主导，博物馆单方面规划设计活动，中小学生可以选取博物馆所提供的活动，学校教师没有参与活动的规划过程，扮演消费者的角色；

模式二，博物馆主导的互动模式。博物馆主动邀请学校共同参与、制定活动规划，并通过系列的研讨训练培养老师，帮助学校教师成为活动规划的主导者之一，与馆方人员成为真正的合作伙伴；

模式三，学校主导的互动模式。学校教师主动向博物馆提出学习活动的构想规划，通过双方沟通配合达到共同设定的教学目标；

模式四，社区博物馆学校。在社区中为学校设立各类社区博物馆，让学生在博物馆各陈列中学习，从务实与经验中提高发现和解决问题的能力，学校教师在此模式中扮演主要角色，让学生充分利用博物馆的资源，促进学习；

模式五，博物馆附属学校。整个博物馆是学校，博物馆附属学校与当地中学有同样的学习学制，但收获方式不同，主要是通过艺术来教授各类课程；

模式六，中介者互动模式。由博物馆与学校之外的第三方机构扮演主导角色。

在美国，馆校合作已经是非常普遍的现象，在纽约大都会艺术博物馆和古根海姆艺术博物馆，馆方专门为不同年龄段的学生提供了相互之间美术教育课程的联动。学校的部分课程在博物馆中进行，馆员与教师之间的互通形成了非常紧密和谐的关系，共同为学生成长和发展搭建良好的平台。国内这种合作还比较少，尤其是进行课程开发的案例可能更少，但是以上模式——尤其是前4种模式，只要用心经营都不难做到，在馆校合作中，沟通与了解成为彼此合作的基础。

对艺术博物馆而言，以下内容要尽量去了解。一是学校成员的背景如何，不同年龄段的学生、不同专业科目的学生、学校行政人员等分别需要何种教育内容都要作一些了解。二是什么时候实施？学校跟课程之间能不能发生连接关系，从时间上也要考虑。如何引进学校团体，如何让学生更感兴趣，并从体验中获得自我学习的能力？教育活动的效果如何？学生参观前应储备哪些知识？学生进场后可以在学习行为和学习成效上多作考虑，学生参观后的反应，教师事前要充分地了解。

在馆校合作中，最关键的人物是学校的教师，教师不仅要每天直接面对学生、指导学生学习，而且在学校的艺术博物馆参观活动中，教师是唯一全过程参与的人。从安排学生时间、观展前准备，到带领队伍讲解，虽然有时会请到博物馆的导览或者教育人员互动，但通常教师仍是随时在旁边进行互动，并且回去以后还要延续这个活动，对学生进行学习评估，这都是教师工作的内容。教师对艺术博物馆参观的认知和态度，直接影响学生的艺术博物馆学习成效，也会影响到艺术博物馆在教育方面的成果。艺术博物馆规划教育方案时应该将学校观众参观前、参观中、参观后三个阶段纳入整体的考虑范围之中，并且在各阶段与教师提前沟通，尤其是参观前为教师提供充分的课程资源，哪些展品、藏品能拿出来与学生互动等都要提前做工作，或者与艺术博物馆的成员充分讨论沟通，帮助教师更清晰地了解博物馆的藏品以及展览内容，并设置适当的参观课程，如此才能总结出比较完整有效的艺术博物馆的教育经验，并真正达到艺术教育的目标。

五、艺术博物馆在艺术审美教育方面的展览案例

中央美术学院美术馆近几年的展览，在美育的推广方面也作了一些新的调整，更多体现当下的新变化。中央美术学院美术馆思考如何把传统形成新的放大，让人们从多元的角度理解传统。近几年，当代艺术家更多的是提出问题式的非主题性创作，通过提出问题让观众去独立思考，从而产生独特的审美认知。

"悲鸿生命——徐悲鸿艺术大展"对中央美院来说是一个特别重要的展览。此次展览更多的是让观众去自我思考认知，比如把徐悲鸿相同题材的中国画和油画作品放在一起展示，通过这种方式让大家思考，他的作品是如何进行中西结合的？中国画中有哪些西方元素？油画中又有哪些中国绘画元素？每一个人可能会有自己的一些见解。《八十七神仙卷》和《朝元仙仗图》

两件作品也是展览的重点,《八十七神仙卷》是被徐悲鸿视作生命的一件收藏品,他认为这是中国人物画最高峰的一幅作品;《朝元仙仗图》是博物馆认可的一件作品,将两张藏品放在一起进行比较,便于了解徐悲鸿、张大千、徐邦达、杨仁恺、黄苗子等大家是怎么理解鉴赏这些作品的。我们把他们从各自专业视角进行分析的内容和作品放在一起,让大家欣赏思考。在思考当中人们对艺术品的鉴定和认知会产生新的放大。过去我们做主题性展览往往把直接观点告诉观众,而现在更多的是让观众参与到这样的讨论当中,这很重要。

中央美术学院美术馆的另一个展览——雷安德罗·埃利希的"太虚之境",对观众的拓展起了非常大的作用。在策划这个展览时,很多人担心会不会变成一个央美的"网红"展,学术质量会不会降低,后来我们对这位艺术家进行了深入调研,在与艺术家的交流当中,逐渐了解了这位艺术家:他在2002年威尼斯的双年展获得了大奖,国际上几个特别重要的学术博物馆都给他做过大型个展。他在日本森美术馆的展览,成为森美术馆有史以来观展观众最多的一个展览。由于中央美院美术馆展场的排期特别紧,他的展览在中央美院展出不到一个月,但获得的社会广泛关注拓展了中央美院美术馆新的观众群体。

埃利希的创作能够给人们带来很多的空间体验,他认为作品放在展厅里,在观众没有进来之前,作品只是完成了一半,另一半是靠观众的互动来完成。把观众植入作品当中,也是使观众产生兴趣的重要因素。一件好的当代艺术作品,往往是从体验中先让观众获得兴趣,然后在互动中不断获得新认知,在新的认知当中提升自己创新思维的能力。所以作为美术馆的美育,给人带来的影响是多层面的,能够通过自己对艺术的体验认知来获得审美上的提升。

安尼施·卡普尔个展也是中央美院美术馆非常重要的展览,卡普尔是国际学术界认可度最高、知名度最高的艺术家之一。在策展讨论中曾考虑是否给每件作品提供一段文字解读信息,以便于观众理解作品。卡普尔对这一想法给出了不同意见,他认为预设信息将丧失作品的意义,每件作品与不同观众知识结构的连接和认知都不一样,他希望每个人都能获得不一样的审美体验。

现在每一个人的知识结构、审美经验都不一样,教育经历的不同、从事专业的差异,会造成人们知识结构的多元化。现在的博物馆教育,更多的是一种智识的连接,要构建一个思考系统。这种系统不是散点式的,而是要形成一个知识结构,能够推动人们对事物的新认知和创造力。中央美院美术馆从教育推广一直到空间的营造,给观众带来了一个跟学校教育不一样的教育空间。

在策划威尼斯双年展过程中,之所以以"元境(META-SCAPE)"作为中国馆的主题,一方面是呼应本届威尼斯双年展主题展"梦想之乳",凸显的新媒介时代"去人类中心化",另一方面是将"一个充满各种可能性的自由世界"等当代思想、观念与行动,置于漫长的中华文明演进历史之中加以消化与转化,以求在中国传统文化的话语体系和思想表达方式中,探寻人类走向和平发展的智慧结晶。展览旨在基于当下"人—技术—自然"共生的人类境况,将中国传统文化中的"境"作为一种原理性观念,从"元(META)"所提示的超越时间的态度出发,基于中国寻求现代化过程的经验,以新媒体艺术实践为媒介,通过"造境"的美学方式,在情与景、虚与实、心与物的应用与呈现中,展现中华民族认识世界改造世界过程中所形成的"理解结构",讨论人类为未来世界的共存所设定的文明路标。

展览选择了分别出生于20世纪60年代、70年代、80年代的徐累、王郁洋和刘佳玉三位具有代表性的艺术家。他们的共性在于对东西方文化的深刻理解和使用创新的实验性艺术表达,他们的创作可以让国外的观众更易于获得对中国传统文化的认知。

展览还选择了一个由中央美术学院艺术与科技研究院和清华大学脑与智能实验室的学生共同用人工智能深度学习的方式创作的一件作品。近年来,越来越多的小组创作被学术界认可,因为它可以带给人们很多新的思考,现在跨学科合作越来越多，需要的知识的连接面越来越宽，一个问题多视角的研究所呈现的价值也越来越大。这也是小组创作第一次进入威尼斯双年展。

审美的内容范围比艺术专业的活动更为宽广，审美可以进入包括物理空间和精神空间的各个领域。如果美育的概念是通过陶冶人的性情，通过视觉、听觉的感知，作用于人的心灵，提高人文素质与科学认知，那么美术馆的任务则是为大众提供更具文化艺术内涵与价值的传统艺术，也不断地推出具有未来价值的创新艺术，并能为观众提供专业的策展，为观众提供一条能够深度认知艺术体验的观看线索，引发观众的共鸣，以独特的感知，在愉快的体验中获得审美的放大，不断地启迪自己的新认知。

总而言之，美术馆是以当下艺术以及热爱艺术的各界人群，形成共同推动社会整体认知与审美的发展。人们对艺术的认知，随着对世界的认识在同步发展。现代艺术、当代艺术的观念，也在颠覆人们传统的认知，尤其是近几年科技的发展扩展了对很多领域的重新认知。美术馆是推动人们从艺术视角认知世界的重要平台，通过学术研究、展览展示、教育学习，不断推动人类的审美发展，也在对审美的定义中，让每位观众都能够用发展的创新思维，在认知中找到每一个人通往未来的精神家园，获得与时代同步的审美发展。

丝路艺术的美育价值与启示

张鹏，中央美术学院教授、博士生导师、学报编辑部主任、《美术研究》杂志社社长、丝绸之路艺术研究协同创新中心副主任兼秘书长，中国社会科学评价研究院中国人文社会科学期刊评价专家委员会艺术学美术学专家委员会主任

丝路的重镇敦煌，《汉书》讲：何为敦？就是大；何为煌？就是盛。就是盛大、雄强之源，这是从一个历史发展的角度来看。随着全球化的发展，中国提出"一带一路"倡议，提出构建人类命运共同体。一方面追踪溯源，另一方面也希望在文化艺术方面有所拓展，这就需要重新去认识丝绸之路的文化内涵，走进以敦煌为代表的丝路文化。从学术的角度去梳理、去认识、去了解，才能够真正做到创造性转化、创新性发展。

20世纪以来，内忧外患、家国情怀激发了一代知识分子的精神诉求、人生探索，形成了近现代以来中国艺术发展的大变革。从北平艺专到中央美术学院，一大批艺术家到西北包括到边疆写生，到丝路沿，线到敦煌、麦积山等的石窟临摹、考察、创作，是20世纪中国艺术史发展的一个非常重要的线索。它是一种超越专业学科界限，会引发很多广泛的回应，形成通天人、合内外的一种时空维度。

比如徐悲鸿，中央美术学院的老院长，我没有查到他亲自去敦煌的记载或者到西北的艺术实践，但是他有专门的文章谈敦煌艺术，谈丝路遗产。我在《美术》杂志发表一篇文章《现代性溯源——徐悲鸿对中国画的另一种反思》，爬梳了徐先生强调民族形式的形成和对唐代中国文艺高峰的认识，以及徐先生对在丝绸之路沿线进行临摹、创作的艺术家们给予的极大鼓励，对于这样一批画家的帮助也是非常巨大的。

孙宗慰，1934年，刚20岁出头，就考上了南京的中央大学，之后就一直追随徐悲鸿，徐先生非常赏识他，也写了"尊德性，道问学。致广大，尽精微。极高明，道中庸"以资激励。他早先学油画受到徐先生的指导，觉得他非常有才能、有抱负。1938年之后迁校到了重庆，他又加入了中央大学艺术系的战地写生团。1936年，他在中央大学读书时，和当时也在这个学校任教的张大千一起去黄山写生，1941年，张大千去敦煌需要助手，时任中央大学艺术系主任的吕斯百就把造型能力非常强的孙宗慰推荐给张大千，此后他与张大千在甘肃、青海一带共事了两年的时间，中间有些波折，孙宗慰又滞留兰州，那段时间他完成了藏族妇女歌舞图的一些系列作品，就是蒙藏风情的系列创作，形成他人生艺术的一个高峰。孙宗慰作为张大千临摹的一个主要帮手，他还对敦煌艺术进行了非常系统的整理研究，应该说在这方面孙宗慰是一位先驱。作为西画出身的他，在敦煌的这段时间，系统研究了中国的传统绘画艺术，包括对敦煌的壁画彩塑的写生、临摹。尤其可贵的是，他的创作包括他的写生，融合了很多的个人情感和新现实主义的一些艺术元素在里面。我们在张大千的作品中可以看到他们二人的一些互动的影子。他的一些临摹作品，更多注入了人性的自然的亲切感。中央美院的美术馆收藏了不少孙宗慰的临摹作品，他的一件著名的作品《北平艺专迎接北平和平解放》也入藏了学校美术馆，成为校史的重要视觉图像。

孙宗慰一行从兰州到敦煌沿途的很多风景，他也留下了大量的写生，他把宝贵的西行经历形成了丰富的视觉经验，所以他说自己学习用传统的中国画法来表现蒙藏人的生活。在他留存下来的作品中可以清晰地看到他的有意识的创新和表现，他对人物形体作了极为大胆的变形处理，但这种变形又是一种适度的和有节制的，是着意追求他自己的独特的语言，可以从这套完整的蒙藏风情图卷中看到这种艺术的高点。另外，作为一种对自然生态和人性情感的追求，他对骆驼的表现尤为吸引人，那种近乎夸张的眼神的处理，乃至刻画得极为详尽的睫毛、唇口，洋溢出的饱满、跃动的生命意趣，显示出无穷的魅力。此外，孙宗慰对色彩，尤其是对比色的运用，比如《蒙藏女子歌舞》，浓郁饱满的色彩，动态下衣物呈现出的线条美感与厚重感，都展示了天才的意象。他是1942年到塔尔寺庙，然后开始学习、收集寺内的建筑纹样等来整理画稿，学习用中国画法来表现生活。他巧妙地把中国画不露痕迹地融入画面里，像《塔尔寺小金瓦寺》里画面右侧下部的喇嘛形象，以及盘坐在庙堂屋檐下面的僧侣，吸收了敦煌佛像和中国古代高古人像的意涵，红色的浓郁饱满是画面的亮点，更是艺术家大胆的突破性的呈现。再者，孙宗慰有一大批专门画背影的作品，一人背对画面，动态微妙，服饰繁复，仿佛中国画的留白，亦引发无穷的遐思和想象，是一种意味深远的创造。

孙宗慰在教学上也有很多的影响，像靳尚谊在一年级就是孙宗慰教学，靳先生说当时孙先生的画和他的为人一样，是内敛的，是有意思的，是有一种自然的东西，现在也是不多见的。也就是说，他诚心诚意去表达非常真诚的东西，尤其是反映少数民族的作品，非常安静、非常淳朴，厚重典雅不轻飘。孙宗慰对艺术的追求非常单纯，就是脑子里没有那些乱糟糟的东西，是以谦虚纳物的胸怀来作画。韦启美也说他"成各家，善于运用，不着痕迹，自有我在"。赵友萍有很高的评价，说他"笔笔皆画，画面上没有飞过去的东西，一笔笔都有内容"。孙宗尉是那个时代最早一批走向西部、追求民族艺术发展的艺术家，通过努力尽其可能地发挥了自己的实力，所以也引发了学术界越来越多的关注和研究。

董希文，1914年出生于浙江绍兴，家里有着丰富的艺术氛围，接受了艺术启蒙。后来他辗转到了苏州美专、国立杭州艺专、上海美专、越南河内的法国国立安南美术专科学校以及国立艺专去学习，可谓转益多师。

《苗女赶场》是董先生代表作之一，是现当代美术史上的经典之作。一方面他很熟练地运用了西欧传统油画的技法，另一方面他对形象的刻画，运用了一些中国传统绘画中的线描。虽然刚走出校门，但是可以看到董希文对中外艺术传统都有很好的素养，以及勇于探索艺术表现力的一种心性。1943年，西北艺术文物考察团在重庆举办敦煌艺术和西北风俗写生画展，令董希文非常震撼，敦煌保存了中国历代壁画和艺术元素，他觉得这可以启发他创作的灵感，所以他一定要去敦煌，只有到了敦煌看那些壁画才能找到突破口。1943年，他就带着妻子到了敦煌莫高窟，除了临摹也测绘、记录、考察，形成一种自觉的工作。后来艾中信回忆时说："董先生敦煌壁画是在原色的对照里面去取得这种调和，在强烈的对比中求得整幅色彩，在交错中发散出来的色的光辉。"在人物塑造方面敦煌壁画不依靠明暗法，但是它的质量是非常高的，而且非常令人折服。这是和董先生下的大的功夫离不开的。这些自觉的工作，一方面，加强了对民族传统文化的理解，增强了探索的信心、决心，体会到艺术创作要体现时代精神，反映民族情感、审美趣味；另一方面，对于创作技法来说是在色彩方面，临摹时候要还原最初绘制时的色彩状态，所以他也为敦煌壁画的色彩研究作了一些开拓性的探索。艾中信评价说："董希文的造型手法很独特，是和他临摹敦煌的人物关系比较大。"无论他的造型手法还是色彩的妆型风貌都受敦煌这样的一个影响。从《扎西跳跃》《云南驮马图》等，都可以看到敦煌艺术的影响。

抗战胜利以后，董希文就回到内地，徐悲鸿聘他为副教授，评价他的作品"场面伟大，作风纯熟"。他特别喜欢北魏的画风，另外一件经典作品《哈萨克牧羊女》借鉴了敦煌北魏壁画的风格，用铁线游丝描吸收了北魏艺术中刚健奔放的线与形的表现，以及敦煌壁画中的一些造型元素。董希文是油画中国风的一个倡导者，也是一个践行者，这一点和他对中国传统文化的素养认识是密不可分的。他父亲董萼清是浙江绍兴非常有名的收藏家，董先生把数百件家藏的古代书画捐赠给了故宫博物院，然后他自己又精于鉴赏，对书画、陶瓷、明清家具都有很好的鉴藏眼光。所以新中国成立以后，故宫很多收藏的文物都经过他的过目来审定，对中国传统文化的广博知识也使他能够站在一个更高的层次上来看待艺术发展的问题。

20世纪50年代初，举国高昂的革命热情也感染了董希文，围绕新中国的主题创作和教学的展开，他的艺术也经历了比较大的转型。他年年都会带学生去丝路沿线，去敦煌、麦积山这些地方考察、写生。另外，画室制本身也让他的研究范围变得比较广泛，从古典精神到巴洛克再到后印象主义塞尚、野兽派的马蒂斯。看他的作品《红军过草地》，他也追求色彩的精神性，所以用冷蓝、黑棕作为画面的一个基调。有一点淡淡的灯、火苗的光色，天空的夜云用惊天地泣鬼神的艺术表现，不是概念化、一般化，而是有非常强烈的现代精神色彩的表现性。这也让我们联想到敦煌隋代的一些壁画。这种精神性色彩的处理方法在后来的《春到西藏》《百万雄师下江南》都有不同的体现。

董先生最著名的作品就是《开国大典》，有一幅草图，大家都知道他的故事，2018年学校百年校庆的时候找到了这幅草图。他先画了一个草图，然后就经常揣着这张草图去征求各界人士的意见。这个草图一个创造性的突破，就是毛主席站在一个靠近中间的位置，然后其他领导人都在左边三分之一的画面，右边是广场群众，这样一个左实右虚、相差悬殊的布局。按一般的构图规律来看好像失衡，但是在这里很好地突出了盛大的节日气氛。另外按正常规律，主席的右边应该有一个大红柱子，但是草图里面就把它抽掉了，广场就显得非常开阔。为了慎重，董先生还请教了几位建筑学家，梁思成评价说：画面右方有一个柱子没有画上去，这在建筑学上是一个大错误，但在绘画艺术上却是一个大成功。这件作品前后数次修改，已经是美术史研究中的一个经典案例。他曾说："我开始创作《开国大典》，就企图把它画成一幅与平常西洋风的绘画不同的、具有民族气派的油画。但事实上不等于说现在画面上画面效果已经完全是民族化了，要成为民族形式的油画还有待于今后的继续尝试。"这是他创作中的一个思考，或者说创作中生发的问题意识。他还继续反思："另外我也想到，今后自己的创作不一定要按照这个继承的模样固定下来，否则反而会限制了自己在今后创作上更进一步对于民族形式的探讨和发展，甚至更严重的可能会产生那种妨碍现实绘画表现力、膨胀形式主义的偏向。"这就是大艺术家的问题意识和他不断的反思。他对大场面的掌控、对色彩的把握，其实都可以看到敦煌的影响，一个总的意图是让整个画面能够更充分地去传达这样一个伟大的主题、伟大的气派出来。

当然还有一个值得关注的方面是，董先生是最早关注西藏题材的画家。

他曾经先后三次入藏写生创作，董先生对现代中国壁画的复兴有非常强烈的期许，所以他一直在催生新中国壁画运动的兴起，他重视每一个创作壁画的机会。像《春到西藏》，对主题性的把握，对画面色彩的处理，以及材料上所下的功夫，以此点出春到西藏的意象。《千年土地翻了身》是继《春到西藏》之后又一件精品力作。泥土就是命根，土地滋养了整个人类，他有很多创作去表现翻土耕地这种主题。人物后仰的动势，牦牛无须扬鞭自奋蹄的对角线的一个英雄主义的构图，包括蓝天、雪山，然后有一个桃红的衣服，画面整个色彩一下子就亮起来，后面有一个解放军把主题点出来，前面土地的表现其实完全是一个中国画的笔墨，黑白灰的层次、布局、理性的逻辑，还有非常强烈的精神的意向。《喜马拉雅山之歌》也是他的一件精品，是为人民大会堂西藏厅作壁画的草稿，这种诗意的中国画的民族性的特色是一种诗情画意。董先生的《苗女赶场》《哈萨克牧羊女》《喜马拉雅山之歌》，三件作品都非常经典，某种程度上可以说是他最想走的一条路。中央美院学报《美术研究》在1979年复刊的第一期就选择刊发了这三件作品，是文艺的春天的一个表达，也是对董先生成就的致敬。

吴作人，是徐悲鸿的大弟子，是中央美术学院后来的掌门人，是一位融汇中西艺术的大家，是徐先生之后美术界的一位领军人物。他在1927年的时候上了上海一所大学，之后去了南国艺术学院美术系，体验到了文化艺术和人民大众的息息相关，所以他树立了"艺为人生"的思想或理想。后来参加南国革新运动他就被学校给驱逐了，然后徐先生就帮着他到欧洲留学，他考上了巴黎高等艺术学校。但是因为学费过于高昂支付不起，又是徐先生帮忙，就转到了比利时布鲁塞尔皇家美术学院，获得了助学金，学习非常纯正的西方油画艺术。他有根深叶茂的中国文化雅正清纯的特性，又广泛地鉴赏了西方艺术大家的一些名作，像《男人体》等作品，就是他对人体基本练习的体现，严谨、简练、概括，形体达到高度统一。吴先生广泛学习西方艺术的名画名作，但是他"当时的内心独白是我绝不被征服"。基于中国文化的学养和他所受到的严格训练，以及他的家国情怀，所以他在艺术语言上就进一步提炼，用笔很简约，造型又不松散，能抓住很多关键的结构要点。后来留法学生筹组画会的时候还写信征求他的意见，他回信说："艺术的是入世的，是时代的。所以艺术家要亲尝水之深，火之热。"1935年，徐悲鸿邀请他回国到中央大学艺术系任教。他就带着妻子李娜回国，他看到了东北、华北国土被残噬，大声疾呼要以正义感为基础，强调艺术创作是心灵的反映，是宇宙的兴感来创造。

吴先生一直呼吁艺术的动向要跟随着社会转移，呼吁正直的艺术家在民族艰危的时候要以笔作刀枪。他后来组织战地写生团，孙宗慰也跟他一起作宣传。但1939年妻子不幸病逝，他过度悲伤导致左眼一度失明。休养一段时间后，他就决心从人生的阴影和重庆陪都让人窒息的气氛里面走出去，到大西北去写生、去画画、去艺术考察，所以他有两次西行写生，第一次是1943年4月到10月半年时间，第二次是1944年6月到1945年2月大半年时间。他画玉门矿区，临摹敦煌的壁画，从中国传统里面建立一个新生命、新形式的观念，他说敦煌壁画给他这样的信心和自觉。吴先生也有很多的临摹作品被收藏在中央美院的美术馆。他说到二朗山、过大渡河，去康定、过草地，深入藏族同胞少数民族的地区创作，"不仅磨炼了我的意志，更磨炼了我的画笔"。他二次西行的时候到康定、跑马山，画了很多自然的人文景观，包括康青公路的牧场、山居，尤其他对这个地方的牦牛还很感兴趣。《打箭炉的少女》《藏女负水》是这一时期不可多得的佳作。艾中信后来评价《藏女负水》时说，这个作品非常清明，他在吴先生的油画上还没有见到过这样的蓝天白云和明丽的阳光，幻想出一幅沁心的和平景象。这是他接触到高原人民生活和敦煌石窟艺术以后的一个非常鲜明的风格转变。应当指出，这和他开始致力于水彩画、水墨画是分不开的。画面里藏族姑娘背水桶很简练也很概括，作了一个大关系的把握，但是又感觉很丰富很完整，她和背景的描绘手法其实是统一的。可以感受到，吴先生的主观精神和现实生活息息相通，可以看出他的艺术进入了一个新的阶段，他早期画《纤夫》，后来画骆驼、牦牛，这种审美追求其实是一脉相承的。

发现西部某种程度上是和抗战有关系的，吴先生和一批艺术家到西部，他的用色，他的线条表现包括对色彩阴影的表现，其实和敦煌关系密切。1945年，他回到成都，在重庆举办了个人的展览，创造性地把东西方绘画观念融为一体，倡导新兴艺术的新风。此后他就潜心研究中国画的革新，西行的一些物像一直没有离开过他的画面，包括对水彩和中国画之间关系的理解、追求表现的手法。1945年办个展是一个转折点，因为他后来画风就有很大的变化。20世纪50年代以后，他潜心中国画创作，和之前的审美追求是一致的。新中国成立以后，在敦煌以及丝路沿线写生、考察、临摹、创作上，吴先生都应该说是一个领军人物。前面提到20世纪50年代徐先生在《文物参考资料》发表了一篇文章《我对于敦煌艺术的看法》，同一期吴先生也有文章谈到敦煌的问题。他还有《永靖石窟群勘察工作现场》的写生，还有像《麦积崖石窟群》等作品，并且写了大量的考察日记和笔记。

后来吴作人出任中央美术学院院长，他有一个认识，即反对有闻必录的自然主义，反对繁琐的所谓细致逼真。如果要培养一个画家必须在他拿起画笔的第一天起就要提出简练的问题，而且要终身服膺之。他提倡"师造化，夺天工"，认为艺术作品的创造是艺术家的兴感和冲动，艺术创作里边要有这种热烈的情绪，要有这种丰富的生命，流露出这种民族的特性，这样才能使自己的艺术创造成为人民的，也是民族的。这些教导对我们来说，都是振聋发聩的。

靳尚谊，2022年8月，北京南池子美术馆举办了"我与敦煌"展览，其中展出了1978年靳先生在敦煌用油画写生的六幅作品。靳先生在每个阶段，都是在解决问题的同时，还不断地去生发问题。

靳先生临摹敦煌的最美菩萨，是一批用油彩模仿中国古代壁画的作品，是他用油画色彩、造型，然后探索中国传统艺术融合的一个尝试。所以通过对中国传统的学习，他其实也在思考一个创作的问题，尤其是追求中国风，应该说是每个中国油画家的一个自然反应。他在20世纪80年代出国之前画黄永玉，用黄永玉自己画的荷花传统元素作背景，是对中国风的一种探索。

《归侨》也是用中国传统壁画作为油画创作的一个背景，这一点靳先生算是首当其冲的一个尝试。他有意用平光来表现中国人的造型特点，突出一种平面的效果，然后又让这个画面能够尽量做到厚重的层次感。《塔吉克新娘》的完成产生很大的轰动，他运用古典形式突出体积感的方法，达到西方造型体系的审美要求。但是他画完这件作品有一个反思，《塔吉克新娘》还是有欧洲人的特点，而中国人面部的线条比较平，怎么来凸显这样一种体积和层次感，这是他的问题意识。然后他就选择了一个当代城市女孩儿，《蓝衣少女》就是用侧光来表现脸部，显示这种体积感的魅力，他还参考了一点拉斐尔前派的手法，古典的带有装饰性的象征手法，就是既有中国特色又有西方油画的表达方式。《青年女歌手》是尝试用这种平光来画人物，表现手法有中国特色但是难度极大，恰好当时参观了天津博物馆收藏的范宽的《雪景寒林图》，于是以这件作品作背景表现一种中国风，是非常有魅力的一个尝试。他主要是创造了中国绘画的一种样式，其实是对两种文化的互补性提供新的认识。从《蓝衣少女》到《青年女歌手》再到《果实》，西方油画的表现方式和中国的艺术元素结合起来，就形成了一种新的审美意涵。

所以靳先生后来说，他最大的收获就是中国人要能够熟练地掌握西方油画技法，在表达自己审美追求的时候又能兼顾中国的文化内涵，这是和西方不同的中国意境的审美。此后，靳先生还有一种尝试，就是油画水墨画的有效结合。他画了黄宾虹、八大、石涛，包括山形笔墨的感觉、山形的结构关系等。然后把比较复杂的颜色关系变成跟墨有关的相对比较单纯的颜色关系，又保持油画的色调，作了一种有意思的探索。

20世纪90年代，靳先生又有了新的问题意识，要吸收一点西方现代的东西，因为中国没有经历比较完整丰富的现代主义艺术启蒙，直接进入了后现代主义的观念艺术，中间是有断裂的，所以他提出补上中国艺术现代主义这一课。然后他就开始身体力行，把中国传统艺术和现代艺术的色彩、构型进行融合实验，在2015年和2017年举办了很多次个展，展出了一些作品，也是对现当代以来中国油画发展历史的一个研究、一个深入或者说一个反思。

其实绘画的艺术语言是表现思想的语言，但它也就是一种语言，任何高超的手段其实都是成就伟大的条件之一，语言的研究不是最终的目的，只是迈向辉煌的方法和过程。所以 2015 年、2017 年举办《自在途程》靳先生的油画语言研究展，他就说，这个事儿还没有完。他的理想就是，中国油画不再是如边缘文化那样走向世界，而是让油画真正走向自我、走向中国。我们当时都非常感动，一位 80 岁的老先生能继续在这样的艺术之路上探索。

最后，谈谈中央美术学院对丝路艺术的学术研究，其实在美术史研究领域中央美术学院的学者们也一直走在前沿，像金维诺，他就是中国美术史发展非常重要的开创者之一。他的研究应该说是开创了敦煌学的一个重要分支、中国宗教美术研究的一个新的局面。他的研究领域是非常广阔的，在今天学科划分越来越细、学科壁垒越来越高的情况下，其实也给了我们很多的启发和教育。北大季羡林主编的《敦煌学大辞典》非常经典，那么他就认为金维诺的《祇园记图与变文》是把变文文学和变相美术进行交叉的研究。他是把敦煌的经卷和石窟艺术包括壁画、雕塑等，进行了一个综合的立体的研究，这在整个敦煌学发展史上标志了新的突破、成熟化以及高级化。也就是说，金维诺对敦煌学两大部类，即石窟艺术和史地遗书等文献的丰富交融具有特别重要的作用。金先生跨越了学科的界限，把最新的考古发现资料和经典的史籍文献材料、图像材料有效地结合起来，这一点是独具眼光的，学术研究意义重要。所以他有关祇园记图的研究是美术史学科领域的一个拓展和学科地位的一个奠定。

金先生的一些史论研究刊发在《文物参考资料》《美术研究》等学术刊物上，以这种纯粹的学术研究作为基点，他还有一些关于创作实践启发的论文，发表在《美术》等学术兼创作研究的刊物上，背后的主旨有它明确的问题指向。他是面对不同学科的建设和学科的建制的思考，以及为美术史专业在艺术院校建制的合理性、合法性，提供了一个非常坚实的理论路径。我最近发了一篇文章《丝绸之路艺术研究的建构与美学价值——兼论学报美术研究的学术专栏建设》，就是梳理了金先生当年办刊与学术研究的思考。所以金先生那一代学者的研究，见识的维度是比较宽广的，是一个多学科的共同的推进，是一个大文化史发展的事业，所以才会产生非常重要的影响。我们在中央美院校史馆可以看到一张照片，是20世纪80年代中日两国学者合作出版《中国石窟》，这是一张在全球的学术视野和学术话语权里非常经典的照片，囊括了当年丝路研究、敦煌研究领域的学术泰斗，包括左起金维诺、长广敏雄、夏鼐、常书鸿、宿白、东山健吾。所以，金先生那一代学者，用他们非常富有见地的研究促进了敦煌学的学术发展，推动了中国宗教美术史研究的进步。

2000年，在藏经洞发现百年国际学术研讨会上，金先生发表了《吐蕃佛教图像和敦煌的藏传绘画遗存》一文，这应该是他20世纪50年代的一个发现，然后数十年来不断积累，结合了海内外最新的成果、最新的研究，包括藏文释读、经典造像元素的视觉资源等，最终形成的这样一个学术成果，对藏传佛教美术的研究作出了开创性的贡献。他后来也带出了一支藏传佛教美术史的学术队伍。所以在21世纪的今天，敦煌学成为一个国际性的显学，金先生开创了敦煌学和中国宗教美术研究的一个新的局面，推动了这样一个史学研究的进步。

以上例举了从敦煌丝路沿线和北平艺专到中央美术学院的五位艺术家和艺术史家，他们在20世纪三四十年代，以艺术家丝路沿线的西行为契机，传承了中国文化的精神脉络，从国立北平艺专到中央美术学院这样一个发展，也可以看到西行丝路艺术实践的深远影响。今天中央提出共建"一带一路"倡议，古老的丝绸之路也焕发出了新的生机活力。从丝绸之路文明、和谐、交融的启示出发，梳理中国文化艺术和丝绸之路的内在关联，重新审视丝路精神的当代意义，在"一带一路"的文化版图里去探索丝绸之路的当代路径，其实都是非常重要的研究课题。

所以，中央提倡创造性转化和创新性发展，我们也会牢记徐悲鸿先生的教导："借助他山，必须自有根基，否则必成两片破瓦。"

美育与美展——近代中国美术公共性的兴起

于洋，中央美术学院教授、博士生导师、科研处处长，中国美术家协会理事，中国高教学会社科分会常务理事，北京青年艺术发展促进会会长，中国艺术研究院美术研究所特聘研究员，中国国家画院理论所特聘研究员，著名美术评论家、美术史学者、策展人

"美育"是一个比"美展"更大的范畴。审美的公共性构成了美育的重要向度，也就是大众美育和社会美育。百年以来中国美术从精英性到大众性的转换，如中国传统艺术的演进，包括油画等外来画种的民族化进程，其实都牵涉审美的公共教育这一课题。与之直接相关的便是美术馆和美术学校，两者之间有交集和互动，共同指向了近代中国美术的公共性与社会性的话题。从中国近现代美术史、美术教育史和美术馆展览史相交汇的发展历程之中，就可以看到美育和美展的内在关联。

美术史从某种程度上来说也是一部展览史，特别对近现代中国美术而言。因为美术作品正是通过公共展览而为美术界和社会各界所熟悉和认知的。20世纪90年代末期，曾经有一些学者提出美术史研究的社会学转向。比如从现代主义、社会学、后殖民主义、女性主义等诸多角度进行研究，这些都是社会学的转向。后来也有人提出财经学的转向，特别是随着艺术市场的发展。而在近十几年的时间内，可以被称作美术馆学的转向，因为从中能看到美术馆的重要作用。当然这也是对美术史研究方法的反省，从方法论的角度，特别是做个案研究，往往容易"只见树木不见森林"，所以需要在整体美术文化的生态情境之中进行观照，而美术馆和美术教育则能为美术史研究提供新的视角，使我们挣脱出来建构统观的思维，引用董其昌在画论中提到的"透网鳞"，这是一个生动的比喻。学术研究就是要做到"透网鳞"，这

实际上是一种很微妙的状态，也是研究近现代美术、近现代美育应有的态度。此外，作为方法论上的反省，"精英"与"大众"的关系，也是20世纪中国美术史上非常重要的问题，比如"美术革命""艺术为人民服务"等口号。近现代美术创作的整合和接受的过程，应该说是伴随着内发性和外发性的不同脉络，也就是我们所说的美育和美展之间复杂而微妙的关联，下面作一个简要的梳理和回顾。

首先，来看一下早期美术馆展览的公共属性。美术馆是人类进入民主时代的产物。于本质而言，美术馆就是使原为君主、宫廷所有的艺术品，变为公众所有、大众共享，所以它是文化民主时代的产物。1789年法国大革命以后，首开了美术大众化的先例，把以往的王室收藏变成了卢浮宫的公开陈列，在1793年建立的卢浮宫，作为国立博物馆至今已经有200多年的历史，让宫廷中的艺术品进入公共空间，是一场巨大的革命和文化接受的重要转变。

随之而来的就是美术观念的现代性转型。20世纪上半叶中国的美术馆、博物馆、博览会、美展这些现代文化形式都是西风东渐的产物，也与蔡元培将美术作品由私有变成公共的美育观念密切相关。美育这个词跟蔡元培"以美育代宗教"说有着千丝万缕的关联，而他也曾提道："美术馆就是要把人类的精神财富公之于众，为人们提供一个共享的场所。"他在《美育实施的方法》中提出了建立美术馆和举办美术展览会的设想，这是很有趣的历史事实，在100多年前的1922年，蔡元培实施美育的方法其实是很具体的，并不只是"以美育代宗教"这样一个宏大的导向。

蔡元培留学德国，他的美育思想与其在留学时学习哲学、文学、文明史、人类学、教育学、心理学、美学和绘画艺术理论的经历密切相关。所以他对于美术、艺术而言颇为内行，包括他的女儿蔡威廉也是中国近代美术教育里面的一员干将。蔡元培在1919年发表了《文化运动不要忘了美育》一文，指出"专门练习的，既有美术学校、音乐学校、美术工艺学校、优伶学校等，大学校又设有文学、美学、美术史、乐理等讲座与研究所"。这实际上是从学科的角度提出了美术史、美学等概念。所谓"文化运动不要忘了美育",就是要把美育作为新文化运动的重要链条加以推广、实施和深化。实际上早在1912年,蔡元培在出任中华民国第一任教育总长、大学院院长的时候就提出了公民道德教育、世界观教育和美感教育三位一体的教育方式。

同样在"以美育代宗教"说中,蔡元培也引用了德国哲学家康德的"知、情、意"理念。"知"就是知识,"意"就是意志,"情"就是感情,他认为:"吾人精神上作用,普遍分为三种:一曰知识,二曰意志,三曰感情。最早之宗教,常兼此三作用有之。"这是"以美育代宗教"的根本立论。蔡元培的美育理论不失为一套完整的理论体系。理论往往需要实践的验证,从100多年前"以美育代宗教"说的提出,到今天我们在新时代又重拾美育、重视美育,是一个很有意味、同时又很有意义的文化现象。

20世纪20年代创办的《美育》杂志,同样也是20世纪美育发展的重要成果,从它的目录可以看出其兼有对美术教育、美育、艺术创作、艺术理论等多方面的讨论。按照蔡元培的说法,知、情、意的作用都曾经依附于宗教,所以美育的具体实施除了学校教育之外,还有公共性的公园、博物馆、美术馆、展览会等大众化的空间。就像今天很多的开放式美术展览,有着渗入大众文化的最日常、最底层的趋势,体现了"精英性"和"大众性"的结合。今天很多所谓"破圈"的展览,有互动、沉浸式的多种形态,已经远远不止于传统静态挂画式的美术展览,因此美术展览应更为立体、温润和深入。

当时蔡元培强调美育对人的精神陶养,其重要成就就是创立了国立北平艺专,也就是中央美术学院的前身。国立北平艺专和十年后成立的国立杭州艺专是蔡元培"以美育代宗教"思想最直接的实践。1928年,在北平艺专担任了几个月校长后南下赴杭州的林风眠曾意气风发地说:"西湖可能成为中国的佛罗伦萨,中国文艺复兴的发祥地。"可见,中国美术与美术教育的发展,有着参照西方文艺复兴的特性,与西方最经典、最高水准的艺术有着平行关联。因此,美育的思想天然地带有一种现代性,它跟传统意义上"四书五经"的私塾教育、"成教化,助人伦"的画学思想和"志于道,据于德,依于仁，游于艺"的儒家君子规范完全不一样。它是一套现代、或者说舶来的思想，与本土文化充分结合的产物。

包括"美术"的概念，其本身也是一个新词。现代汉语中的许多词汇都是经过译介日语、拉丁语等外语产生。"美术"这一词汇到今天也不过100多年的历史，其在中国古代并不存在。与美术直接相关的艺术这一概念，很容易让人联想到古人所说的"六艺"，即"礼、乐、射、御、书、数"，其所谓的"艺"也远远超过艺术的范畴，而更倾向于"技艺"。"美术"最早来源于法语，意为美的艺术，翻译成英文就是"the fine arts"，"美术"作为一个新词在中国的播布和宣扬，与鲁迅有很大关系。1912年，鲁迅曾任职于教育部，主管全国的中小学校、博物馆、美术馆，因此他相继发表了题为《美术略论》和《拟播布美术意见书》的演讲，对"美术"的概念、类别、目的和颁布传播等问题予以普及和推广。因此，鲁迅不仅是中国近代木刻之父，深刻地启发了"新木刻运动"，并对后来延安鲁艺的木刻产生过重要的影响，同时也是"美术"这一概念和美术馆的积极推广者。

通过鲁迅推广美术的史实，可以发现另一条发展线索——博物馆。今天对于博物馆的想象或许是一个巨大的厅堂，以展品为载体陈列着先秦至今的历史，但今天博物馆的概念实际上与其早期概念有些许微妙的不同。最早对其的翻译就是"Museum"，"muse"就是缪斯，与艺术有直接的关联。但实际上今天博物馆的涵盖远超于艺术，它更多承载着文化、社会、政治的历史叙事。

其实中国最早的博物馆建设距今也有100多年的时间了，是1913年主张实业救国的张謇投资建设的"南通博物苑"。一直到今天，"南通博物苑"还没有将"苑"改为"院"，以凸显其第一身份。与之相关的另一路径，便不同于实业家的投资建设，而是将原来的宫廷、宫苑转建成博物馆。比如1912年，蔡元培建议在国子监的旧址筹建历史博物馆，实际上也可以视为今天国家博物馆的前身，这与张謇出资在南通成立的具有强烈实业救国意识的博物馆不太一样。

国内最早真正意义上的国立美术馆，是 1936 年于南京建成的国立美术陈列馆，1937 年 4 月就在该馆内举办了声势浩大的第二次全国美展，对 20 世纪中国美术的影响深远。较为早期的还有天津市立美术馆，由严智开于 1929 年筹建成立。天津市立美术馆最早是在公园里面，体现了美术的公共属性。严智开本人也是一位美术教育家，他在担任过一段时间北平艺专的校长之后，赴天津担任了市立美术馆的馆长，可见兴办学校和兴办美术馆的共通性。

此外值得注意的是，今天的天津美术馆和博物馆是一体的，两者拥有同一个独立法人，实际上这也可以追溯至 1916 年的天津博物院筹备处，可以说开国内之先河。因为严智开曾经办过学，所以他在成立市立美术馆之后，得到了教育局的特别批准并在美术馆内主办美术研究组，类似于社会办学的精英班，起到了非常重要的美术教育作用。其中涉及的科目有中国画、书法、西画、摄影、邮票绘制、篆刻等，较为全面，因此有人就直接称之为天津市立美术馆中的美术学校。当时中国美术教育的兴办受日本和欧洲模式的影响很大，严智开曾经在 1934 年时担任过北平艺专的校长，该校的学制基本效仿了东京美校，而国立西湖艺专则是仿照巴黎美术学院，这是两个不同的系统。而天津市立美术馆中的美术学校，俨然也具备现代意义上美术学校的规格和功能。

其次，来看美术教育体制层面的探索。最早洋务新学阶段的师范教育，是通过晚清时期实业学堂的探索，来以欧洲和日本的西洋美术教育体制取代传统的私塾和书院体制。

在整个历史进程中，可以看到中国早期的美术教育走过了三个不同的阶段。其一是新式师范学堂阶段。在清末洋务新学的背景下，仿照日本的学制来建立师范学堂的图画手工科。其二是私立美术学校阶段。新文化运动期间，陆续建立了一些私立美术学校，如上海美专。其三是公立美术学校阶段。如 1918 年成立的国立北京美术学校，便是中央美术学院的前身。从五四至抗战之前这一历史时期，实际上也是蔡元培美育思想得以推广和实践的重要阶段。从中可以看到，中国近代的美术教育体制，走过了从师范学堂到私立美术学校再到公立美术学校的步骤，在综合性体制的相互渗透中得以发展。

其一，新式师范学堂。1903年，时任两江总督的刘坤一响应清廷的号召开始改制，改学院、书院为新式学堂。在今天的南京开设了三江师范学堂，所谓三江就是江苏、安徽和江西，后来改为两江师范学堂。在两江师范学堂时期，主持学堂教务的是画家李瑞清，他开设了图画手工科，并大量聘用日籍教师担任西画和手工课的教习，体现了兼学中西而不忘传统的理念。他把画家萧俊贤聘任为传统书画的教习，后来萧俊贤则到了北平艺专任中国画系的主任，还曾做过一段时间的代理校长。在这一过程中，师范学堂的教育较为纯粹地引入了日籍教师，颁布了新式的学制。

在正式取消科举制的1905年之后，李瑞清更是把图画手工科具体细分为素描、水彩、油画等课程，和今天的造型学科已经非常接近了。正如姜丹书所言："南京两江优级师范学堂的学生是我国第一辈的艺术教育师资"。如汪采白、吕凤子、沈溪桥、姜丹书等重要的美术教育家，便受教于两江师范学堂。其中的吕凤子，他从两江师范学堂毕业之后，便在上海创办了私立美术学校神州美术院，还历任北京女子高师教授兼绘画科主任、上海美专教务主任。民国时期很多画家、教师在学校之间的流通非常频繁，整体而言当时的人事制度并不严格，这当然也有其一定的局限性。还有姜丹书，他从两江师范学堂毕业之后赴浙江两级师范学堂任教，其间开设了最早的应用解剖课和透视课，可以说作出了卓越的贡献。

另一所与两江师范学堂同时期且具备较大影响力的学校，则是浙江省立第一师范学校，其首任校长经亨颐也是近代教育史上非常重要的人物。经亨颐毕业于东京高等师范学校的物理科，曾和姜丹书一起在浙江两级师范学堂开办了图画手工专修科。浙江省立第一师范学校中还有一位近代美术教育史叙事绕不开的人物，那就是弘一法师李叔同，他曾任教于浙江一师，后来到虎跑寺出家为僧。一讲到人体模特写生，以往就会认为是刘海粟在上海美专第一次使用人体模特，但其实这是不准确的，比他更早的是李叔同，在当时使用的是男模特，可见其在引入西式教学时的探索和尝试。李叔同在人格、技艺、学术成就上的学养厚度，也成为后来很多画家学习的楷模和榜样。经亨颐在担任浙江一师校长之时，非常重视陶冶学生的人格修养。通过李叔同、姜丹书、夏丏尊等学者的努力，培养出了一批重要的画家和美术教育家，其中包括丰子恺、潘天寿等优秀的美术人才，形成了在两江师范之外，另一个近现代中国美术教育的师资梯队。

当时美术教育所重视的人格修养，实际上与传统文脉中的伦理人格教育有着密不可分的联系。所以当谈及美育，人的主体性和"成教化，助人伦"等伦理性的元素，潜在于中国文化之中，这是康德的知情意理论中所没有的。传统的私塾教育，实际上也是一种人伦教化式的教育，包括今天所讲的"德艺双馨"，其实都是传统文化的重要组成部分。西方学术思维很少将学术跟道德伦理置于一处，但早期的师范学堂教育则二者并重，独具中国特色。

在中国美术教育从传统到现代的转型过程中，留洋归来的画家起到了重要的作用，特别是留学日本和法国的画家。以中央美术学院的前身北京美术学校第一任校长郑锦为例，他曾留学于日本，在回国后直接对包括画谱在内的日本教材进行译介，以仿照日本的教育模式办学。还有如潘天寿撰写的《中国美术史》，实际上也大量译介了日本学者的文本。这个过程可以视为日本近代文明对于近代中国社会现代化进程的反哺。日本在隋唐以后大量学习中国文化，而在明治维新之后又形成了对中国的反哺，这两条路线带有全局性，美术均是其中的组成部分。20世纪前半叶，随着留学潮流的不断高涨，欧洲美术学院的体制逐渐取代日本的体制，对中国美育、美术教育的发展产生了重要的影响。

旅欧潮流对中国美术的影响，首先在于对欧洲美术学院体制的植入。如巴黎国立美术学院、英国皇家美术学院、柏林艺术大学、佛罗伦萨美术学院等，成为旅欧的中国留学生回国进行西化教育的重要移植对象，如李铁夫、徐悲鸿、林风眠、林文铮、刘海粟、颜文梁等艺术家都致力于把欧洲美术学院的体制引入中国，有的在实际上是直接平移式的效仿引入，如西湖国立艺术院，连教学楼的外观都尝试效仿巴黎美院。

其二，私立美术学校。在刘海粟等人创办上海美专之前，周湘曾在上海成立私人美术学校"中西图画函授学堂"，也被称为"布景画传习所"，顾名思义，其较具针对性，类似于今天的职业教育一般，旨在培养舞台布景画人才。周湘在当时可以说是开洋画之先风的人物，他早年曾在土山湾画馆学习，也留学过日本、欧洲，所创办的"布景画传习所"影响甚广，培养的学生有乌始光、丁悚、刘海粟、张聿光等人，实际上也就是后来上海美专的创办人。1912年，年方16岁的刘海粟与乌始光、丁悚、张聿光等人成立了上海图画美术院，后来改名为上海美术专科学校。上海美专留下了许多近现代美术教育史上的第一，如男女同校、大规模的旅行写生、男女模特的写生等，也成了美术史上引起争论的公案。

上海美专在建立之初，由张聿光和刘海粟担任校长，丁悚担任教务长，蔡元培为校董。在办学的过程中蔡元培对刘海粟不断提携、指点，二人关系非常密切，几位艺术家也通力合作。上海美专在当时的设备非常齐全，还编辑出版了学报，即创刊于1918年10月的《美术》，刊名由蔡元培题写，是中国现代美术学校创办的第一份学报。

上海美专经历的"裸模风波"可谓是当时最惊世骇俗的事件，也留存下了女裸体模特跟男女学生的合影。"裸模风波"在1925年至1926年间达到高潮，大军阀孙传芳在《申报》上口诛笔伐，上海城东女校的校长杨白民更是骂刘海粟是艺术叛徒、教育界毛贼，认为公然展出陈列裸体画大伤风化。当然刘海粟后来也以"艺术叛徒"自居，他并不认为自己孤独，他说文学叛徒是郭沫若，艺术叛徒便是刘海粟。虽然人体模特教学在今天习以为常，美术学院从基础课教学到造型专业教学，人体写生都是其中不可或缺的环节，但在当时民国的社会语境下，人体写生教学受到的非议是空前的。其实在新中国成立之后，人体模特教学也面临着很大的阻碍和不同的声音。比如说当时的文化部就曾被迫根据康生的指示，要废除美术学校的人体模特，而中央美术学院的教授王式廓、闻立鹏、李化吉等就觉得此事不符合艺术创作的本体规律，因而不同意废除，他们共同向毛主席写信，毛主席随后作了一段重要批示，后来也发表在报纸上。这段批示行文很短，但包含的信息量却极大："此事应当改变。画男女老少裸体 Model 是绘画和雕塑必需的基本功，不要不行，封建思想，加以禁止，是不妥的。即使有些坏事出现，也不要紧。为了艺术学科，不惜小有牺牲。请酌定。"非常有意思的是，在讨论人体模特写生之外，毛主席还在该来函的末页又作了补充批示："齐白石、陈半丁之流，就花木而论，还不如清末某些画家。中国画家，就我见过的，只有一个徐悲鸿留下了人体素描。其余如齐白石、陈半丁之流，没有一个能画人物的。徐悲鸿学过西洋画法。此外还有一个刘海粟。"这段文字意味深长，实际上也讲到了徐悲鸿和刘海粟在教育界的影响，提及以传统写意花卉为代表的文人画与现代学院式写实艺术的巨大鸿沟。此外，其中一些措辞也和我们后来所认知的毛主席和白石老人之间的密切乡情似乎形成了一些矛盾，其间也显现出中国美术现代化之路的复杂与曲折。

除了人体模特写生之外，上海美专还以外出写生为时尚，成为其教学中的固定课程，还颁布了《野外写生团规则》。如在当时颇有影响的杭州西湖旅行写生。1918 年的 4、5 月间，正值北京美术学校开创的时期，而上海美专则已经将西湖写生作为固定教学内容，也使得男女同校写生成为一种时尚，在近现代美术教育史上留下了很有意味的瞬间。

在美术教材的编写上，当时产生的《新绘学》等讲义也与以《芥子园画谱》为代表的传统画谱拉开了距离。如《新绘学》就引入了西方的科学画法，与传统的画法形成了巨大差距，将之与同一时期传统派画家黄宾虹的课徒稿对比，可以发现虽然同样是画稿，前者强调科学精准的写实，后者类似于玄学，体现出两种不同观念的现实碰撞。当然黄宾虹虽然是传统派画家，但他也不完全是一位旧派文人，他在 20 世纪 30 年代与岭南画派、从事翻译工作的新派人物等都有密切交往，其思想并不因循守旧。黄宾虹对于笔墨的研究、对于中西画法的梳理也是当下美术史研究值得关注的重点问题。

在上海之外，1919年颜文樑在苏州创办的苏州美专也是当时重要的美术学校。苏州美专由大财阀吴子深斥巨资修建，坐落于沧浪亭之畔，据说是当时国内条件最好的校舍。颜文樑在美术创作上虽然不像潘天寿、林风眠一般留下了那么多有重大影响的作品，但他对于中国近代美术教育同样居功甚伟，堪称园丁式的人物。他全身心投入美术教学，在法国留学期间省吃俭用，用攒下来的钱为苏州美专购置石膏像，在两三年间达到了500件之多，可以说当时的苏州美专拥有国内最好的教学条件，这与颜文樑的贡献不可分割。苏州美专还拥有自己的刊物《艺浪》，在教学上男女同校，可谓走在了近代教育的前列。

还有如上海的立达学园，也是这一时期的艺术学校，"立达"二字来源于《论语》："己欲利则利人，己欲达而达人。"立达学园创办于1925年，由匡互生、夏丏尊、丰子恺、朱光潜等人创办。

其三，公立美术学校。以国立北平艺专为代表。国立北平艺专最早可追溯至1918年4月15日成立的国立北京美术学校，首任校长为郑锦。1923年更名为国立北京美术专门学校，设中国画、西洋画、图案三系。其实今天央美在宏观上的学科结构依然是这三块再加上理论部分，也就是造型艺术、设计艺术、建筑艺术和艺术人文四大体系。当时的美术教育颇有新旧教育交接兼容的意味，即师徒相授模式与新式学堂的结合。1926年，林风眠从法国回国，受到蔡元培的邀请出任校长，在他坐船从法国巴黎回到上海，再从上海赶赴北京的过程中，萧俊贤担任过一段时间的代理校长。林风眠热衷于艺术运动，而且举办过北京美术大会，有点类似今天主办的城市双年展，但不同的是他有着强烈的政治主张，与五四新文化运动的口号相呼应："打倒摹仿的传统艺术！打倒非民间的离开民众的艺术！提倡创造的代表时代的艺术！全国艺术家联合起来！"后来林风眠南下到西湖国立艺专，也就是今天中国美术学院的前身，与林文铮、吴大羽一起办学，成立了很多社团。所以就办学思想来看，中国美院的前身聚焦于在中国的传统和西方的现代两端进行深入，这一点与央美的传统，即"现实艺术"与"精英艺术"的结合并不相同。

美专早期的中国画教学以陈师曾为代表，他在 20 世纪 20 年代初期的北京画坛是领袖式的人物。我们都把陈师曾认作传统派画家，实际上从他书房的照片来看，就可以发现其并非完全的传统主义者，在他书房中有人体油画、风景油画，书架上既有外文书也有传统线装书，能够看到他兼具新学和旧学的特质。包括徐悲鸿在艺专期间，在教学思路上确实以引入写实艺术为主旨，但他也并没有偏废传统，曾邀请齐白石任教。

1927 年，徐悲鸿留法归来，在南京中央大学主持工作。他的麾下有潘玉良、吕斯百、吴作人、李毅士、李瑞年、艾中信等，其中很多人就是后来中央美术学院的师资班底。徐悲鸿在南京中央大学实践了自己的一些教学主张，比如他经常提到的"素描是一切造型艺术的基础"，提倡写实艺术，反对写意旧文人的艺术，包括今天央美的校训"尽精微，致广大"，就是徐悲鸿用《中庸》的名句训诫学生所言，其教学思想对中国美术而言影响深远。

在各地的国立美术学校中，还有如 1922 年胡根天、冯钢百等人创立的广州市立美术学校，还邀请了时任省长的廖仲恺题写校名，在当地影响很大。随着 1937 年七七事变的发生，刚刚起步的中国现代美术教育戛然而止，各地的轰炸导致很多学校成为残砖碎瓦，在一定程度上中断了中国高等美术教育的发展。一部分师生流离辗转到后方，延续了部分的学脉，还有一些学校基本上就消失了，可以说是重大的损失。十余年的战乱转移了文化艺术创作的时代主题。在国难岁月中，中国现代美术创作进入了现实主义风格的暂时调整期，其受众群体也从文化精英转向人民大众，构成了中国美术现代化演进的重要环节。

早期的美术展览也构成了美育的重要形态。中国最早的美术展览可追溯至 1907 年举办的上海法国油画展览会和 1908 年于六三亭举办的中国古画展。陈师曾在 1917 年创作的《读画图》，对赈灾画展的场景有过生动的描绘。作品延续了他的北京风俗题材，在看展人群的构成上，既有外国人、士绅，也有普通百姓，刻画得非常精细，反映出早期美术展览的受众。还有如1943年上海的黄宾虹八秩书画展览会，作为黄宾虹80岁寿诞的展览，其便凸显了傅雷的重要作用。今天强调展览策展人对于展览的重要性，实际上"策展人"的概念也是舶来品，是20世纪90年代以后才出现的概念。其实策展的现象很早就存在，在1943年的黄宾虹八秩书画展览会中，傅雷夫妇就充当了策展人的角色，其中有大量的书信记录，涉及展厅布置、展品售卖分账等诸多环节，也可以看到两个人之间的情谊。

当然中国本土也有自己的展览发展脉络，比如在今天依旧活跃的荣宝斋，荣宝斋的前身是"松竹斋"南纸店，在书画经营中由书画篆刻家挂笔单，松竹斋代客订购，可以从中提成，也会进行预展，在某种程度上也属于展览的范畴。于这一视角而言，传统形态的美术展览在中国已有300多年的历史，在民国时期一直没有间断，显现出中国画和书法在民间影响力的大众根源。

从传统形态的美术展览到现代意义的美术展览，涉及从传统案头艺术到展墙艺术的转换。传统中国文人的观画之道，是以书斋雅集把玩的形式进行，不像今天公共空间中的长期展陈，因此从传统私人空间进入展览公共空间的展示，标志着观看方式的变革，强调作品的视觉冲击力和作品之间的相互影响，及其对于大众而言的社会效应。在现代形态的展览中，如1910年我国历史上第一次举办的大型博览会——南洋劝业会，其中便设置有美术馆，当然与今天的美术馆并不相同，与其并列的概念是工业馆、农业馆等。另外还有如苏州美术画赛会和上海天马会等，这些绘画展览体现了很高的学术水准，在真正意义上起到了艺术交流的作用。

围绕着当时官方主导的全国美术展览会还主办了刊物，与之紧密相关的就是"二徐之争"。徐悲鸿和徐志摩的"二徐之争"就是在《美展特刊》中发生的，实际上是关于传统古典派和现代派的争论。而更有意思的是，当时在国内称为改革派或现代派的画家，如徐悲鸿、刘海粟等，在欧洲摇身一变都成了传统派，体现出东西方文化各自的生态场域和内在发展脉络。

以上简要地梳理和讲述了近现代中国的美术馆和美术学校的发展史，聚焦其舶来和内化的过程，在穿越时空的引导过程中希望对大家理解百年以来美育发展的脉络有所裨益。这其中指向了美术馆和大众日常文化生活的关系，特别是美术作品的创作、展示方式的现代性转向，也给当下揭示出百年美育的宏观视野。

设计美育解码中华文化基因

郝凝辉，中央美术学院教授、博士生导师，校学术委员会委员，福布斯 2021 中国设计师 TOP10，**光华龙腾奖·中国设计业十大杰出青年**，中国十佳设计教育工作者，北京教学名师

今天主要聊聊设计领域的美育价值和意义，将围绕以下三个方面展开：设计美育的内涵和演变、中华文化基因的研究和提炼、设计美育解码中华文化基因的路径和方法。

一、设计美育的内涵和演变

美育是什么？从设计的角度看，美是物质世界的形势与统一，是感性与理性、材料与质感、具象与抽象的多元显现。美育，亦称美感教育、审美教育、美学教育，是一种将美学原则融入课程教学的教育方式，着重于培养学生对美丽的认识、体验、理解和创造的综合素养能力。

设计美育是专注于实用的美学艺术教育。设计美育有哪些内涵和发展？先看设计美育的内涵。设计的本质是服务于民生，以人为本是设计的根本需要，满足民生是设计的基本目的。重视设计美育既贯彻了《中国制造 2025》国家行动纲领，又让更多人具备基本的设计思维和鉴赏能力。

艺术美育和设计美育有什么样的关系呢？艺术美育通过使用美术作品如绘画、雕塑、公共艺术或装置等作为教学媒介；而设计美育则以各类实用设计作为美学基础，涵盖工业产品设计、环境艺术设计、城市规划设计、服装首饰设计、视觉传达设计等领域。设计美育具有极强的渗透力和亲和力，具备广阔的传播性和推广性。

设计美育有哪些发展历程？设计美育的美育思想根源最早可以追溯到春秋时期，当时的教育家如孔子等提出"尽善尽美"和"文质彬彬"的理念。"善"与"美"的准则被作用于古代造物设计，"善"赋予设计实用的价值，"美"赋予设计美学的意义。"文质彬彬"让一个产品或设计有文化内涵，成为文化的载体，这些都是美育思想的雏形。1795年，德国哲学家席勒在《美育书简》中建构了具有开创性的美育理论体系，其中也明确提出了"美育"的概念。20世纪初期，革命家和教育家蔡元培把美育定义为："美育者，应用美学之理论于教育。"20世纪90年代末，设计美育的概念逐渐明晰，并获得极大关注。

设计美育有哪些作用？设计美育的主要作用是提高个体的整体素养，培养对设计的审美感和创新能力。此外，它还助力于加深审美内涵、人文素养和创新能力。设计美育也是激励人们求真的途径，它的意义在于提升人的精神境界，获得精神上的满足感和幸福感。设计美育可以引导人们向善，从美育的角度、审美的角度等将真善美的世界展现在人们的眼前，引导人们观察和发现美的事物。设计美育可以培养人们善思，全方位涵盖了美育感知的各个渠道，其自身条件和包容性能够最大限度地开拓人们的思维深度和广度。设计美育可以助力人们启智，因为设计是一个交叉学科，设计美育融合了大量艺术想象的成分，还有跨学科的知识，为想象力的发挥提供更广阔的空间。设计美育可以增强人们的自信，它不仅关乎个体，也是社会文明和文化自信的表现，更能提升大众审美能力、文明程度和文化自信，因为我们国家有很多好的设计，所以我们有很强的文化自信，例如宋瓷。设计美育能够增强个人的认知能力。研究证明，艺术活动有助于激活大脑的右半球，从而发挥其创造潜力，而设计主要依靠大脑左半球的逻辑，两者的结合实现了功能互补。

设计美育有六个坚持。第一，坚持设计美育的导向性。设计能够引导公众思想，例如消费者今天看什么电影、买什么服装、吃什么东西等，在不经意间看到的设计广告、海报都会起到引导作用。第二，坚持设计美育的普惠性。设计和其他艺术形式的区别是它面向更广泛的受众和用户。第三，坚持设计美育的文化性。第四，坚持设计美育的共育性。设计美育对于不同年龄阶层都有感染力。第五，坚持设计美育的实践性。要让设计美育走进乡村，走进大地，走进每一个用户。第六，坚持设计美育的综合性。

二、中华文化基因的研究和提炼

中华文化基因如何通过设计美育进行提炼？我们的文化基因和美育是息息相关的，我们的美育除了要讲这个时代的美育，也要讲中华传统文化的美育。

文化基因即是形成文化特质的内在动力，也是文化代际传承的关键纽带。华夏五千年文明史，铸就文化瑰宝的璀璨华章。中华文化遗产是一座取之不尽、用之不竭的富矿，其价值仰之弥高，钻之弥坚。我们作为美育艺术家和美育设计师，肩负开采和传承中华文化基因的巨大责任。

文化基因的内涵包括物质文化、行为文化和观念文化。文化基因的分类有主体基因、附着基因、混合基因和变异基因。主体基因是文化基因谱系中的核心；附着基因依附于主体基因，并起到强化作用；混合基因是把两种或以上、相同或不同地区的文化基因结合形成的；变异基因则是在外来文化影响下形成的变异，这种变异可能是积极的或消极的。

中华文化基因具有文化特质、思维方式和价值理念。文明的形态是个性化，理事传统不同，文化积淀不同，每个国家的文明实践也不同。延绵至今的中华文明如何才能培育出特别好的文化基因？"六经"体悟与揭示了人的六重天性，即生生之性、情志之性、政治之性、伦理之性、心和之性、历史之性，这些天性已融入中华民族的血脉。中华文化基因有"意象义理"的悟觉思维，使人为了开发生命的内在价值而完善自己的生命本性。心系伦理关系的"意象性""义理性"悟觉思维具有圆融、辩证的特点。"修己成人"也是一个特别重要的价值理念，它包括中华传统文化基因中的"人之为人""为道成人""立人达人"。

中华文化基因的研究现状是什么呢？第一，数字化对文化基因的创新发展起到助推作用。属于不可再生资源的文化基因，本就具有珍贵性与特殊性。随着数字技术的不断发展，从数字采集与处理到数字保存与管理，再到数字展示与传播，为中华传统文化遗产基因的传承提供了创新路径。第二，在万物互联的背景下，技术如大数据、人工智能、区块链为建立数字基因库提供了支持。此外，技术如数字孪生、虚拟现实结合、跨模态交互及跨时空应用为传统文化基因创造了沉浸式体验和资源共享的平台。

传统文化基因的"传承"建立在"继承"的基础上，其目的是"创新"和"发展"。要"以根溯源"地挖掘中华文化基因的核心，那么中国人的性格与其他人的性格区别在哪里呢？其一是"仁爱"，例如亲人之爱、社会之爱、国家之爱、宇宙之爱等；其二是"守信"，指信守承诺且广交朋友，诚信是维持和谐人际关系的基本遵循，也是治国为政的道德规范；其三是"正义"，指具备且坚持正确的义利观，它贯穿仁、义、礼、知、乐等价值观的始终；其四是"尚和合"，指和而不同，人心和善。中华文化中有关"和合"的思想博大精深，源远流长；其五是"求大同"；其六是"形""神"兼备，以真善美为核心。"善"对应英文中的"emotion"，指代我们的"心"，涵盖同道心、同理心、同情心、潜意识、品味、情感；"真"对应"body"，指代我们的身体，涵盖逻辑、通感联觉、诚实、本真、意识、品质；"美"对应"mind"，指代我们的"意"，涵盖品格、精神、潜意识、阴阳、转变、共识、常识，所以"形""神"必须要兼备；其七是"天人合一"，注重人的"心性"，追求"悟道"；其八是"中正和谐"。中庸思想提到"致中和，天地位焉，万物育焉"。

中华文化基因的发展现在遇到了哪些问题？第一，文化基因系统思维比较缺乏；第二，基因素材建构主次不分；第三，文化基因是内涵隐蔽的；第四，机械式的表层挖掘；第五，缺乏从形到意的深入思考，没有找到真正的意义，没有去逆向分析"形"；第六，传统符号化的思维惯性；第七，守正性与创新性难以融合；第八，可持续再造亟待寻绎。

中华文化基因如何提炼呢？以"一核四因"构筑灿若星河的文化基因系统。"一核"指物物思想。庄子说"物物而不物于物"，意在以人为主、驾驭万物，但不以物所役、不为利所累。"浮游乎万物之祖"的自由精神是人主体精神的显现方式，例如中国的造物总是体现出一种总体的、宏大的内在驾驭性和系统性考虑。

"四因"分别指"邀请"为心，"礼数"为度，"灵动"为美，"造化"为新，四因合力才能形成灿若星河的基因系统。首先，"邀请"是指天下为心、面向未来，用非对抗性的平和、精致、包容和开放的人文，展现中国文化中的倾其所有、尽其所能、以印天下的醇厚心态。其次，"礼数"是以人文秩序为前提的自由理性精神。中华传统美育精神的造物观，既是对用户的礼，也是对个人的礼。再次，"灵动"是指生动、整体、主体间性的审美精神。中国设计擅长于表现含蓄之美、气韵之美、天真之美、形神兼具，合称为"灵动之美"，可以在空间的设计当中体会到。最后，"造化"是指"浮游乎万物之祖"的创造。天地万物不拘一格、出神入化、自由往来的主体性创造，反映出了道法自然的精神。

怎样对中国文化基因进行提炼？数字科技建构各具特色的文化基因要素。在虚拟世界元宇宙语境下，我们的文化基因进入了全新的数字建构时代。虚拟世界是一个镜像世界，文化基因可以通过元宇宙进行展现。《遇见敦煌·光影艺术》展览利用3D光雕数字技术，为观众提供了一种沉浸式的交互体验，使他们能够跨越时空，深度体验敦煌石窟的卓越艺术魅力。此外还有"九色神鹿：闯入梦幻森林""敦煌千佛：以光为线，卧佛再现""敦煌舞乐：飞天引人入境"三个主题的光影展示。基于区块链技术的《天歌神韵·神化轻举》壁画数字藏品，共精选四幅作品，包含《反弹琵琶伎乐天》《起舞飞天》等，既取材于宗教的深沉敦厚，又有对飞天舞姿"S"形态的提炼，都是在设计美育的指引下，进行提炼和数字文化基因库搭建。

"师法自然"作为一种传统的符号学原则，是文化基因再造的核心思想。

在设计符号学中，可以从四个维度来分析这一原则：语境、语构、语义和语用。语境涉及用户所处的环境和背景；语构关注文化艺术元素的结构表现；语义则分析文化工艺品的显性和隐性语境，揭示其深层意义；最后，语用是指用户的思维模式及其文化背景的影响。这些角度共同促进对文化基因的深入理解和应用。举一个例子，西岸博览会《虚拟生境数字花园》展现了文化基因再造过程。作品以植物为解析元素，以传统再造为设计路径，通过3D技术和现代设计语言将彝族毕摩仪式的植物进行结合式创作，研究植物面对传统再造时的潜在形态，探索了人与自然、人与传统、人与创新的关系。

"端正"与"优良"文化的传递。在历史的长河中，很少有人关注到金代审美，绝大部分的审美启发来源于宋朝，"端木良锦"对金代文化进行了提炼和再造，将敦煌团花纹、仙林逐鹿纹等古老的纹样以生动多姿的画笔再现。"端木良锦"的文化基因是四条蜿蜒上攀的曲线即思考、设计、工艺和材质。该品牌的手包系列重新提取了中国传统的花钿纹样，这种纹样源于盛唐时期，当时的女子会将其作为面部装饰。同时，系列中还融入乐"飞鸟缠枝"的主题，赋予了产品一种独特的浪漫情感。做设计的人大都秉承设计美育中"少即是多"的理念，"端木良锦"的设计在纹样比例上拿捏到位，将纹样设计控制在一个相对较小的范围内，进而成为点睛之笔。

在当代语境下，设计师要将传统符号与现代精神进行融合和再造，如苏州博物馆的设计，建筑整体形态以几何体为主，对中国传统园林建筑的元素进行抽象化的置入，重构了传统文化的艺术语言，同时，在色彩上也呈现出一种人文水墨的气息。

在用户感知的视角下要储存形神兼备的传统文化基因。通过收集文化材料进行构建分析和型谱分析，整理出一个设计基因，最终目的是设计应用。例如2022年创意字体设计就非常棒，这个作品以二十四节气名称为题。

文化基因的提炼可以借鉴生物基因理论，通过分析和理解文化特征的遗传方式，揭示文化传承和变异的机制。生物基因提取是从蛋白质逆翻译到RNA，再逆转录到生物基因。可以借助生物基因的提取方法，把文化基因变成文化工艺品。

中国第一次推出的以非遗为主题的银行卡，是中央美术学院为北京市文旅局和中国银行设计的首张中国银行非遗主题卡和文创产品。这套卡用了很新的科技，比如贝壳工艺。跟普通卡相比它非常立体，这些地方的线立体感也非常强，卡面上醒狮的胡子波光粼粼；京剧的虎头盾，运用同构手法，将令旗、羽毛、鼓等元素组成了一只老虎。这个是有约束的设计，要求把非遗转化成现代年轻人的符号，这就需要有设计美育的基础，同时还要挖掘这些中华传统文化基因能够代表什么，它的每一个羽毛能代表什么，每一种材质能代表什么，要能够更好地宣传非遗，不能让非遗成为一个遗憾。另外，我为恭王府设计的文创产品，以王爷帽子和王府建筑上的纹样为基础，做成了一套现代茶具。

三、设计美育解码中华文化基因的路径和方法

以设计美学为核心来构建设计美育，可以理解为掌握"第三种智慧"。柳冠中曾经说过，设计是继科学和艺术之后人类不可磨灭的第三种智慧，因此，设计美学是支撑设计美育的重要理论基础。教育有两方面，教和育，教是教一些技术、通识，育是培育一个人的品格，其中就包括了美育，需要让人知道什么是设计之美。设计美盲很可怕，比如说对颜色的搭配、形态的组织没有合适的判断，会导致中国做的产品、服装以及出口的形象受到很大的影响。美育要落实到三个方面，即学校教育、社会教育和家庭教育，所以美育应该从幼儿时期就开始。不同学院的设计美育也是不一样的，设计学院培养能力综合的设计人才，美术学院培养美术创作人才。

设计美育的价值和作用有哪些？设计以人为本，设计美学可以促使设计师建立审美自觉，让作品符合当代审美，并重构人们的精神与生活。首先，不得不强调精神价值，其在维护国家意识形态安全方面发挥重要作用。很多国家把它们的设计向我们国家输出，来扭曲我们国家的美学基因，形成一种

新的扭曲基因，同时也在"毒害""进攻""侵略"我们国家的文化基因。怎样保护和维持我们国家的形态安全？就要靠精神价值。设计美学有重要的创新价值，还有从基础层到工具层再到应用层的社会价值。

设计美学有哪些发展的趋势呢？"以自然为本""以人为本""快速迭代""永恒风格"都是重要的一些趋势。一是数字融合。新兴信息数字化技术手段，为设计美学的发展提供了新场景、新范式、新手段，加速了人类探索未知的脚步，呼唤新技术驱动新美学的趋势。二是自然共生。设计师向自然学习，在自然环境中找寻灵感，自然的光、色彩、形态、氛围，力求平衡人、物、象的动态关系，营造触动人心的产品，缔造自然美与和谐。三是精致优雅。设计的价值在于创造，创造全新的视角，实现人与产品全新的对话。用设计唤醒理性静谧的生活，传递美学的品位和高度。

设计之美能够哺育设计之善，所以设计美育的重要一点是教育大家设计要向善，体会到向善之美。设计对美的追求不是功利性的，而是向善。设计之美还包括缔造生命之美。激发自我与他人、与社会、与自然的认知链接，不断探索自我与世界的关系，构建个人积极的人生观、世界观和价值观。

如何去编码中华文化基因？要具备全局的视野；要充分发挥内在的力量，让文化特色熠熠生辉；要做好文化的代际传承，发挥基因的纽带作用；要系统梳理文化资源，争取实现价值的最大化；要赋予基因新生命力，激扬创造无限可能性。天王塔沉浸式艺术馆在河南卫视出圈了，通过数字文化体验、3D扫描，打造了兼具在场感与奇幻感的视觉呈现。还有大唐不夜城和中央美术学院费俊老师做的《千里江山图》等。南京先锋书店的第十三家分店有非常美的砖木雕花，源自江西婺源，具有600年的历史，空间通透，采光自然，书屋的两个大厅使用了木雕和月亮梁，暗含学子们经过努力，重见光明和幸福未来。

美学赋能文化基因有 IP+ 故事、IP+ 场景、IP+ 传播三种途径。为什么要用美学赋能文化基因？如何用设计思维转译文化基因？将中国文化基因和国外文化基因进行对比，能有更多的了解。比如西方更注重结构的变化和美感，中式家居更强调结构的对称性和虚实结构的利用。在审美方面，西方的建筑更多采用气势磅礴向上升腾的造型，中国的建筑是以木架结构为主。还可以横向对比一下，在中国的首饰打造中，都是细腻的花丝、玉雕、景泰蓝，西方通常用几何美学和光学原理突出晶体宝石的特点。再从哲学角度对比一下中西方，东方哲学关注整个人类存在，西方哲学只关注人类的某个方面。在社会方面，西方社会都在寻找和证明"真相"，东方社会并不愿意找真相，而愿意找平衡点，西方人更看重个人权利，东方人更看重对社会负责。

因此，在设计的时候，不但要利用设计美育的设计思维，深入挖掘文化基因，同时在设计跨文化产品时，要学会站在不同语言、方言、民族文化的维度，还要应对色彩心理和心智模式的文化差异。举一个例子，Facebook在美国的首页，注册页面在右边，而在阿拉伯的首页，注册页面在左边。很多企业都非常注意跨文化设计，比如宜家德国的官网设计，不是仅强调单个产品，更突出家具带给人的舒适愉悦的氛围；而阿拉伯的官网更多强调单个产品的好坏，这两个文化有很大的差别。

在设计美学中，我们会用现代手段重现传统符号。故宫和卢浮宫在审美上是有区别的，故宫是一种大与小、高与低、宽与窄、明与暗、繁与简的对照，卢浮宫则是寻求建筑上的精美、辉煌。天青书院体现了宋代的风雅。竹林里是一个叠合集市，把古城区用竹子进行肌理上的塑造，这就是美学上的应用。中华文化基因还有一个特别好的应用案例就是红旗汽车，全舱环绕的中轴布局、随笔写意的悬浮中控、若隐若现的山水纹理、梦幻千色的氛围灯光都在红旗中体现出"中直尚雅""精工致作""山水意境"的东方美学。宝马汽车也在逐步地向中国传统美学靠近，去年宝马和清华大学合作设计了一辆汽车，运用了雕漆、金丝镶嵌等传统工艺。数字虚拟世界将是未来设计美学进攻的重要领域。

中华文化的保护和传承对于增加强国的文化软实力至关重要。保护文化基因，也是维护我们自己的精神家园，通过设计美育，赋予文化基因新的美学力量，并服务于国家的重大战略，有效抵御外来文化的影响，我们应当赓续并发扬传统美德，立足社会主义核心价值观，建构当代语境的中华美育体系，不忘本来，吸收外来，面向未来。

中国古代绘画的审美意义

黄小峰，中央美术学院人文学院院长、教授、博士生导师，校学术委员会委员、副秘书长

古代没有现代的"美育"概念，但是用艺术和图像进行教育，是源远流长的方式。第一部分主要探讨针对女性和儿童的图像教育；第二部分主要探讨视觉性的审美体验在"美育"中的意义。

一、"美育"与图像教育：探寻宋代为女性与儿童观看的图画

1330 年成书的医药养生著作《饮膳正要》，讲了很多养生的方法，其中就谈及女性和图像的关系，尤其是强调女性怀孕之后要对胎儿进行胎教。书中在"妊娠食忌"的部分，提及"上古圣人有胎教之法"，意味着胎教是儒家社会的传统："圣人多感生，妊娠……宜见贤良、喜庆、美丽之事。欲子多智，观看鲤鱼孔雀；欲子美丽，观看珍珠美玉；欲子雄壮，观看飞鹰走犬。如此善恶犹感，况饮食不知避忌乎。"因为腹中胎儿会感应外在世界，所以图像就是进行胎教的重要方法。直接作用的是女性，间接作用的是其腹中胎儿，胎儿通过妈妈的感知来感受外部世界。《饮膳正要》附有《雄壮宜看飞鹰走犬》《妊娠宜看鲤鱼》《妊娠宜看珠玉》3 幅版画插图，分别展现了怀孕女性观看猎鹰猎犬、双鲤鱼、升墩孔雀、聚宝盆的图画。

版画插图中这几种画中画的类型，在古代的卷轴绘画中都能找得到对应。那些卷轴绘画是不是有可能带有胎教的功能？它们如何被观看、如何被审美？这些图画是否是针对女性和小孩的图像教育？针对女性和小孩的图像

教育是个有意思的主题。图像需要对她们有吸引力，而不能只是靠强迫。通常女性和孩子是绑定在一起的，因为孩子对图像的欣赏需要引导者，最天然的引导者就是孩子的母亲或陪伴他们的女性。

宋代"仕女梅妆"铭铜镜是另一个很好的例子。这是一面日常使用的铜镜。镜子当然男女都可以用，但这面镜子做成了花瓣的形状，一看就是给女性用的。之所以称为"仕女梅妆"镜，是因为在铜镜上部有铭文"仕女梅妆"以及一首诗，明确说明是给女性化妆用的。"梅妆"应是一种很复杂也特别有吸引力的化妆，可能类似唐人在脸上画或者贴上像梅花一样的花钿装饰，所谓"对镜贴花黄"。整个镜背的图像就像一幅画一样，表现了内宅中的女性空间，描绘了女性通过看一幅梅花绘画而获得了梅妆的灵感。镜背图像是一个室内景，在宋代的时候是一个新颖的视觉表现形式。室内景和宋代城市生活的发展有很大的关系。镜背之所以处理成室内景，也意在说明是冬季时节。寒冷的冬天，正是梅花绽放的时候，也是赏梅花绘画的好时机。画面里，室内的一群女性围着火盆取暖，同时在赏一幅立轴绘画。这群女性有年纪的区别，主要人物看起来是一位上了年纪的中老年女性，她在主持看画的仪式。她手指着画中的一枝梅花，似乎在和大家讲解。折枝形态的梅花绘画在宋代很常见，存世画作中也能找到基本一样的折枝梅花。在围观看画的女性中，就有一位带着小孩的妈妈，她让孩子站在榻上来看画。这面铜镜的图像显示出了一套教育系统，用一种新的视觉形式，带给其使用者一种新的视觉体验，从而达成教育功能。

铜镜中作为与"梅妆"相比拟的那件折枝梅花绘画，与现实世界里文人精英赏玩的梅花图像不太一样，这里的梅花象征的是女性的清纯与美艳，而非男性精英文人的品格。女性与儿童，总体上属于"弱势群体"，在古代的整体社会地位是弱的，但也会有一些社会地位较高的女性在艺术的审美上为今天留下了非常珍贵的东西。南宋《百花图》卷是一件非常明确的为女性所制作的绘画，是为宋理宗的皇后谢道清庆祝生日所画。谢皇后生日在四月初八，在某一年皇后生日时，宋理宗就让宫廷画家画了这件长卷作为生日礼物。长卷的每一段都有皇帝写的诗吟咏各种花草。人们不禁会问：宋理宗和宫廷画家，怎样营造一件适合尊贵女性的绘画形式？如何描绘一个自然事物来适应女性的视角？

首先来看画中兰花一段。可以看到是一幅折枝兰花，看不见花的根。这幅兰花图有意思的地方在于把兰叶和兰花的比例处理得稍微有一些变形。现实中没有兰花的花头会这么大，花叶会这么小。画中所画很有可能是福建的建兰，在宋代非常有名。画中刻意放大了花头，是为了凸显近距离观看兰花的特殊视角，观者离一丛兰草的距离越近，视线里兰花的花头就会变得越大。所以这里突出的不是兰花的清高，而是它的清香，香味是从花头发出来的。这种突出花头的夸张手法，也见于马麟《兰花》页，两幅画基本是同时代的。马麟画的《兰花》也取折枝形式，更为夸张地把兰花的花头强调出来。设想我们要对着一株盛开的建兰拍照，一定要贴得很近，从底下仰视兰花，才会拍出这种冲天的感觉。

可以比较一下同时代男性审美的兰花是什么样的。南宋末年著名的兰花画家之一是南宋皇族赵孟坚。他用水墨而非颜色来画兰花。他的《墨兰图》兴趣点在兰叶，展现的是地面上一丛兰草翩翩起舞的姿态，兰花虽然也不小，但与兰叶的比例和位置关系是正常的，是一个侧面平视的视角。

如果问中国艺术史上微距和平视哪一种视角的贡献更大，很难讲，要看站在什么角度来想问题。从对女性的欣赏和教育的角度出发，微距视角有特殊意义。它会更好地传达出对兰花的认知。比如画中是建兰，它也许和当时宋代流行的某一个兰谱里面的某一种建兰的知识能够对应得上。这不是单纯好看的绘画，而同样含有教育功能，用有新意的视觉表现方式和内含的知识性来吸引女性观众。

很遗憾，如果要想知道一些有名有姓的女性欣赏什么样的图像，通常只能得到高等级贵族女性的材料。马麟的《夕阳山色图》便是如此。这幅图画是宋理宗1254年赐给爱女的礼物，公主当时15岁，在1253年的12月刚刚被册封为"瑞国公主"，好像是要保佑这个国家。在这个语境里来看就会觉得非常有意思。画面中，水汽和雾气在朦胧的水面升腾，晚霞映红天际。山上的雾气非常浓郁，导致弥漫在山腰间的雾气都映射出天空晚霞的颜色。霞光和云气是画面的主题，如果没有云气，画面的景观将不复存在。表现水汽朦胧的霞光，是南宋绘画中一种特别的创新。马麟的父亲马远画的《水图》册，是为宋宁宗杨皇后所画。《晓日烘山》《湖光潋滟》两幅，有着和《夕阳山色图》同样的审美，在波光粼粼、雾气朦胧的水面上，显现出一片霞光。为什么弥漫着雾气的水面与霞光会成为画面的主题？我觉得和女性的欣赏有密切关系，暗含有祥瑞的意义。

女性的审美体现在很多地方，在南宋的绘画中，团扇是一个重要的载体。团扇有不少都是端午节所用，画的是端午节时应景的花草，其中蜀葵是最主要的一种。留存于世的南宋蜀葵扇画，大都是折枝的形式，以近距离的视角，强调花头的硕大。这实际上都是女性视角的显现。

刚才提到过，小孩和女性常常是绑定在一起的。在宋代绘画中，婴戏图也是非常重要的一类。婴戏图中常常会出现一个女性人物，代表"妈妈"或者家族的女性尊长。《端午婴戏图》中，孩子在和小动物们玩耍，庭院中有端午应景的植物蜀葵和菖蒲盆景，是一幅端午画扇。端午画扇具有佑护功能。在古人的认知中，整个五月都是恶月，需要特别注意儿童的健康问题。这种婴戏图扇其实相当于图像护身符，同时也有教育功能。画中有很多不同种类的生物，比如两只不同种类的猫，也许是波斯猫、狸猫等，还有不同的花草。

《浴婴图》是一种有趣的婴戏图，也是端午画扇，画的是女性给小孩洗澡的场景。画作的教育功能体现在教导女性怎样正确护理儿童。这种图像在北宋的时候可能就有。南宋邓椿《画继》中记载了一位叫刘宗道的开封职业画家，创造了一种特别有趣的图像样式"照盆孩儿"，画的是小朋友在浴盆边向盆里望，与盆里自己的倒影玩耍。在我看来，《照盆孩儿》和《浴婴图》的出现都和当时宋代对于儿童的健康护理知识的传播有关系。宋代的时候医学分科更加完善。儿科叫小方脉，成人叫大方脉。在儿科护理中，卫生非常重要。在出生、满月的时候都有洗浴的仪式。在端午的时候还有一个非常重要的风俗，就是用各种药草给小孩儿洗澡，使他不至于受到蚊虫叮咬而生病。《照盆孩儿》与《浴婴图》之所以以给小孩洗澡为中心，都是当时风俗和知识的反映。《照盆孩儿》以儿童对影子的认知为中心，也展现出一种寓教于乐的教育功能。每个人小的时候都会对影子感兴趣，大人就要教导他影子与自我的关系，现在小学课本上还有影子的知识呢！

再来看稍晚一些的作品，如明代仇英的《摹天籁阁藏宋人画册》。仇英虽然是明代人，但是这两件作品有很大的可能是临摹宋代的原作而来。这两幅都和儿童教育有关，一幅是小孩上学闹学堂。学堂里头，老师上着课打瞌睡了，于是小朋友们就不客气了，有摘帽子的，有画像的，总之调皮捣蛋捉弄老师。但里头有一个模范生，他在画面占据中心位置。画面的寓教于乐就在这儿。小孩的天性是活泼好动，喜欢捣乱，但是正襟危坐的模范生是一个标杆儿。他在练字，写的字是《蒙求》这本识字课本上的上、大、人、孔、乙、己。画中热闹的村塾是古代重要的教育机构，宋代的教育相对普及了，很多乡村都建立起了这种村学堂，所以这一类图像才会出现。

另一幅也是一个村学堂，但这儿没有闹腾的景象，老师正在考查小孩背诵，此时一位妈妈带着小孩来上学。这位小朋友好像不太情愿，他回头看到有个老头带着一头猪。这个故事长期以来没有人去考证，我的想法是画的很可能是孟母教子的故事。孟子的故事中这么讲道："孟子少时，东家杀豚，孟子问其母曰：'东家杀豚何为？'母曰：'欲啖汝。'其母自悔而言，曰：吾怀娠是子，席不正不坐；割不正不食，胎之教也。今适有知而欺之，是教之不信也。'乃买东家豚肉以食之，明不欺也。"故事里说到了邻居杀猪，看起来和画中牵猪的农夫可以建立起关系。如果真的有关系，那这个图像就非常明确是和教育有关。在这里，图画体现的是图像教育，并且一定是妈妈带着小孩一块来看图，而不是小孩单独看，也不是妈妈单独看。这跟今天市面上给小朋友看的童书是一样的，常常要有大人陪着孩子在一块看，进行亲子阅读，这实际上就是图像教育。

《货郎图》是婴戏图的特殊版本，里面有很多小孩，还有妈妈在哺乳，这类图像也与教育有关。非常有意思的点是货郎携带的百货。画中左边的柳树上有"三百件"三个极小的字，意味着画面的核心就是几百件货物。辨认百货，就带有了教育功能。围绕这些东西和物件，妈妈和孩子就可以一块儿来欣赏绘画。

画中的哺乳母亲是引人注目的形象，这种场景应该是最适合女性观看的。宋代的医学中，儿科和妇科都已经单独成科，二者共同关注的是如何生养健康的子嗣。妇科注重调理女性的身体，从而为家族生养健壮的孩子。这听起来好像把女性物质化了，但是在宋代确实是这样，妇科包括产前、产后，产后的重点是哺乳，因为古代没有现代的奶粉，母亲能不能有充足的乳汁是很重要的。画面上的女性是一个打引号的"母亲"，可能是母亲或是奶妈，哺乳场景强调的是儿童的成长。结合画面中的各种物体，有不少药材，这与儿童的成长也有紧密关系。在我的考察里，《货郎图》很重要的一个含义是用医学知识来为儿童保驾护航。《货郎图》有好几个版本，在不同的版本里都画了货郎身上的一个斗笠，斗笠上挂着字条，上面写着"攻医牛马小儿"，意思是擅长治疗牲畜和儿童。之所以把兽医和儿科大夫并列，是因为在乡村里牛马是主要劳动工具，小儿又是家族繁衍的保证。所以画面上的各种东西其实都是在为小孩保驾护航。

《货郎图》在明代宫廷衍生出大幅的设色作品。明代的文献讲得非常清楚，刘若愚《酌中志》中记载："御用监武英殿画士所画'锦盆堆'，则名花杂果；或'货郎担'，则百物杂陈；或将三月韶光、富春山子陵居等词曲，选整套者分编题目画成围屏，按节令安设。总皆祖宗原因，圣子神孙生于宫壸之中，长于阿保之手，所以制此种种作用，无非广识见，博聪明，顺天时，恤民隐之意也。猗欤盛哉！意渊微矣。"意思是：圣子神孙生于宫中，他们不能随便到外头去，要让他们增长知识就要利用这些图像，以让他们的见识更加广博。《货郎图》从宋代到明代都含有教育功能，用图像来教育是单纯的文字教育、文献教育做不到的。比如明代生长于宫廷中的小孩，怎么跟他去描述民间是什么样的呢？这时就需要把图画拿出来，告诉他这是民间耕地用的犁，称粮食用的斗，这就是一种图像和视觉教育。

二、观看、视觉性与审美体验

为什么刚才讲的这些图像能够含有教育功能？因为在观看的过程中，图像特殊的视觉性产生了某种视觉经验，这些视觉经验会转化为审美体验。在欣赏古代绘画的时候，最重要的是"观看"它，并且理解它在视觉方面营造的特殊视觉经验。

故宫博物院所藏《出水芙蓉图》是一个好例子，它和刚才讨论的兰花、蜀葵有关系。这张画特别漂亮，我特别喜欢，也一直想搞明白自己为什么喜欢。这就要追问我们所得到的审美体验是什么。

《出水芙蓉图》是一幅很小的团扇画。此画是新中国国家文物局征集到的作品，在1953年故宫绘画馆的开馆展中首次展出，当时就得到很多人的喜欢，被大量出版传播。当把这幅画剪贴到传唐人《宫乐图》仕女的团扇中，也很贴切。人们会更加明白在观看中形成的与女性观者的视觉关系。在分析这幅画的时候，不难发现，它给人们的一个重要视觉感受是画面构图特别饱满，花显得很大，凸显了荷花，削弱了荷叶，特别像用相机微距俯视拍摄的视角。宋代绘画中，微距俯视的视角和远观平视的视角形成了对比的模式，是宋代人所说的"远观"和"近观"。前者的典型是《出水芙蓉图》，后者则以《太液荷风图》为代表。《太液荷风图》的远观视角看到的是荷塘一角的丰富景物，除了亭亭直立的红白荷花，还有成双的多种水鸟，以及双燕、双蝶等。荷花相对就变得很小，荷叶变得很大，荷花的茎也变得非常重要。荷花完全是侧面平视，看不到花蕊和其中包裹着的嫩黄小莲蓬。这些都与《出水芙蓉图》的近距离画面大不相同。

近观微距视角下的硕大荷花，可能与欣赏盆莲的社会风尚有关。欣赏盆莲时，就好像人身在荷塘中，能够贴近花瓣，闻嗅清香。养盆莲的传统在唐代应该就有了，在宋代的时候更加流行，可以用几件画作来说明。这是传为元代的《荷亭消夏图》，几位男性在亭子里纳凉，院子里摆满了十几盆莲花。传为南宋的《桐荫玩月图》，一位手拿团扇的女性伫立在夏日夜晚的园林里，旁边也有若干盆莲。所以，《出水芙蓉图》的视觉吸引力首先是基于近观的构图，进而这种视角反映出宋代一种特殊的文化习惯：在宅院中，以盆莲替代荷塘。在近距离观看的视角之下，荷花成了绝对主角，根茎、叶子都在透视中变小，成为陪衬。对于宋代的观众而言，这种方式唤起了欣赏现实中盆莲的视觉感受。当考虑到这是一把扇子的时候，就会愈加感到其精妙之处。团扇的尺寸是25.1厘米，画面上这朵荷花的大小是20.9厘米，非常符合现实中真正的荷花大小，具有仿真的效果。这几重因素结合在一块，就会使得观看者体会到强烈的视觉感染力。一朵荷花，没有宏大的理念，而是以精彩的视觉呈现吸引人们。

大家都熟悉周敦颐的《爱莲说》，其中讲道："予独爱莲之出淤泥而不染，濯清涟而不妖，中通外直，不蔓不枝，香远益清，亭亭净植，可远观而不可亵玩焉。""可远观而不可亵玩"的荷花，是男性的儒家文人精英清高品格的比拟。《出水芙蓉图》恰恰并非如此。画中硕大的荷花，体现的不是远观，而是近玩，作为团扇被擎在手中，是希望被观看者把玩，与观看者发生视觉交流的。周敦颐是儒家学者，他追求的是把荷花比作圣贤的境界。但是在《出水芙蓉图》里，微距表现展现出一种新奇的女性视角。虽然它不指向一个宏大的理念，但它的视觉理念已经足以让人们赞叹。

画家的体验和观画者的体验合一，才构成一件绘画的完整视觉体验。画家在绘画的过程中，往往也会考虑到观者在观看过程中的感受。理解宋代山水画，就需要把画中的视觉因素和画外观众观看的视线进行融合。宋代观念中的山水，是一个宏大的知识体系。相对于山水，人是非常渺小的存在。要通过观看去理解宏大的宇宙万物，在观看中去体会，把宏大的宇宙变成一种知识对象来进行研究和观察。这都涉及观看。"观"这个词在中国古代是一个非常有意义的词，宗教讲究观想，观画讲究观看，那么视觉作为一种探究世界的方式就变得非常重要了。山水画就是用视觉来探究自然世界思想的一种方式。下面以范宽的《溪山行旅图》为例。这幅画比较有意思的地方在于它有很多很具体的对于自然的描写。比如范宽画的山体，有细密的肌理。后世称为"豆瓣皴"或"雨点皴"。山体上还有一种特殊纹理，很可能表现的是地质学上说的花岗岩山体的"节理"。范宽表现的应该是他生活的西北的山貌，花岗岩的山脉在陕西很多，比如说华山以及秦岭山脉的很多山。

　　《溪山行旅图》很大一部分都是对山体和岩石的表现，很结实，很坚硬，营造了一个特别具体的地理空间。但在画中真正有意思的还不是这些外在的对山的表现，而在于画家如何让人们注意到这些东西，在于如何引导人们注意到画面的各种细节。什么东西把所有的这些景观都连接起来？其实就是人物。在画面很不显眼的位置有一个行脚僧，这个人物不仔细是看不到的。而且他的一小半身体被山崖旁边的灌木挡住了，他没有完全转过来。对这个行脚僧的表现很有意思，这是一种特殊的视觉经验，因为画家完全可以把这个人物处理成没有东西遮挡住他的样子，但为什么要把他遮挡住一点呢？仔细看画会发现，画面中画家要刻意表达的一些东西都被遮盖住了一点。除了行脚僧以外还有寺庙。画中这座寺庙也被松树、杉树遮盖起来了一部分。它和人被遮盖起来的一部分恰恰是相对应的。僧侣和寺庙的关系非常清楚，而且它的表现方式都是很清楚的。他设定了观看者在观看的时候看到的是一个瞬间。因为它被遮盖住了，就更加强调了瞬间的感觉，尤其是行脚的僧人，他刚刚翻越了崇山峻岭，从山石回转的地方转过来，但是有15%的身体还没有转过来，所以这是一个"瞬间"。画家用这个人物表达了一种对时间的感受。

　　在看一幅画的过程中，一开始可能看到这些主要的部分，随着凑到画面前面，越看越清楚，然后逐渐会看到画中有一个人。这是一个过程，是需要时间的。有的人真的一辈子没有看过原作或者清楚的印刷品，他就无法发现这里面有个人。在看画过程中发现这个行脚僧的时间和这位行脚僧翻山越岭走到我们跟前的过程是匹配的，或者说是同构的。所以画面表达了一种特别有意思的对时间的感知。

画中寺庙形象比较特殊，也值得注意。寺庙露出来的是三个屋顶并排在一起的建筑形式，这在宋代是一种比较特殊的形式，通过飞廊把这三个建筑连在一起。今天还保留下来的例证是河北正定隆兴寺的大悲阁，虽然经过了重修，但保存了宋代的结构。这种三联式的建筑一般都是寺庙里最重要的建筑物，通常安放最重要的佛像、佛经，或者像御书阁一样安放皇帝赏赐给寺庙的墨宝。从这个角度来说，《溪山行旅图》表现的不是寺庙里一般的建筑，它凸显的是一座寺庙最重要的建筑。再看这个僧侣也不是一般的行脚僧。在北宋，行脚僧通常都跟禅宗有关系。行脚僧有一个特点是他头上有一个非常平但是非常宽的帽子，像斗笠一样，中间没有帽顶，而是平的。这种平的斗笠帽在存世宋画里并不少见，在郭熙《早春图》、传金人《岷山晴雪图》中都可以看到戴着类似帽子的行脚僧。这个像盖子一样的帽子在宋代的时候是禅宗高僧比较喜欢的随身物品。可以看两幅图，都是表现带着随从的禅师，随从们帮禅师拿着宽大的帽子，帽子的表面似乎还有棕色的毛状物。北宋赞宁在佛教物质文化文献《大宋僧史略·服章法式》中讲到一种"棕笠"："今僧盛戴竹笠，禅师则蓑笠。"禅师所特有的"棕笠"，是一种辅以棕毛制造的帽子，与画中的帽子十分接近。"棕笠"于是变成禅师身份的重要表达。行脚也是禅宗的重要修行方式。北宋睦庵善卿在《祖庭事苑》中说道："行脚者，谓远离乡曲，脚行天下，脱情捐累，寻访师友，求法证悟也。"禅宗行脚和禅宗特殊的修行方式有关系，他需要寻访师友，需要去辩论，在这种激锋辩论中就能获得开悟。禅宗从唐代以来就有顿悟、渐悟，即北宗禅和南宗禅的区别。

《溪山行旅图》画的是北方地貌，所以理论上来讲是北宗禅，但是也不一定，因为南宗禅的理念也在北方传播。不管怎么样，知道了画中戴棕笠的行脚禅僧是在"求法证悟"的旅行之中，也就能明白禅师从山岩和灌木丛中走出来与寺庙在茂密松杉的遮掩中显露出三联式的建筑，其所要传达的感觉是很类似的。寺庙是求佛法的地方，它也是行脚禅僧在画中的目的地。画面中通过行脚僧特殊的旅行方式，表现的是"求法证悟"的过程。

除孤独的行脚禅僧外，画中的渺小人物还有两位赶着驴队的世俗人物，像一个行旅的商队。他们和禅宗的行脚不一样，不是为了追寻佛法，而是为了世俗的商业利益。同样是在山川中的旅行，目的却迥异。北宋《云门匡真禅师广录》中说："游州猎县，横担柱杖，一千里二千里走。这边经冬，那边过夏。好山好水，堪取性多斋供，易得衣钵。苦屈苦屈。图他一斗米，失却半年粮。如此行脚有什么利益？"不求世俗利益的禅宗行脚最后是要求佛法的。所以这里面通过宗教与世俗人物的对比，形成一种非常强烈的反差，更加烘托出禅宗"求法证悟"的理念。所以画中的山川流水也需要人们有一种特殊的禅宗视角来观察。这些其实是通过人们的观看显露出来的，这种观看跟禅宗的思想是有关系的。范宽在画一幅画的时候就注意到把各种图像因素通过观看而联系起来，需要仔细求取画面中图像表现的意义。

以上通过两个问题谈了谈对艺术史资源如何有助于美育的一些想法。第一个问题从图像的教育和美育入手，主要讲的是妇女和儿童对图像的欣赏如何创造出一些新的表现形式。第二个问题讲的是视觉和审美经验的问题，绘画如何通过视觉图像建构一种视觉体验，视觉体验如何变成一种审美经验。希望以上想法对大家的美育研究和实践有所启发。

"感动"与"美"

——《周易》"咸"卦发微

王浩，中央美术学院人文学院艺术理论系主任、教授、博士生导师

《周易》是中国古代的一部重要典籍，通常被认为是儒家的众经之首，尽管它的影响并不局限于儒家。《周易》的成书有一个过程，并不是某一时、一地、一人的创造；它的渊源可以追溯到史前，又从西周初年再到战国晚期，才形成大体确定的文本。此后历经屡次改朝换代和各种天灾人祸，《周易》竟然都能够幸存并得以传承至今；在这个过程中，《周易》以及对它的相关研究，形成了一个源远流长的学术、思想乃至文化的传统。因此，《周易》既是中国传统文化的一个重要载体，又是进入中国传统文化的一个特别门径；当我们用心面对、阅读《周易》的时候，其实也是在跟一个博大精深的传统以及其中的往圣先贤对话，于是油然而生一种厚重的历史感，这可以说是一种非常实在的文化自信。

《周易》作为这样一部经典，对中国古代的历史文化产生了广泛而又深远的影响，其中也涉及哲学和美学。这里选择以《周易》中非常特别、但大家未必特别了解的一卦——"咸"卦——为主，来解读一下《周易》文本的生成及其历史文化意义，尤其是其中的美学意蕴。

在具体解读"咸"卦之前，有必要先来了解一下"周易"以及相关的一些概念。首先是"易"这个概念。按照东汉学者许慎的《说文解字》，"易"是一个象形字，也就是蜥蜴（俗称"变色龙"）这种爬行类动物的象形，其他的意义都是引申义。因为蜥蜴会变换自己的肤色来适应环境的变化，从而实现保存自己的目的，这是它的一种本能，由此引申出了"易"的变化之义。《周易》其实就是关于变化的一部经典，正如宋代学者罗泌在其《路史》中所说，用"易"作书名，是"本其变也"。

当然，《周易》直接来源于上古的占卜，更准确地说，应该是占筮或筮占，或简称"筮"，《周易》大约在西周初年成书以后也被用于指导占卜，所以"易"又有占卜的意思。

按照汉代人的看法，《周易》的"易"同时有"变易""不易""简易"三个意思。"变易"就是变化，"不易"就是不变，"简易"就是简单。"变易"和"不易"并列在一起似乎是冲突的，但其实不然。古人很早就注意到，世界上充满了各种变化，但变化之中也有不变，比如日月运行、昼夜交替、四时变迁、人的生老病死，这些都是变化之中有不变，当然也可以说是不变之中有变化。人活在世界上，就是要认知并利用各种变化中的不变，再以不变应对变化，那么世界对于人来说，就显得比较简单了；占卜以及与之相关的《周易》，就是古人试图发现变化之中的不变、再以不变应对变化的特别工具以及经验总结；而且对于古人来说，与《周易》相关的占卜过程，也是既有变化又有不变，因而也可以说是简单的。这就是"易"的"变易""不易""简易"的相互关系，它的内涵其实是很丰富也很深刻的。

值得注意的是，《周易》的书名翻译成英文，除了音译，就是意译为Book of Changes，字面意思也就是"关于变化之书"。可见在世界范围内，人们对《周易》的基本要义还是有基本共识的。

至于"周"，唐代学者孔颖达已经说得很清楚，本是地名，又称"周原"，也就是周人的发祥地；周人后来建立了周朝，所以"周"又指周朝。古人往往把"周"解释为"周普"，也就是周备、普遍，但这是引申义，因为古人认为《周易》包含了天人之道，当然是最"周普"的一部经典了。

综合前面的解释，可以说《周易》就是形成于周朝的一部关于变化的经典。这里还应该注意，古代又有所谓"三易"之说，也就是《连山》《归藏》《周易》。按照《周礼》等文献记载，"三易"是关于三种占法的典籍，分别为夏、商、周三朝所用，它们都有八卦重叠而成的六十四卦，但卦序不同，据说《连山》的首卦为"艮"，象征山，上下卦重叠，故名"连山"；《归藏》

的首卦为"坤"，象征大地，古人认为万物生长于大地、归藏于大地，故名"归藏"；《周易》的首卦为"乾"，按照上面所说，就是周人之"易"。"三易"的字数也有差别，根据汉代学者桓谭的《新论》，《连山》有近八万字，《归藏》有四千多字，而《周易》有五千多字（《易经》部分，不包括《易传》）。"三易"中只有《周易》流传至今，古人常简称其为《易》；至于《连山》和《归藏》，汉代以后逐渐失传，详情已不得而知。

前面说到，《周易》的产生与占卜有关，大约在西周初年成书，古人认为是周文王、周武王、周公等所作，以后又曾被用于指导占卜，而古人认为占卜能够有效地预测事物的各种变化，所以《周易》一直受到古人的尊崇，在先秦就被经典化，并被称为《易经》。到了东周时期，《易经》就已经算是古籍，读解起来也很有困难了，所以不断有人加以注释，这些注释到了战国时期已经相当可观，这就是《易传》；其中至今还能看到的七种十篇《易传》被认为是孔子所作，因而特别受到尊崇，并且较为完整地流传下来，所以后人所谓《易传》通常特指这七种十篇，汉代人又将其称为"十翼"，意谓没有这七种十篇《易传》就难以读懂《易经》，就像鸟儿没有翅膀就飞不起来一样。由于《易经》和《易传》的这种特别关系，后人所谓《周易》，通常包括这两个文本。

关于《周易》的产生和成书，《汉书·艺文志》将其概括为"人更三圣，世历三古"。大意是说，上古圣人伏羲创造了八卦，中古圣人周文王把八卦重叠为六十四卦，并配上了相应的卦爻辞，且将其分为上下篇，这就是《易经》；近古圣人孔子又创作了七种十篇《易传》。这个概括强调《周易》的产生和成书经历了一个漫长的历史过程，大体是符合史实的；但是它把八卦、《易经》、《易传》分别说成是伏羲、文王、孔子所作，其实又并不准确，因为这几位圣人只能说是《周易》的产生和成书过程中的关键的整理者和传承者，而不是前所未有的发明者和创造者。

《周易》成书以后，自汉代以来，一直有学者作注释和研究，这些注释和研究的成果就形成了"易学"。按照清代《四库全书总目》的说法，历代易学大体可分为"两派六宗"。所谓"两派"是指象数易学和义理易学，前者侧重申发卦爻象的数理，后者注重阐明卦爻辞的义理；"两派"又各发展出三支，于是构成了"六宗"，具体情况就不在此详细介绍了。这里还要特别指出的是，"象数易学"和"义理易学"可以统称为"学术易学"，除此之外其实还有一派，就是把《周易》与阴阳五行学说结合起来，运用于命理、相术等各种占算实践，这就是《四库全书总目》所谓"易之支派"，可称之为"方术易学"。借用现代社会学的说法，包括象数易学和义理易学在内的学术易学，主要是由精英知识分子传承，属于易学的"大传统"；而方术易学则主要是由平民知识分子传承，属于易学的"小传统"。当然，如同各个层面的文化传统一样，易学里的"大传统"和"小传统"也是同出一源，后来又相互影响、共同演进。

以上通过对"周易""易经""易传""易学"等概念的解说，介绍了《周易》这个经典文本以及由之形成的学术乃至文化传统的基本情况，接下来再结合对"咸"卦的释读，进一步了解《周易》产生和成书的大致过程。

需要注意的是，"咸"这个字的意思就有一些争议。按照《说文解字》的解释，"咸，皆也，悉也。从口从戌；戌，悉也"；清代学者段玉裁据此认为它是个会意字，意思就是现代汉语中的副词"都"，是指人的语言表达的统一。后世学者对这个解释不满意，所以又结合甲骨文和金文作进一步的解释，比如吴其昌认为这是个象形字，像斧钺之类的兵器与砧板相连，意思是"杀"；叶玉森认为它是指《尚书》等古文献中提到的殷商名臣巫咸，这个人也是个巫师；任乃强认为它是"盐"的假借字；贡华南认为它是指盐的味道。这几种解释相互之间看起来似乎没什么关系，其实不然，因为对于古人尤其是统治阶层来说，杀伐、巫术、作为生活以及战略资源的盐，都是统治者尤其是最高统治者实施统治的手段。

当然，"咸"字的意思只能说与"咸"卦的意思相关，而不能等同，所以还得看"咸"卦的具体内容。在通行本《周易》中，"咸"卦是全经的第三十一卦，也就是下经的第一卦；它的卦象中的下卦是艮，上卦是兑；它的卦爻辞如下：

亨，利贞，取女吉。

初六：咸其拇。

六二：咸其腓，凶，居吉。

九三：咸其股，执其随，往吝。

九四：贞吉，悔亡，憧憧往来，朋从尔思。

九五：咸其脢，无悔。

上六：咸其辅、颊、舌。

其中的"拇"是大脚趾，"腓"是小腿骨，"股"是大腿骨，"随"是髋骨，"憧憧往来"是心思不定、志忐不安的样子，"脢"是脊背，"辅"是腮内侧，"颊"是腮外侧；其他的文字，应该说并不难解。因而，如果只从字面上看，"咸"卦的卦爻辞似乎是在讲男女婚嫁甚至具体的男欢女爱之事，并认为占问此事的结果很吉利。

《易传》对"咸"卦的解释其实就是这个思路，也就是把"咸"解释为"感"，即所谓"咸，感也"；具体说来，认为"咸"卦的下卦艮象征少男，上卦兑象征少女，合起来象征男女相感交好，即所谓"柔上而刚下，二气感应以相与"，这与卦爻辞的内容是大体一致的；引申而言，不仅男女之间如此，天地之间也只有相感交通才能生出万物，圣人与民众之间也需要感应互动才能建立协和治平的社会秩序。显然，相对于《易经》中"咸"卦的字面意思，《易传》的解释更多了些理性化、道德化的意味。这是对"咸"卦的第一种解释。

第二种解释是根据 1973 年湖南长沙马王堆出土的帛书《周易》，其中的卦名"咸"写成"钦"，邓球柏将其解释为"砍"，高亨则将其解释为"斩"，这两个解释基本上是一个意思，与前面所说的把"咸"字解释为"杀"也是大体一致的；与此相关，程石泉进一步认为，"咸"卦主要记述的是周文王遭殷纣王囚禁时所受伤害的具体情形。

王锦民的解释也参照了马王堆帛书《周易》，认为"钦"通"吟"，即呻吟发声；就这一卦来说，其实就是记录巫师在行使巫术的时候身体不同部位的感觉,并通过口舌发出了呻吟之声。这是第三种解释。

第四种解释认为"咸"是"针"(鍼)的省文。周策纵等指出,古代巫医不分,此卦记录的就是巫医用针石治病的情形。

第五种解释认为"咸"读为"缄",是用绳索束缚、控制的意思。李零指出,此卦描述的是一个女子被人用绳子捆缚起来的情形,反映了当时的男尊女卑现象。

这几种解释,很难说哪种是对的、哪种是错的,因为卦爻辞所记录的具体情境已经很难被考证、还原了,但它们相互之间未必截然对立、不能兼容,就像前面所介绍的对"咸"字的那些解释一样。与此相关,《易传》的解释更值得重视,因为它的时代更早,不可轻易否定,而且它把"咸"解释为"感",虽然有后来的理性化、道德化的意味,但是多少也折射出了这一卦乃至《周易》产生和形成时期的原初情境,也就是与原始巫术和占卜有关的感通、感应的复杂经验。

关于《周易》的产生和成书,前面已经讲过大致的过程,最初就是所谓伏羲作八卦,从考古学的角度来看,大约是在新石器时代晚期,也就是公元前3000年到公元前2000年之间;而考古学家也的确已经发现了新石器时代以来跟《周易》的产生和形成有关的各种占卜遗存,李零的《中国方术考》对此有专章介绍,这些发现其实印证了古人把《周易》的产生和形成追溯到伏羲的说法并非空穴来风。

从人类学的角度来看,占卜是早期人类文化中一种具有普遍性的现象。按照法国人类学家列维·布留尔在《原始思维》中的说法,占卜其实是原始人的一种附加的知觉。《原始思维》这本书,顾名思义,主要讲的是所谓的原始人的思维方式,它跟所谓的文明人的思维方式不一样,前者多是带有神秘意味的、感性的综合和联系,后者多是理性的分析和思辨;布留尔把原始思维的根本特点概括为"互渗",也就是把包括人在内的各种事物和现象都看成跟其他的事物和现象关联在一起,进而也可以表征其他事物和现象。占卜其实正是基于原始思维的互渗,也就是把充斥在天地之间的各种事物和现象之间的隐秘联系揭示出来，并利用或改变这些联系。

如果按英国人类学家弗雷泽的看法，占卜又是一种巫术。弗雷泽在《金枝》中把巫术区分为模拟巫术和接触巫术：模拟巫术，是通过模拟一个对象来试图控制或改变这个对象；接触巫术，是控制或改变跟一个对象所接触的另一个对象，进而改变这个对象。中国人向来对这两种巫术都不陌生。比如《红楼梦》里有一个情节：赵姨娘因为嫉妒贾宝玉和王熙凤，请马道婆做法，这位马道婆就是一个巫婆。马道婆把贾、王二人的生辰八字分别写在两个小纸人上，再放到两个人的床铺下，然后做起法来，结果闹得贾府鸡犬不宁了好一阵子。马道婆的做法，其实兼有模拟巫术（用小纸人模拟现实之人）和接触巫术（通过控制与现实之人的床铺相接触的小纸人来影响现实之人）的特征。弗雷泽进一步把这两种巫术概称为交感巫术。弗雷泽所谓"交感"与布留尔所谓"互渗"有异曲同工之妙，都表明原始思维或者说巫术思维的根本特征，就是把事物和现象看成是相互关联、因而可以相互感应的；这些关联或感应，或明显，或隐晦，如果比较隐晦，那么就可以运用一些特别的工具或手段，通过一定的程序，让它显现出来，进而利用或改变它；这些工具或手段以及程序，就是巫术，也包括占卜。

特别值得注意的是，弗雷泽进而考察了巫术的专业化过程及其效应，对理解《周易》的成书极具参考意义。按照他的考察，巫术的实施曾经是非常普遍的，只要有需要，几乎所有的原始部族成员都可以施行巫术；但有一些涉及部族整体利益的巫术，也就是所谓公众巫术，人们不会轻易将其交由一个普通人来施行，而是会将其委托给大家比较公认的某个高明的巫师来施行；久而久之，这样的巫师在某种程度上就逐渐转变为专业化的公务人员，进而转化为早期文明国家的君主或高级官吏。弗雷泽的这个研究，可以通过对中国古代一个带有神话意味的传说的解读来予以印证，这个传说就是所谓"绝地天通"。

关于"绝地天通"，《尚书·吕刑》《山海经·大荒西经》《国语·楚语下》等文献都有记载。综合来看，大意是说，在上古的黄帝统治时期，蚩尤作乱，黄帝费了一番周折才将其镇压下去，然后黄帝就反省为什么会发生这样的叛乱，结果他发现这是因为蚩尤能够自由地往来于天地之间，并集结起天上和地上的各种力量，所以黄帝就断绝了天地之间的绝大多数原有通道，只留下有限的通道，并派了重和黎分别在天地两边掌管这些有限的通道，此后谁再要想往来于天地之间就必须经过重、黎乃至黄帝的允许，这就是"绝地天通"。"绝地天通"发生过不止一次，在黄帝之后的颛顼和尧的时候也发生过。

按照意大利历史哲学家维柯的看法，神话和传说的故事其实都蕴含着古人心目中真实的历史文化信息，否则就不会流传了，但这些历史文化信息对于后人来说，却是需要重新解读的。对于"绝地天通"，人们也有不同的解读。

第一种解读，认为这个故事讲的是巫术的起源及其专业化的过程，故事中的重、黎以及黄帝都是最早的专业化的巫师，沟通天地神人之事从他们开始被垄断了。这种解读是徐旭生、杨向奎等提出来的。

第二种解读，认为这个故事讲的是古代职官的起源。这是李零的解读，他根据司马迁在《史记·太史公自序》把家世追溯到了"绝地天通"时的重、黎，又结合甲骨文和金文的相关材料，认为重和黎其实是最早的天官和地官，分别执掌沟通神灵和管理黎民之事；《周礼》把职官分成天官、地官、春官、夏官、秋官、冬官六大系统，其中最主要的是天官和地官系统，另外四个体系是由这两个系统分化而来。

我本人另有一种折中的解读，认为这个故事讲的是中国文明起源过程中巫术的专业化以及巫师转变为职官的过程，在这个过程中人的思维方式也发生了转变，具体来说，就是从原始思维演化出了象数思维。"象数思维"这个概念来自前面所说的"象数易学"，它也像原始思维那样更注重感性的综合和联系，但是淡化或消解了原始思维的神秘意味。这跟原始思维在西方演化出了以古希腊哲学为代表的、遵循形式逻辑的抽象思维是不一样的。原始思维在西方的转变也在神话故事中留下了印迹，比如古希腊诗人赫西俄德的

《神谱》里讲到，以宙斯、赫拉为中心的奥林匹斯诸神都是从最初的神灵卡俄斯演化而来，这个卡俄斯就是英文的chaos，意译为混沌之神；混沌之神首先分化出了大地之神和天神，然后才陆续演化出其他神灵。混沌之神的分化其实也是一种"绝地天通"，都反映了文明起源时期的原始思维由注重综合和联系到侧重分析和思辨的转变，只是进入文明时期以后，西方以古希腊哲学为代表的抽象思维延续了侧重分析和思辨的一面，而中国以《周易》经传及易学为代表的象数思维则延续了注重综合和联系的一面，这两种不同的路径也印证了人类学家张光直所说的中西文明整体特征的不同，也就是西方的"突破性的文明"与中国的"连续性的文明"的不同。

  这里还需要更具体地说一下跟《周易》的产生和成书有关的职官的情况。陈来对夏、商、周三代文化的演变以及各自的特征有一个概括性的描述，他把夏文化称为巫觋文化、殷商文化称为祭祀文化、西周文化称为礼乐文化；值得注意的是，把夏文化称为巫觋文化，是能够与人类学的相关研究相互印证的。简而言之，中国的文明和三代文化都是从巫觋文化发展而来的，这是一个不断理性化、道德化的过程；这个过程伴随着巫师的专业化和职官化，演化出了《周礼》中所说的最早的天官和地官，"绝地天通"就是这个过程在早期中国人的记忆中留下的印迹。这两类职官大体上可以对应殷墟卜辞中的史官和武官两个系统，以及西周金文中的太史寮和卿事寮两个系统，然后演化出了《周礼》中的天地四时职官系统。到了东周也就是春秋战国时期，"绝地天通"以来逐渐形成的礼乐文化和职官系统遭到冲击和破坏，这就是所谓"礼坏乐崩"。礼坏乐崩之前，职官同时也是教师，而且身份往往是世袭的，他们掌握并传承着当时社会的各种技术和知识；礼坏乐崩之后，掌握着特定技术和知识的某些职官丧失了原来的身份，流散到了民间，也把他们掌握并传承的技术和知识带到了民间，这就是先秦诸子产生和兴起的根源，所以《汉书·艺文志》在介绍诸子中某家的由来时，总会说某家出于某种职官，比如说"儒家者流，盖出于司徒之官"，"道家者流，盖出于史官"，如此之类。《周易》来源于占卜，其技术、知识先是由巫师，后来又由太卜、占人、筮人等职官执掌；这些职官主要是为君主及贵族服务的，每次占卜一般都会有记录，到了年底要比对这些记录，先看哪些占卜是应验的，然后再从中挑选出同类事务的占卜记录，把它们汇编到一起，这就是最初的《周易》的卦爻辞。

这里还有一个重要的问题，那就是《周易》的卦爻象以及阴阳爻是怎么来的呢？对于这个问题，其实《易传》里已经提供了一个线索性的答案："极其数，遂定天下之象"。也就是说，卦爻象以及阴阳爻都是由某些数字确定的，而这些数字又是来自《周易》的占算。《周易》的占算方法，古代称为"筮法"，准确地说，应该叫"大衍筮法"，它的大致程序在《易传》里有所记载，古代学者如孔颖达、朱熹等对此有考证，已故当代学者张政烺先生又结合考古资料，作了进一步的非常关键的补充和完善，形成了所谓"数字卦"之说，现在大家基本都认同此说，认为卦爻象来自大衍筮法所产生的六、七、八、九这四个数字，而其中的六、九在卦爻辞（准确地说，是"爻题"）中被符号化而指称阴阳爻，八、七则在后世被直接写成了阴阳爻。不过，后人号称用《周易》算卦，其实用的大多不是大衍筮法，而是据说由汉代易学家京房改革后的纳甲筮法，具体情形就不在此详细介绍了。

说到《周易》的筮法，必须又要提到前面已经提起过的巫咸。从称呼上来看，巫咸应该是个巫师；根据《世本·作篇》，巫咸是筮法的发明者；还有文献对此给出了更多不同的说法，包括前面已经提到的一些说法，比如说巫咸是上古名医、殷商名臣。这些说法不一，尤其是时代有别，因而看似矛盾，但其实不然。大体而言，可以借用维柯在《新科学》里对于《荷马史诗》的作者荷马的解释：荷马其实是一个"想象的类概念"；古代应该的确有过一个著名的行吟诗人荷马，他善于吟诵他所能接触到的零零散散的史诗，同时对这些史诗作过卓有成效的搜集、整理和汇编的工作，以至于后人不仅把其他善于吟诵史诗的人也称为荷马，而且把那些史诗的作者也传说成了荷马；换句话说，荷马已经由一个著名的行吟诗人变成杰出的行吟诗人的符号。巫咸也是如此，他应该本来就是一位精于占算的巫师（也许还擅长医术），久而久之，被传说成了精于占算者的符号乃至筮法的发明者，其实也就是被符号化为一个"想象的类概念"，在很多文献里有了不同的描述。

《周易》既然来源于巫术中的占卜，其产生、成书以及传承当然会与巫咸这样的巫师或职官密切相关。甚至可以推想，巫咸为什么名为"咸"？前面提到《易传》把"咸"解释为"感"，非常值得重视，因为巫师的特殊本领就是与神灵相"感"，"巫咸"之名其实正是强调了这一点。《周易》的核心要义也是阴阳相"感"，所以《庄子·天下》说"易以道阴阳"，东晋高僧释慧远说"易以感为体"。《周易》的阴阳相"感"，非常直观地体现在文本中。比如通行本《周易》中相邻的奇偶数两卦的卦象，按照孔颖达的说法，是"二二相耦，非覆即变"的关系；所谓"二二相耦"，就是卦象相互对偶，具体而言，就是要么相互颠倒（即"覆"，比如第二十九卦坎和第三十卦离），要么相互之间阴爻变阳爻、阳爻变阴爻（即"变"，比如开头的乾坤两卦；末尾两卦既济和未济，既是"变"又是"覆"的关系）。

作为通行本《周易》第三十一卦、位于上下经之间的"咸"卦，也凸显了《周易》的阴阳相"感"之义。因为《周易》的上经始于象征天地的乾坤两卦，侧重于阐发天地之道；下经始于描述夫妇关系的"咸"卦，偏重于申明人伦之道；天地生万物，正如夫妇生子女；"咸"卦处于这个位置，正表明《周易》是一个关于天地相"感"、天人相"感"、人与人相"感"的文本系统。因而也可以说，《周易》的"咸"卦蕴含着多元或多维的"感动"经验，而这与审美经验正是相通或一致的。

作为一门现代学科的美学是18世纪的德国哲学家鲍姆嘉通建立的。他认为美学的研究对象是人的感性活动，但不是一般的感性活动，而是类理性的感性活动，这种既感性又类理性的心智活动主要见于美的艺术的创作和欣赏经验。意大利哲学家克罗齐则认为，美学的建立者应该是比鲍姆嘉通稍早一些的维柯，维柯所谓的"新科学"就是"美学"，其中的核心概念"诗性的智慧"就是"审美的智慧"或"艺术的智慧"。其实，维柯所谓的"诗性的智慧"，强调其既不是"理性的智慧"，又不是"感性的智慧"；但也可以说，

"诗性的智慧"既是"感性的智慧",又是"理性的智慧",而这与鲍姆嘉通所说的既感性又类理性的活动,其实是相通或一致的。当然,鲍姆嘉通为美学确定了为后人沿用的名称(Aesthetics),所以一般认为他才是美学学科的建立者。

无论是鲍姆嘉通所说的"类理性的感性活动",还是维柯所说的"诗性的智慧",其实都属于"感动"的经验;美学意义上的"美",并非日常意义上的美或丑的东西,而是"感动",这就是通常所谓的审美经验;因此,"美学"其实就是"感动学"。此外,如果说美学意义上的"美"就是"感动",那么美学意义上的"丑"就可以说是"麻木",也就是俗话所谓"没感觉"了。

从心理学的角度来看,"感动"或审美经验内在地伴随着一种"痛快"的心理体验。所谓"痛快",既不是单纯的"痛",又不是单纯的"快",而是"痛""快"交织;因为单纯的"快"的"感动"或审美经验往往是肤浅的,单纯的"痛"的"感动"或审美经验往往是变态的,只有"痛快"的"感动"或审美经验才是令人真正印象深刻的。

"痛快"的"感动"或审美经验无论是在艺术还是在生活中都能得到充分的印证。比如有许多美学家从不同角度主张"一切艺术都以音乐为旨归",我对此也很认同。因为音乐可以是直接的"有感而发"或"因感而动",而不需要借助外在的工具或媒介。又如戏剧中的悲剧和喜剧,人们喜欢悲剧不只是因为它能让人"悲"("痛"),而同时会因为它能让人获得某种满足("快");人们喜欢喜剧不只是因为它能让人"喜"("快"),而同时会因为它能让人产生某种沉思("痛")。

在日常生活中,最常见的"痛快"的"感动"或审美经验就是爱。真正的爱,往往会让人死去活来,但又心甘情愿地投身其中;凡是爱过的人,对其中的"痛快"的"感动"应该都会感同身受。因为爱既是获得,又要付出,获得固然让人"快",付出却是让人"痛"的;俗话所谓"舍得",其实正是爱的真谛。

当然,人们之所以愿意投入生活和艺术中的"痛快"的"感动"或审美经验，根本原因在于人的存在是有限性和无限性的统一。人首先是有限性的存在，正常或理性的人对此确定无疑；但人偏偏又会对无限性的领域心生好奇，甚至试图掌握或进入其中，但终究似是而非。这是一个根本的矛盾。生活和艺术中的"痛快"的"感动"或审美经验的发生，其实都来自这种统一或矛盾；而这种统一或矛盾及其造成的"痛快"的"感动"或审美经验，往往既是感性，又是理性的，甚至还是神秘的，正如《周易》的"咸"卦所蕴含和呈现的那样。

后 记

2018年8月30日，在中央美术学院建校100周年之际，习近平总书记给中央美术学院8位老教授回信，强调加强美育工作很有必要，并提出做好新时代美育工作的重要遵循。2019年3月25日，中央美术学院党委决定成立美育研究中心；2020年5月25日，在美育研究中心的基础上成立了美育研究院。

5年多来，我们开展的主要工作是美育理论研究、美育学科建设和人才培养，以及推动美育服务社会实践等，先后举办和开展了中华美育精神访谈，弘扬新时代中华美育精神高端论坛，美育学科建设专家咨询会，美育研究方向硕士研究生和博士研究生招生培养工作，美育学科建设高端论坛和青年论坛，全国学校美育教师研修班，新时代中华美育故事融媒体直播活动，全国高校优秀美育案例征集及展览、展播和展示活动，新时代中国美育学学科建设研究讨会，全国高校美育机构负责人联席会议，等等。在这些活动中，一大批在美学、艺术学和教育学等领域中卓有影响力的专家学者发表了他们关于中华美育精神的丰富内涵、如何弘扬中华美育精神以及做好新时代美育工作的真知灼见。为了让更多的人了解他们的美育见地，推动新时代中国美育事业进一步发展，我们组织整理编纂了这本《弘扬中华美育精神讲演录》。

如果说2019年8月出版的《中华美育精神访谈录》是我们对习近平总书记提出的"弘扬中华美育精神"这个时代课题的"破题之书"，那么我们希望在习近平总书记给中央美术学院老教授回信5周年之后出版的这本《弘扬中华美育精神讲演录》是进一步的"弘道之书"，能够为深刻理解习近平总书记在给中央美术学院老教授回信中提出的做好美育工作的重要遵循，准确把握美育的学科交叉融合特点和潜移默化滋养心灵的方法原则等，避免以传统的技能化甚至功利化的艺术教育代替美育的做法，提供权威的理论支持。

在这里，特别感谢各位专家学者对中央美术学院美育工作的大力支持，感谢各位在百忙之中莅临中央美院的学术论坛、日常教学和美育研修活动，分享自己的研究成果，为做好新时代美育工作提供了坚实的理论基石。特别感谢同意讲演整理稿收录于本书中的各位专家，感谢各位拨冗审定稿件，使更多的读者朋友能够从中获得做好美育工作的思想力量。最后，还要感谢为这些论坛和研修活动的举办特别是为讲演稿整理工作倾力付出的美育研究院青年教师何梁和中华美育研究方向的博士研究生蔡声韩，美育理论与实践研究方向的硕士研究生朱茵、朱国良、张子悦、李思雨等，作为中央美术学院美育研究院的首批师生，大家在学习和工作上付出了更多的努力。

美育已经成为中央美术学院新百年的一张闪亮名片，这对我们来说更多的是一份鼓励和鞭策。我们深知，在这块具有场域力量的中国美术教育和美育的高地之上，我们肩负的美育使命无上光荣，做好美育工作的责任非常重大。我们相信，在中央美术学院党委的高度重视和直接领导下，中央美术学院的美育工作一定会在理论研究、学科建设和服务社会等诸多方面都发挥积极的引领作用，使新时代中国美育更好地塑造青年一代美好心灵、赋能人民美好生活、助力建设中华民族现代文明。

中央美术学院美育研究院院长
宋修见

责任编辑：刘海静
装帧设计：董夕月

图书在版编目（CIP）数据

弘扬中华美育精神讲演录 / 宋修见 主编 . — 北京：人民出版社，2024.6
ISBN 978－7－01－026501－8

I.①弘⋯ II.①宋⋯ III.①美育－研究－中国 IV.① G40-014

中国国家版本馆 CIP 数据核字（2024）第 077431 号

弘扬中华美育精神讲演录
HONGYANG ZHONGHUA MEIYU JINGSHEN JIANGYANLU

宋修见 主编

人民出版社 出版发行
（100706 北京市东城区隆福寺街 99 号）

北京汇林印务有限公司印刷 新华书店经销

2024 年 6 月第 1 版 2024 年 6 月北京第 1 次印刷
开本：710 毫米 ×1000 毫米 1/16 印张：21.25
字数：352 千字

ISBN 978－7－01－026501－8 定价：118.00 元

邮购地址 100706 北京市东城区隆福寺街 99 号
人民东方图书销售中心 电话（010）65250042 65289539

版权所有·侵权必究
凡购买本社图书，如有印制质量问题，我社负责调换。
服务电话：（010）65250042